KB236873

협동 작문의 이론과 실제

협동 작문의 이론과 실제

지은이 **오택환**

서울 재현고등학교 졸업
한국교원대학교 제2대학 국어교육학과 졸업
한국교원대학교 교육대학원(국어교육 전공) 졸업
고려대학교 대학원 졸업(교육학 박사)

서울 중경고·경동고·노원고 교사
강원대학교·고려대학교 강사

저서
제7차 고등학교『국어생활』(대한교과서) (공저)
제7차 고등학교『문학(상), (하)』(문원각) (공저)
『문식성 교육 연구』(공저)

논문
「고등학교 작문교육의 현황과 전망」(2007)
「협동 작문의 단계와 절차 탐색」(2007)
「제7차 고등학교 작문교과서의 '협동 작문' 내용에 대한 비판적 분석」(2007)
「고등학교 국어 교과서 쓰기 영역 '함께하기' 학습 활동의 비판적 검토」(2008)
「협동 작문이 설득하는 글의 고쳐쓰기에 미치는 영향」(2008)
「자기소개서 쓰기 활동에서 동료 상호평가의 양상 연구」(2008)

협동 작문의 이론과 실제

초판 인쇄 2008년 8월 22일
초판 발행 2008년 8월 29일

지 은 이 오택환
펴 낸 이 이대현
펴 낸 곳 도서출판 역락 / 서울 서초구 반포4동 577-25 문창빌딩 2층
전   화 02-3409-2058 02-3409-2060 FAX 02-3409-2059
이 메 일 youkrack@hanmail.net
등   록 1999년 4월 19일 제303-2002-000014호

정   가 17,000원
I S B N 978-89-5556-625-3 93710

협동 작문의 이론과 실제

오택환

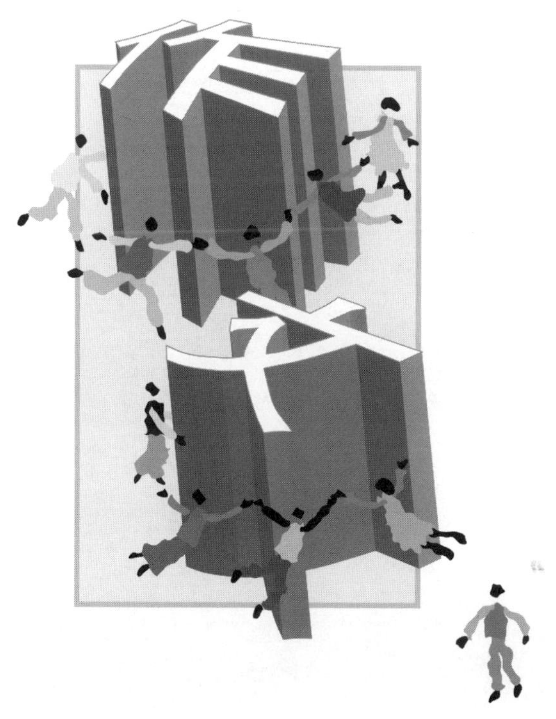

도서출판 역락

미래의 창조적인 지식기반사회는 학생들의 고차적인 사고능력이나 창의적 문제해결능력을 필요로 한다. 더불어 21세기의 고도 산업 사회에서 국제적 경쟁력을 확보함과 아울러 개인적 성취를 이룩하기 위해서 학생들은 다른 사람들과의 협동적 사고를 통하여 문제를 해결하고 새로운 것을 창조하는 능력을 갖출 필요가 있다. 그리고 이러한 능력은 학교교육을 통하여 지속적으로 신장해 나가야 할 것이다.

작문은 기능적 측면에서 문자 언어를 사용하여 다른 사람과 의사를 소통하는 행위의 일종이고, 과정의 측면에서 주어진 문제를 해결하기 위해 여러 가지 전략을 사용하는 문제 발견 과정이며, 아울러 필자의 생각과 감정을 자신의 방식대로 표현하는 과정이라는 점에서 의미 창조 과정이다.

기존의 전통적 작문교육은 주로 개인적인 글쓰기를 통해 이루어졌다. 필자는 혼자서 쓸 내용을 찾고, 글의 짜임을 구성하고, 표현 방법을 고려하여 글을 완성하였다. 중등학교는 35명 내외의 다인수 학급으로 편성되어 같은 교실에 수준 차이가 현저한 능숙한 필자와 미숙한 필자가 혼재되어 있어 쓰기 지도상 어려움이 있다. 또, 교사 혼자서 담당하는 학급수가 최소 4개 학급 이상으로 모든 학생들의 쓰기 결과물을 피드백해주기가 현실적으로 힘든 상황에 놓여 있다. 이러한 문제점을 해결하기 위한 대안으로 협동 작문을 고려할 수 있다. 협동 작문은 협동 학습의 방법을 쓰기에 적용하여 학생들의 사회적 상호 작용과 문제 해결 능력을 신장시킬 수 있는 대안적인 방법이다.

이 책에서 제시된 협동 작문 연구는 크게 이론적 탐색과 실제적 적용의 두 부분으로 진행되었다. 이론적 탐색은 쓰기 능력과 쓰기 태도에 대한 기존의 문헌 연구와 협동 학습과 협동 작문의 이론을 중심으로 협동 작문 교수-학습 프로그램을 구안하였고, 이를 고등학교 교실 현장에서 실제 적용하여 협동 작문이 쓰기 능력과 쓰기 태도에 미치는 효과를 양적 연구 방법과 질적 연구 방법을 혼용하여 탐색하고 고찰하였다.

이 책은 크게 다섯 장으로 구성되었다. I장에서는 협동을 통한 의미 구성과 창조 과정으로서의 협동 작문 연구의 필요성과 목적을 밝혔고, 협동 작문과 관련된 선행 연구를 검토하였으며, 연구의 내용과 제한점을 설정하였다.

II장에서는 협동 작문에 대한 전반적인 이론적 검토가 이루어졌다. 먼저, 쓰기 능력과 쓰기 태도에 대한 이론적 검토를 하였다. 다음으로 협동 학습과 협동 작문에 대한 이론적 검토가 이루어졌다. 문헌 연구를 통해 협동 학습의 개념과 특징, 필요성, 모형 등 협동 학습의 전반적인 것을 살펴보았다. 이를 바탕으로 협동 작문 개념과 특징, 유형 등 협동 작문의 이론적 기초를 정립하였다. 이러한 이론적 기반을 근거로 협동 작문의 단계와 절차 그리고 교수-학습 모형을 수립하였다. 또한 선행 연구에서 미흡했던 부분을 수정하고 보완하여 협동 작문의 이론과 실제를 아우를 수 있는 새로운 방법을 탐색하였다.

III장에서는 고등학교 교실에 적용할 협동 작문 프로그램을 구안하고 적용였다. 연구의 대상과 기간, 연구의 설계와 과정에 대한 정교하고 상세한 설계를 통해 협동 작문의 의의와 방법을 탐색하였다. 또, 협동 작문이 쓰기 능력과 쓰기 태도에 어떤 효과를 미치는지 검증할 검사 도구를 마련하였다. 준비된 프로그램을 예비 단계와 본 단계를 거쳐 적용하였다. 학생들이 실제 활동한 교수–학습의 구체적인 과정과 절차를 참여관찰의 방법으로 연구하였고, 학생들 활동의 결과물을 수집하고 정리하였다.

Ⅳ장에서는 실제 고등학교 교실 현장에 적용한 협동 작문이 고등학교 학생들의 쓰기 능력 성취와 쓰기 태도 습득에 미치는 효과를 분할구획요인분석설계(SPFp.q design) 분석을 통해 양적 통계자료로 검증하였고, 관찰과 면담 그리고 학생들의 결과물을 질적으로 분석하고 해석하였다.

Ⅴ장에서는 이제까지 연구 결과를 요약적으로 제시하였고, 연구의 의의를 추출해 보았다. 더불어 본 연구에서 미진했던 부분과 추후 연구를 진행시키기 위한 방편으로 후속 연구를 위한 몇 가지 사항을 제언하였다.

협동 작문의 연구 결과를 막상 책으로 세상에 내놓으려니 부족한 능력과 짧은 지식으로 미진하고 아쉬운 부분이 한두 가지가 아니다. 협동 작문에 관한 기존의 연구가 초등에 집중되었고, 성근 연구 방법으로 논의가 충분하지 못하였다. 이 연구가 일선 현장에서 묵묵히 국어 교육을 실천하고 계시는 여러 선생님들께 미약하나마 도움이 될 수 있기를 바라고, 중등학교 작문 교육의 현장을 개선하는 데 작은 보탬이 될 수 있었으면 좋겠다. 더불어 작문 교육의 이론과 실천의 논의를 풍성하게 하면 바랄 것이 없겠다.

이 책이 나오기까지 많은 분들의 은혜를 입었다. 무엇보다도 노명완 선생님의 깊은 은혜를 잊을 수 없다. 대학원 생활 내내 부족하고 모자란 필자를 항상 인정해 주시고, 학문하는 자세와 태도에 대해 바르게 일깨워주셨으며, 논문을 마치는 기나긴 시간 용기와 격려를 해주시고 차분하게 마무리할 수 있도록 지도해 주셨다. 또한 학문의 기초와 배움의 토대를 세우는 데 오랫동안 곁에서 든든한 후원자가 되셔서 지켜보아 주셨던 한철우 선생님께 많은 은혜를 입었다. 논문을 꼼꼼히 읽어 주신 후 논문의 구조와 틀을 상세하고 정확하게 다듬어 주셨다. 연구 방법의 정확한 방향과 지침을 제공해 주셨고, 바쁘신 가운데 양적 통계 방법에 대한 적절한 조언과 지도를 해 주신 박영목 선생님께 깊이 감사드린다. 그리고 한층 발전된 논문이 될 수 있도록 의미있는 충고와 조언 그리고 완성도 높은 논문이 나올 수 있도록 지도해 주신 이남호, 이관규 선생님께도 깊은 감사를 드린다. 여러 차례의 세미나에서 아낌없이 원고를 토론해주고 논문의 방향을 설정해 준 '문식성 연구회' 선후배 및 동료 회원 여러분께 다시 한번 깊은 감사의 마음을 전하고 싶다. 또한 학교의 여러 선후배 선생님께 깊은 감사의 마음을 전한다. 어려운 현장 여건에서 편하게 공부하고 마무리할 수 있도록 배려해 주셨고, 번거로운 논문의 평가작업에 흔쾌히 참여해 주셨다. 졸고의 출판을 흔쾌히 허락해 주신 도서출판 역락의 이대현 사장님, 꼼꼼하게 편집을 해주신 이홍주 선생님께도 감사드린다.

끝으로 남편의 빈자리를 항상 넉넉한 마음으로 너그럽게 이해하며 4년 내내 공부할 수 있도록 배려해준 아내와 늘 믿음직스럽고 사랑스럽게 자라준 아들딸에게 감사의 마음을 전한다. 항상 가족들의 건강과 행복을 챙겨주시며 묵묵히 지원해 주신 장인어른과 장모님께도 깊은 감사를 드린다. 마지막으로 어려운 여건에서도 더 공부한다는 외아들을 항상 자랑스럽게 여기시며 4년 6개월 내내 불편함을 인내하시고, 가족들을 챙겨주신 나의 사랑하고 존경하는 아버지와 어머니께 무엇으로 형언할 수 없는 감사의 마음을 전하며 이 책을 바친다.

2008년 6월
오 택 환 씀

차 례

I

협동 작문 연구의 지향점

1. 협동 작문 연구의 필요성

2001년 12월 발표된 OECD의 읽기 영역 '학업성취도 국제비교 연구'(PISA) 결과에 의하면, 우리나라 학생들은 자기 주도적 학습능력 측면에서 OECD 국가 중 최하위에 속하는 것으로 드러났고, 특히 협동적 학습에 대한 선호도 지수가 OECD 국가 중 가장 낮았다는 우려되는 결과를 보였다. 이러한 결과는 앞으로 우리의 학교 교육에 있어서 학생들의 협동학습 능력을 신장시키는 일에 주력할 필요가 있음을 시사해 준다(박영목, 2002, 103~105).

인간은 개인이 홀로 존재하는 것이 아니라 다른 사람과의 협동을 통해 존재 의의를 지니게 된다. 인간은 태어나서는 부모의 보살핌을 받으며 성장하고, 유아기에는 어른과 친지의 도움을 받으며 발전하며 청소년기에는 선생님과 동료로부터 영향을 받으며 성숙해 나가게 된다. 학교를 졸업하고 사회에 나가서는 직장 조직의 일원으로 직장 동료, 상사와 팀을 이루며 일을 해나가게 된다. 이때 상호간의 목표를 달성하기 위해 서로 경쟁과 협동을 하면서 과업을 수행해 나간다. 특히 다른 사람과의 협동적 문제해결은 그 기능과 역할이 더 중요하게 작용하고 있다. 사회생활 대부분이 협동적 문제해결이라 해도 지나친 말이 아니다.

미래의 창조적인 지식기반사회는 학생들의 고차적인 사고능력이나 창의적 문제해결능력을 필요로 한다. 더불어 21세기의 고도 산업 사회에서 국제적 경쟁력을 확보함과 아울러 개인적 성취를 이룩하기 위해서 학생들은 다른 사람들과의 협동적 사고를 통하여 문제를 해결하고 새로운 것을 창조하는 능력을 갖출 필요가 있다. 그리고 이러한 능력은 학교교육을 통하여 지속적으로 신장해 나가야 할

오늘날 우리의 학교 교육 상황은 학습자나 과정 중심보다는 교사나 결과 중심의 교수-학습 활동이 주가 되고 있다. 교사는 정형화된 지식의 전달자로, 학생들은 굳어 있는 지식의 단순한 수용자로 전락하게 되었다. 이러한 학습 풍토에서 자라나는 학생들은 자기주도적으로 생각하고 문제를 해결하려는 의식이 부족하고, 창의적 사고 능력과 풍부한 상상력도 결여되어 있는 등 많은 문제점을 내포하고 있다.

최근 고등학교 현장에서 작문의 중요성이 어느 때보다 강조되고 있다. 그런데 이는 그동안 작문의 본질과 원리를 소홀히 하고 그 중요성을 간과한 자성의 내부적 요인에서 출발하지 않았다. 그보다는 대학교 진학을 위한 입시와 관련된 외부적 요인에 기인하는 바가 더 크다. 대입의 학생 선발 방법 가운데 대학별 고사에서 논술 고사의 비중이 점점 커지고 있기 때문이다.

한국대학교육협의회에서 발표한 '2008학년도 대학입학전형계획(2008.3.1)' 주요 사항을 보면 논술고사를 실시하는 대학은 49개교로 2007학년도 20개교에 비해 29개 대학이 증가하였으며, 반영비율도 전년도에 비해 상향되었다. 또한 대학별 수시모집에서 각 대학은 학생들에게 자기소개서, 학업계획서 등을 작성하게 하여 학생들의 기초적인 작문 능력을 필수적으로 요구하게 되었다. 더불어 서울특별시교육청은 국어, 영어, 수학, 과학, 사

회 등 주요 교과의 정기고사에서 논·서술형평가의 반영비율을 총 배점의 50%이상이 되도록 일선 초중등학교에 지침을 하달하였다(서울특별시교육, 2007).

그런데 이러한 작문 교육의 본질과 중요성에도 불구하고 실제 고등학교 현장에서 이루어지고 있는 작문 교육은 많은 문제점을 타나내고 있다.

지금까지 작문 교육을 이루는 세 가지 핵심 축을 단위학교 교육과정 운영, 작문 교과서, 교수—학습과 평가로 설정하여, 고등학교 현장에서 일어나고 있는 작문 교육의 문제점을 몇 가지 살펴볼 수 있다(오택환, 2007a).

첫째, 단위학교 교육과정에서 ① 학생 선택권의 유명무실, ② 작문교육의 이상과 현실 사이의 갈등, ③ 국어 과목 내 작문 영역의 위상 축소 등의 문제점이 지적되고 있다. 먼저, 단위 학교에서 교육과정을 편성하고 운영할 때 교육 수요자의 요구를 최대한 반영하라는 국가수준의 교육과정이나 시도교육청의 교육과정 지침은 학교 현장에서 교사 수급과 각 교과간의 시간 공평 배분 등 현실적 여건으로 인해 대부분 유명무실화 되고 있다. 다음으로 실제 현장에서는 고등학교 작문 교육을 자신의 생각과 감정을 글로 표현하는 능력과 작문에 대한 바람직한 태도를 가지는 것(교육부, 1998, 138)이라기보다 대학 입시를 위한 수단과 방편으로 여기고 있다. 그래서 본질적인 작문 활동보다는 수학능력시험의 언어영역 쓰기 문제를 맞추기 위한 활동과 대학별 고사의 논술 고득점을 위한 입시 위주의 작문 교육으로 '이상과 현실' 사이의 괴리가 생겼다. 마지막으로 학교 현장에서 국어 과목 내 작문 영역의 위상이 점점 축소되고 있는 실정이다. 이러한 이유는 학교의 제반 여건상 교육과정에 제시된 시간을 모두 확보하기 힘들다는 이유로 수업 내용이 읽기와 문학 위주로 운영되고 있기 때문이다. 또, 교과서 학습 분량이 지나치게 많고, 학습 활동도 학생들이 시간 내에 해결하기 힘들기 때문에 작문을 기피하는 경향도 생기고 있다.

둘째, 작문 교과서에서 ① 학습 분량의 과다, ② 학습자의 흥미 및 관심과 유리 등의 문제점이 제기되고 있다. 먼저, 단위 학교의 교육과정 편성에서 원래 심화선택 과목인 작문은 8단위로 배당되어 있다. 그러나 실제 대부분 학교 현장에서 2단위가 줄어든 6단위로 편성하고 있어, 작문 교과서에서 다루어야 할 학습 내용과 학습 활동이 총 34주의 시간 내에 충분하게 진행하기 힘들다. 다음으로 작문 교과서의 학습 내용과 활동이 학습자의 관심과 흥미와 동떨어져 있다. 작문 교과서가 학습자들의 일상생활에서 접할 수 있는 여러 가지 다양한 상황과 문제를 중심으로 내용이 구성된 것이 아니라 추상적이고 피상적인 내용 위주로 구성되어 있으며, 예문도 전문 문필가에 의해 구성되어 학생들의 진지하고 진솔한 목소리를 담기보다는 어른들의 세계가 주로 나타나 있기 때문이다.

셋째, 교수-학습과 평가에서는 ① 구체적 작문 프로그램 지도의 미비, ② 학생에 대한 개별 평가의 미비 등의 문제점이 언급되고 있다. 먼저, 구체적인 작문 지도 프로그램의 미비점이 나타나고 있다. 여러 가지 방법이 보급됐음에도 불구하고 현장에서는 예전처럼 그냥 제목을 주고 글을 쓰게 하는 지도 방법이 아직도 보편적으로 사용되고 있는 실정이다. 실제 작문 교과서를 위주로 수업을 진행하자니 학생들이 따분해하고 지루해 하며, 교과서를 배제하고 쓰기 활동으로 수업을 진행하자니 구체적인 프로그램을 구안하기가 쉽지 않는 문제점에 부딪히게 되는 것이다. 다음으로 개별 학생에 대한 지도와 평가가 쉽지 않다는 문제점이 있다. 작문 목표를 달성시키기 위해서는 개개 학생이 작문을 하는 데 어떤 어려움과 문제점을 갖고 있는지 그 결과물을 살펴보고 구체적인 피드백을 실시해주어야 한다. 그러나 학교의 여러 가지 여건 상 실제로 이런 활동이 이루어지기 매우 어려운 것이 현실이다.

그리하여 학생들은 작문을 상급학교 진학을 위한 하나의 도구와 수단으로 여기고 있다. 대부분의 학생들은 대학수학능력시험 언어영역 50문항 가운데 작문영역에 배당된 7문항을 좀더 많이 맞추기 위한 방법과 전략을 습득하기에 혈안이 되어 있고, 소수의 상위권 학생들은 중·상위권 대학 진학을 위한 논술 고사에서 고득점을 받기 위한 방편으로 작문을 바라보고 있다. 따라서 학생들에게 작문은 난해하고 어렵고 복잡하며, 따분하고 지루하며 귀찮고 하기 싫지만, 대학 진학을 위해 반드시 해야만 하는 국어과의 또 다른 하위 영역으로 전락하게 되었다.

21세기 창조적 지식기반 사회에서 작문의 역할이 무엇보다 중요해졌다. 작문은 학습자들의 고등사고 기능을 신장시키고, 원활한 의사소통 능력을 길러주고, 주어진 문제를 해결해 가는데 필수적인 요인이다. 왜냐하면, 작문은 기능적 측면에서 문자 언어를 사용하여 다른 사람과 의사를 소통하는 행위의 일종이고, 과정의 측면에서는 주어진 문제를 해결하기 위해 여러 가지 전략을 사용하는 문제 발견 과정이며, 아울러 필자의 생각과 감정을 자신의 방식대로 표현하는 과정이라는 점에서 의미 창조 과정이다. 이처럼 작문은 고도의 지적, 정신적 활동이다(교육부, 2001, 233~237).

기존의 작문교육은 주로 개인적인 글쓰기를 통해 이루어졌다. 그러나 21세기 지식 정보화 사회에서는 개인의 능력도 중요하지만, 타인과의 협동적 사고를 통한 창의적 문제 해결 능력 신장을 더욱 필요로 하고 있다. 그리하여 협상을 통한 의미 구성 과정으로서의 작문 활동에 대한 모형과 구체적 실천 방안이 마련되어야 할 것이다. 그러나 학교 현장에서는 협동 작문에 대한 구체적인 논의와 접근이 부족하였고 체계적인 연구가 전개되지 않았다(오택환, 2007b, 229~231)

따라서 이러한 필요성에 부응하여 본 연구는 협동을 통한 의미 구성과 창조 과정으로서의 협동 작문 교수—학습의 단계와 절차를 모형화하고, 이를 실제 고등학교 교실 현장에 적용함으로써 협동 작문이 쓰기 능력과 쓰기 태도에 미치는 효과를 탐색하는 데 그 목적을 두었다. 먼저, 쓰기 능력과 쓰기 태도에 대한 이론적 검토가 이루어진다. 쓰기 능력의 개념과 특성, 쓰기 능력을 구성하는 요소, 더불어 쓰기 태도의 개념과 쓰기 태도의 습득과 형성에 대해 살펴본다. 다음으로 협동 작문에 대한 이론적 검토가 이루어진다. 협동 학습의 개념과 특징, 필요성, 모형 등의 이론을 바탕으로 협동 작문의 유형과 특징, 그리고 협동 작문의 교수—학습 모형을 구안하고 실제 고등학교 교실 현장에 적용 한다. 연구를 검증하기 위해 양적 연구와 질적 연구를 병행한다. 실험 집단과 통제 집단의 쓰기 능력과 태도 사전·사후 검사 분석을 통해 유의미를 찾아본다. 학생들의 쓰기 과정을 참여 관찰하고, 설문지를 작성하고 면담을 실시하며, 쓰기 결과물인 초고와 교정본을 분석하여 변화의 양상을 탐색한다. 이를 통해 협동 작문이 고등학교 학생들의 쓰기 능력과 쓰기 태도에 미치는 효과를 탐색하고 고찰해 보고자 하였다.

2. 선행 연구

본 연구의 목적이 협동 작문이 쓰기 능력과 쓰기 태도에 미치는 효과를 알아보는 것이기 때문에 선행 연구는 크게 네 부분으로 나누어 진행되었다. 첫째 쓰기 능력에 관한 연구이다. 쓰기 능력의 구성 요소와 쓰기 능력을 어떻게 발달시킬 것인가에 관한 국내외의 선행 연구를 조사하였다. 둘째, 쓰기 태도에 관한 연구이다. 쓰기 능력에 비해 상대적으로 연구가 빈약하여 읽기 태도와 관련한 국내외 연구를 먼저 살펴보고, 이를 통해 쓰기 태도에 주는 시사점을 얻고자 하였다. 셋째, 협동 작문과 관련한 연구이다. 협동 작문의 개념을 쓰기 전·중·후에 협동 학습을 통해 이루어지는 일련의 쓰기 활동이라는 넓은 의미로 보아 이와 관련한 국내외 선행 연구를 조사하였다. 넷째, 쓰기에 대한 질적 연구이다. 협동 작문의 효과를 알아보는 데 질적 연구 방법을 사용하였다. 이를 위해 쓰기에 대한 질적 연구 동향과 방향을 중심으로 선행 연구를 조사하였다.

가. 쓰기 능력에 관한 연구

Bereiter(1986)는 쓰기 능력이란 쓰기에서 요구하는 지식, 기술의 체계를 통합해 가는 능력이라고 제시하였다. 즉, 문자 생산의 유창성, 아이디어 생산의 유창성, 쓰기에 관한 일반적인 규칙과 관습의 숙달, 사회적 인지, 문자 언어의 이해와 식별, 그리고 반성적 사고 등의 여섯 가지 다른 지식과 기술의 체계를 갖추는 것이 높은 수준의 쓰기 능력이라고 하였다. 이런 각각의 기술 체계(skill system)는 발달시킬 수 있으며, 이 기술들은 각각 독립적으로 발달하여 학년이 올라갈수록 각 기술을 통합하는 능력이 커진다고 주장하였다.

Francis & McCutchen(1994)는 쓰기 능력의 수준이 다른 학생의 고쳐쓰기 과제에 접근하는 방식이 다르다는 것을 밝혔다. 이 연구에서는 쓰기 능력이 높은 수준의 학생들은 텍스트를 전체적, 부분적, 문장 수준에서 접근할 수 있으나, 낮은 수준의 학생들은 텍스트를 단락과 문장, 문단 수준에서 접근한다는 것을 규명하였다. 또 중간 수준의 학생들은 높은 수준과 낮은 수준 학생들의 특성을 동시에 지닌다고 주장하였다.

원진숙(1995)은 의사소통적 상호 작용 모델(Communicative interactive model)을 통해 논술 텍스트를 단순히 문장들의 연속체로 보지 않고 필자와 독자 간에 상호 작용적으로 이루어지는 일련의 '의사소통적 행위(communicative acts)'들의 연속체인 '문제-해결' 구조로 파악하였다. 대학교 1학년 학생들을 대상으로 연구를 진행하여, 상호작용적 논술 지도 프로그램에 의한 구체적인 지도학생들에게서 의의 있는 검증 결과를 얻어냈다.

박영목 외(2003)은 숙련된 필자가 가지고 있는 쓰기 능력은 여섯 가지의 서로 다른 요소로 구성되어 있으며, 이러한 쓰기 능력의 구성 요인들은 어느 정도 독립성을 지니면서 점진적으로 발달해 나가게 된다고 하였다. 이에 비해 덜 숙련된 필자들은 그들의 수준에서 성취가 가능한 작문 기능들을 점진적으로 획득해 나가게 된다고 하였다.

이상의 연구들은 쓰기의 전체 과정 중 특히 쓰기 능력이 높은 필자와 낮은 필자들이 현저한 쓰기 능력의 차이를 드러내는 계획하기 단계나 내용 생성하기, 고쳐쓰기 단계 등에서 드러나는 차이를 비교하여 두 능력 집단에서 차이가 있음을 규명하였다. 이들 연구는 학생들의 쓰기 능력별 차이가 존재하고 있음을 실증적으로 밝혔다는 점에서 의의가 있다.

나. 쓰기 태도에 관한 연구

Emig과 King(1979)은 쓰기 태도를 쓰기 인식, 쓰기에 대한 정서, 쓰기 과정으로 범주화하여 쓰기 태도 검사지를 개발하였다. 쓰기에 대한 인식은 쓰기의 필요성과 중요성, 즉 쓰기의 가치에 대한 인식에 관련된 것이다. 쓰기에 대한 반응은 쓰기에 대한 관심과 흥미 등 정서적 요소와 관련된 반응을 의미한다. 쓰기 수행과정 태도는 내용 생성, 내용 표현 및 조직, 다듬기 등 실질적인 쓰기 과정 중에 나타나는 수행 중의 태도를 의미한다.

Kear, D. J., Coffman, G. A., Mckenna, M. C. and Ambrosio, A. L.(2000)은 1990년 '초등학교 읽기 태도 검사 도구(Elementary Reading Attitude Survey, ERAS)'를 바탕으로 새로운 쓰기 태도 검사 도구의 필요성을 인식하고, 이를 위해 광범위한 조사 연구를 통해 쓰기 태도를 측정할 수 있는 28문항을 개발하였다. 각 문항은 학생들의 쓰기 태도를 측정하는 것으로 추정되는 짧은 진술문과 '가필드(Garfield)'라는 만화 캐릭터가 그것에 반응하는 네 가지의 얼굴 표정(매우 좋아하는 표정, 좋아하는 표정, 싫어하는 표정, 매우 싫어하는 표정)으로 구성되어 있다.

김정자(2001)는 글쓰기에 대한 필자의 태도를 설문 조사하여 연구하였다. 글쓰기에 대한 태도는 지식과 경험에 의해 형성되며, 경험에 의해 바뀔 수 있다고 보았으며, 학생들이 쓰기에 대한 즐거움을 느끼는 것이 글쓰기에 대한 긍정적인 태도를 강화시킬 것이라고 전제한 다음 글쓰기 교육의 가능성을 제시하였다.

김승희(2005)는 능숙한 필자는 쓰기에 대한 지식이나 전략을 충분히 익히고 있어야 할 뿐만 아니라 쓰기에 대한 관심, 흥미와 같은 긍정적인 태도가 전제되어야 한다고 보고 학급 신문 글쓰기 활동이 자발적이고 능동적이며, 긍정적인 쓰기 태도를 형성하였다는 결과를 도출하였다.

서변이(2007)는 쓰기 교육의 목표를 달성하는 데 정의적 영역의 중요성에 대한 인식을 바탕으로 쓰기 태도에 영향을 미치는 요인들을 조사·분석하였다. 쓰기 태도의 형성과 태도 변화에 대한 이론적 고찰을 통해 쓰기 교육에 관한 시사점을 이끌어 내고자 하였고, 쓰기 태도에 영향을 미치는 요인을 파악하였다.

이상의 연구들은 국외는 심리학의 태도 검사를 바탕으로 쓰기의 태도 검사지를 만들어 내는 연구가 많았고, 국내는 쓰기 태도의 필요성과 영향을 미치는 요인에 관한 연구가 있었다. 그러나 읽기 태도 연구에 비해 아직 초보적인 수준에 머물렀다. 최근 쓰기의 정의적 측면과 관련하여 동기(motivation)에 관한 연구(Hidi & Boscolo, 2006; Pajares & Valiante, 2006; 박영민, 2006, 2007; 이재승 외, 2006; 전제응, 2005, 2007)가 활발히 진행되고 있다.

다. 협동 작문에 관한 연구

Dale(1992, 1994a, 1994b)은 협동 작문이 쓰기와 학습에서 성장을 촉진하는 가능성을 보여준다고 주장하였다. 협동작문의 가장 큰 영향은 학생들의 쓰기 과정에서 서로 참여하고, 주제를 정하는 등 긍정적인 사회 환경을 조성하는 데 있다고 보았다. 9학년 남녀 혼성 1학급을 대상으로 전체 8모둠으로 3명씩 남녀 혼성 편성하여 협동 작문 과제를 수행하는 동안 참여 관찰하여 학생들 사이의 사회적 상호작용과 협동 작문의 과정과 절차를 탐색하였다.

ASHE-ERIC(2001)은 협동 작문의 의의와 필요성 등 이론적 배경을 쓰기와 사회구성주의와 관련하여 제시하였다. 또한 교실에서 실천 가능한 협동 작문의 과정과 절차, 방법과 전략에 대한 구체적이고 실제적인 방법을 제시하였다. 이 연구를 통해 연구자는 협동 작문에 대한 이론적 토대를 견고히 할 수 있었다.

문혜경(2000)은 초등학생을 대상으로 협동학습을 통한 '모둠 쓰기'모형을 구안하였다. 연구 결과 아동들의 텍스트 완성도는 분석적 평가 영역인 내용, 조직, 표현 모두 향상되었고, 체크리스트와 자기 반성적 평가서에서는 쓰기에 대한 긍정적인 태도 형성을 보였다. 4명의 아동과 면담한 결과, 쓰기의 장점과 특성에 대해 아동들은 비교적 상세히 파악하고 있었으며, 호의적인 반응을 보였다는 결론을 도출하였다.

이성은 · 심선희(2002)는 초등학생을 대상으로 생활문을 쓸 때 동료 협의를 통한 과정 중심 쓰기가 쓰기 능력 면에서 글의 내용 구성 신장, 글의 조직 능력 신장, 글의 표현 능력 신장에 효과적이었으며, 쓰기 태도 면에서는 쓰기에 대한 인식의 향상에는 긍정적인 효과를 나타내지는 않았으나 쓰기 반응에는 매우 긍정적인 효과를 나타냈음을 보여 주었다. 또한 쓰기 수행 과정 태도 향상에도 효과적이었음을 보여 주고 있다. 이 연구의 시사점은 쓰기 능력과 쓰기 태도를 보다 구체적인 하위 요소로 구분하고 있다는 점이다.

이성은 · 윤연희(2004)는 협동적 읽기 · 쓰기 통합(CIRC) 프로그램이 초등학생의 읽기 능력 및 쓰기 능력에 미치는 효과를 알아보았다. 초등학교 3학년을 대상으로 CIRC 프로그램이 이해 능력, 요약 능력 신장에는 긍정적인 효과를, 추론 능력 신장에는 긍정적인 효과가 나타나지 않았음을 증명하였다. 또한 CIRC 프로그램이 글의 내용 구성 능력, 글의 조직 능력 신장에는 긍정적인 효과를, 글의 표현 능력 신장에는 긍정적인 효과가 나타나지 않았음을 밝혔다.

조성현(2005)은 개념도를 적용한 개별점검과 협동점검 학습이 논증적 글쓰기에 미치는 영향을 살펴보았다. 중학교 3개 학급을 대상으로 2주간에 개념도와 점검 그리고 협동학습을 적용한 논증적 글쓰기를 실시하여 협동 점검 집단의 논증적 글쓰기 능력이 높았으며 이해 수준이 높고 글의 분량이 많았다는 결론을 내렸다. 또한 학습에 대한 상하 만족도도 높았고, 점검 수준이 유의하게 높았다는 결론을 도출하였다.

이외에 Brock, C, H, & Raphael, T, E,.(2003), Carolyn, W, K,.(1996), Gray(1993), Hodges(2002), Yarrow, F., & Topping, K. J.(2001) 등의 연구는 협동 작문에 대한 이론적 기초와 근거를, 김민성(2004), 김현희(2006), 박영민(2003), 백정운(2005), 성미영(1997) 등의 연구는 협동 작문 교수-학습 모형과 전략에 대한 시사점을 주었다.

이상의 연구들을 통해 협동 작문의 이론적 배경과 전략과 방법을 수립하는데 도움을 주었나. 그러나 구체적인 교수-학습 모형과 효율적인 방법이 실제적으로 고등학교에서 적용된 경우는 찾아볼 수 없었다.

라. 쓰기의 질적 연구

Emig(1971)은 12학년 학생들을 대상으로 그들의 쓰기 과정을 관찰하면서 쓰기 과정을 말하도록(thinking aloud)하여 쓰기 과정을 연구하였다. 이 연구의 결과 기존의 쓰기의 각 단계가 단절적이고 직선적으로 이루어진다는 결과 중심의 쓰기의 것이 잘못되었다는 것을 밝혀내었다. 이는 쓰기를 인지적 과정으로 접근하려는 최초의 단서를 제공하였다.

Hillock(1995)은 문식성과 문식성 행위에 대한 이론적 배경을 수사학적, 사회적, 문화적 상황고 연결시켜 다양하게 탐색하였고, 문식성 행위로써 쓰기 과정과 관련된 교실에서 다양한 쓰기 사례를 보여주었다.

이재기(1997)는 동료평가활동은 어떤 과정과 절차에 따라 진행되며, 이것이 각 개인의 인지적 · 정의적 · 사회적 측면에 어떤 영향을 미치는지를

관찰하고 기술하였다. 특히 동료평가 활동이라는 구체적인 학습의 맥락에
서 학생들은 어떻게 문식력 있는 공동체의 일원으로서 성장해 가는가를
기술하였다.

인혜련(1998)은 소집단 작문 활동의 쓰기 학습 과정에서 학생들의 언어
적 상호작용의 양상이 쓰기 학습의 수준에 어떠한 영향을 미치는지 살펴
보았다. 이를 위해 문화 기술법으로 쓰기의 구체적인 교수-학습 맥락을
있는 그대로 기술하고, 언어적 상호작용 자료들을 수집하여 분석하였다.

이상의 연구는 쓰기에서 질적 연구의 중요성과 방향성을 제시하였으며,
학습자들의 쓰기 중에서 동료 학습자들과 이루어지는 사회적 상호작용과
의사소통의 구체적인 양상과 변화의 모습을 살펴볼 수 있었다.

3. 연구 내용과 제한점

가. 연구 내용

본 연구는 협동을 통한 의미 구성과 창조 과정으로서의 협동 작문 교수
-학습의 단계와 절차를 모형화하고, 이를 실제 고등학교 교실 현장에 적
용함으로써, 협동 작문이 쓰기 능력과 쓰기 태도에 미치는 효과를 탐색하
는 데 그 목적을 둔다. 이러한 목적에는 의미 구성과 창조 과정으로 협동
작문을 설계하는 것이 중요한 의의가 있다는 점, 협동 작문 교수-학습의
단계와 절차를 모형화하고 협동 작문 전략의 구안이 필요하다는 점 등이
전제되어 있다. 따라서 이 연구는 크게 이론적 탐색과 실제적 적용의 두
부분으로 연구가 진행된다. 이론적 탐색은 쓰기 능력과 쓰기 태도에 대한
기존의 문헌 연구와 협동 학습과 협동 작문의 이론을 중심으로 협동 작문

교수-학습 프로그램을 구안하는 것이고, 실제적 적용은 이론을 바탕으로 고등학교 교실에서 실제 적용하여 구체적 방법을 모색하는 것이다.

본 연구에서 다루게 될 각 장의 구체적 연구 내용과 이를 바탕으로 실제 적용하게 될 상세한 연구 내용은 다음과 같다.

Ⅱ장에서는 협동 작문에 대한 이론적 검토가 이루어진다. 첫째, 쓰기 능력과 쓰기 태도에 대한 이론적 검토가 이루어진다. 쓰기 능력의 개념과 특성, 쓰기 능력을 구성하는 요소에 대해, 또한 쓰기 태도의 개념과 쓰기 태도에 습득, 형성 등에 대해 살펴본다. 둘째, 협동 학습과 협동 작문에 대한 이론적 검토가 이루어진다. 협동 학습의 개념과 특징, 필요성, 모형 등을 살펴보고, 협동 작문 개념과 특징, 유형 등 협동 작문의 이론적 기초를 정립한다. 셋째, 협동 작문의 단계와 절차 그리고 교수-학습 모형을 수립하게 된다.

Ⅲ장에서는 고등학교 교실에 적용할 협동 작문 프로그램을 구안 한다. 연구의 대상과 기간, 연구의 설계와 과정에 대한 보다 정교하고 구체적인 접근을 통해 협동 작문의 의의와 방법론을 모색한다. 또, 협동 작문이 쓰기 능력과 쓰기 태도에 어떻게 효과를 미치는지를 검증할 검사 도구를 마련하고 준비한다. 준비된 프로그램을 예비 단계와 본 단계를 거쳐 적용하게 된다.

Ⅳ장에서는 실제 고등학교 교실 현장에 적용한 협동 작문이 고등학교 학생들의 쓰기 능력과 쓰기 태도에 미치는 효과를 분할구획요인분석설계(SPFp.q design)에 의한 변량 분석[1]을 통해 양적 통계자료로 제시하고, 관찰과 면담 그리고 학생들의 쓰기 결과물의 비교를 통해 질적으로 기술하고 분석한다.

---

1) 분할구획요인설계(Split plot factorial design)는 피험자 간 요인과 피험자 내 요인이 통합되어 있는 혼합설계로서 독립변수 중 구획변수가 하나 이상 포함되어 있는 반복설계의 일종이다. 이러한 설계는 농학 분야에서 분할구획(split plot)이라는 용어로 처음 소개되었으며, 현재는 다양한 분야에서 광범위하게 적용되고 있다(성태제, 2007, 119).

나. 연구의 제한점

본 연구는 부분적으로 일정한 한계를 지닌다. 연구 대상을 서울특별시 소재 일반계 인문 남녀공학 공립 고등학교의 1학년 남학생만으로 하였고, 글의 목적을 설득을 위한 글쓰기만을 했기 때문에 몇 가지 적용상의 한계를 지니고 있다.

첫째, 학교 급을 달리하는 초등학교와 중학교에서 적용하였을 때 본 연구의 결과와 상이한 연구 결과가 나올 수 있다. 초등학교와 중학교에서는 고등학교에 비해 교사 변인이 강하게 작용할 수 있다. 비교적 교사가 교육과정 운영의 재량권을 적절하게 통제하여 학생들에게 협동 작문을 용이하게 적용할 수 있기 때문이다. 따라서 본 연구에서 구안한 협동 작문 교수－학습 모형을 초등학교와 중학교에서 적용하고자 할 때에는 후속적인 논의가 더 필요할 수 있다.

둘째, 학교 급이 동일하더라고 지역, 성별, 학교 설립 목적 등에 따라 연구 결과가 달라질 수 있다. 본 연구의 방법을 수도권이나 지방 등 지역을 달리하거나, 또는 여학생에게 적용하여 성별을 달리하거나, 특수목적 고등학교나 전문계(실업계) 고등학교 등 학교 계열을 달리하여 적용하였을 경우 등 상황과 여건에 따라 서로 다른 결과가 나올 수 있다. 이에 대한 적용 방법상 좀 더 정치(精緻)한 준비가 필요할 수도 있다.

셋째, 협동 작문의 설득을 위한 글쓰기에 적용하였기 때문에 정서 표현, 친교, 설명적인 글의 적용상에는 다른 결과가 나올 수도 있다. 작문의 상황과 목적에 따라 쓰기의 내용이 달라지고 방법상 차이가 있다. 본 협동 작문은 논리적인 목적이 강하고 필자의 주장이 드러나는 설득을 위한 글쓰기에 적용하여 정서 표현, 친교, 정보전달을 위한 글쓰기에 적용하였을 경우 연구의 결과가 달라질 수 있다. 따라서 정서표현, 친교, 설명적인 글쓰기에 적용할 경우 이에 대한 후속적인 논의가 필요할 수도 있다.

II

협동 작문의 이론적 접근

이 장에서는 협동 작문에 대한 이론적 접근을 한다. 이론은 실천의 든든한 버팀목의 역할을 하며 이론이 뒷받침 되지 않은 실천은 쉽게 흔들리기 쉽기 때문이다. 여기서 협동 작문에 대한 이론적 접근은 크게 두 가지 측면에서 이루어졌다. 첫째, 쓰기 능력과 쓰기 태도에 대한 이론적 검토가 이루어졌다. 쓰기 능력의 개념과 특성, 쓰기 능력을 구성하는 요소에 대해 보다 구체적으로 살펴보았고, 또한 쓰기 태도의 개념과 쓰기 태도의 형성과 습득, 쓰기 태도의 내용과 범주에 대해 알아보았다. 둘째, 협동 작문에 대한 이론적 검토가 이루어졌다. 우선 협동 학습 관련하여 기본적인 개념과 특징, 필요성, 모형 등을 살펴보았고, 다음으로 협동 작문의 유형과 특징 등을 알아보았으며, 마지막으로 협동 작문 교수–학습 모형에 대한 단계와 절차에 대해 살펴보았다.

1. 쓰기 능력과 쓰기 태도

쓰기 교육의 목적은 미숙한 필자를 성숙한 필자로 변화시키는 것이다. 성숙한 필자가 되기 위해서는 쓰기 능력을 충분히 체득하여야 하며, 긍정적인 쓰기 태도를 지니고 있어야 한다. 결국 쓰기 교육의 목적은 학습자들의 쓰기 능력을 신장시키고 긍정적인 쓰기 태도를 형성시키는 것이다.

가. 쓰기 능력

여기서는 쓰기 능력의 개념과 특성, 쓰기 능력을 구성하는 요소, 쓰기 능력 발달의 영향 요인에 대해 보다 구체적으로 살펴보고자 한다.

(1) 쓰기 능력의 개념

쓰기 능력은 쓰기 상황에 대한 정확한 인식, 음성 언어 표현에 비해 문자 언어 표현이 가지는 한계의 인식, 언어와 언어 사용에 대한 지식, 계획하기나 고쳐쓰기와 같은 전략의 적절한 사용을 통해 주어진 쓰기 과제를 해결하는 문제 해결 능력을 말한다. 많은 연구가(Scardamalia & Bereiter, 1986; Flower, 1993; 원진숙, 1995; 박영목, 2002 등)들은 쓰기의 본질이 문제 해결이며, 쓰기 능력은 문제해결 능력이라는데 동의하고 있다.

박영목 외(1997a)에 따르면, 쓰기 능력은 글을 잘 쓸 수 있는 능력으로 주어진 문제에 대하여 논리적으로 사고를 전개하여 효과적으로 전달하거나 설득하는 텍스트를 생산하는 능력으로 정의하고 있다.

최현섭 외(1999)는 성숙한 필자의 사고에 대한 연구에서 성숙한 필자는 ① 문자 언어를 생산해 내는 기교적 기능, ② 계획하거나 수정하기와 같은 고차원적인 지적 과정, ③ 상황적 형식과 기능에 대한 이해가 성숙되어 있음이 밝혀지고 있다고 제시하였다. 결국 쓰기 교육은 미숙한 필자에게 쓰기와 관련된 지식을 확충시켜주고, 쓰기 기능과 전략을 갖도록 하여 원활한 쓰기를 할 수 있도록 하는 것이다.

Bereiter(1980)는 쓰기 능력이란 쓰기에서 요구하는 지식, 기술의 체계를 통합해 가는 능력이라고 제시하였다. 즉, 문자 언어 표현의 유창성, 글의 주제와 관련된 아이디어 생산의 유창성, 쓰기에 관한 일반적인 규칙과 관습의 숙달, 사회적 인지, 문자 언어의 이해와 식별, 그리고 반성적 사고 등의 지식과 기술의 체계를 갖추는 것이 높은 수준의 쓰기 능력이라고 하였다.

Mosenthal(1983)은 쓰기 능력을 실제 교실에서 학생들이 어떻게 쓰기 능력을 획득하는에 관심을 갖고 쓰기 연구에서 다시 해결해야 할 문제로 필자, 매개변인, 과제, 상황 조직자, 세팅 등 5가지 상황(contexts)으로 구성된 쓰기의 구성 모형을 제시하였다.

이와 같이 쓰기 능력의 본질 속에는 그 능력을 구성하고 있는 근본적인 요소들이 존재할 것이다. 따라서 쓰기와 관련된 지식, 쓰기 기능, 쓰기 전략 등을 살펴봄으로써 쓰기 능력이 무엇으로 구성되어 있는지 명확히 알 수 있게 된다.

(2) 쓰기 능력의 구성 요소

쓰기 능력은 쓰기와 관련된 지식, 쓰기 기능, 쓰기 전략으로 구성되어 있다. 그런데 각 구성 요소는 독립적으로 운용되는 것이 아니라 서로 밀접하게 관련을 맺으며 연결되어 있다.

(가) 쓰기와 관련된 지식

우선 쓰기 과정은 여러 지식의 유형에 관련되어 있다. 쓰기와 관련된 지식의 유형을 Faigley와 Skinner(1982)는 전략적 지식과 서술적 지식으로, Alexander et al.(1991)은 사회 문화적 지식, 개념적 지식, 메타 인지적 지식으로 분류하고 있으며, 박영목 외(2001)는 다루게 될 내용에 관한 지식, 글을 조직하고 배열하는 방법에 대한 지식, 표현 방식에 대한 지식으로 분류하고 있다.

Alexander, et al.(1991)에 따르면, 쓰기에 관련된 지식의 4가지 유형은 사회 문화적 지식, 개념적 지식, 주변 세계에 대한 지식, 언어에 대한 지식이다. 첫째, 사회문화적 지식이란 가족, 사회, 민족, 국가 등의 구성원으로서 공유하고 있는 기본적 신념에 대한 암묵적인 이해를 말한다. 둘째, 개념적 지식은 주변 세계에 대한 지식과 언어에 대한 지식을 말한다. 셋째, 주변 세계에 대한 지식은 곧 내용 지식으로, 경험의 축적으로 쌓아지는 지식을 말한다. 넷째, 언어에 대한 지식은 어휘, 문장, 문단, 글 수준에서 모두 작용하는 언어 또는 언어 사용에 대한 지식을 말한다.

박영목 외(2001)에 의하면, 해당 교과와 학문 공동체에서 요구하는 작문 능력을 신장하기 위하여 학생들은 첫째, 학문 영역 혹은 교과 영역 내에서 필자가 글을 쓰는 과정에서 다루게 될 내용과 그 내용에 대한 지식을 갖추어야 하며, 둘째 학문 영역 혹은 교과 영역 내에서 필자가 글을 조직하고 배열하는 방법에 대한 지식과 기능을 갖추어야 하며, 셋째, 학문 영역 혹은 교과 영역 내에서 필자가 선택해야 하는 적합한 문체, 즉 표현 방식에 대한 지식과 기능을 갖추어야 한다.

(나) 쓰기 기능

쓰기 기능은 성격상 쓰기 전략과 구분이 모호하나, 쓰기 전략이 본질적으로 의식적인 활동이라면 쓰기 기능은 훈련을 통해서 숙달되는 능력으로 자동화 지향성을 지니는 것이다.

Bereiter(1980)는 쓰기 기능을 단순연상적 쓰기 기능, 언어수행적 쓰기 기능, 의사소통적 쓰기 기능, 통합적 쓰기 기능, 인식적 쓰기 기능 등으로 구분하였다(박영목 외, 1988, 354~359, 재인용)

첫째, 단순연상적 쓰기 기능은 필자가 자신의 머릿속에 떠오르는 생각을 그대로 문자로 옮겨 놓은 글쓰기 기능을 말한다. 이런 글쓰기는 개념 중심적 정보처리보다는 자료중심적 처리에 의존한다. 따라서 미숙한 필자들은 대개 이 수준에 머물러 있으며 이들이 가장 힘들어하는 것은 쓸거리를 찾는 것이다.

둘째, 언어수행적 쓰기 기능은 단순연상적 쓰기 기능을 가진 필자들이 국어의 어법, 문체, 규칙, 관습에 익숙해짐으로써 도달하는 수준의 기능이다. 이는 쉽게 도달할 수 있는 수준이 아니며 계속적인 연습이 필요한 기능이다.

셋째, 의사소통석 기능은 독자를 고려하여 글을 쓸 수 있는 기능이다 정보를 전달하는 종류의 글쓰기를 할 때, 필자 중심으로 글을 쓰는 것이 아니라 글을 읽게 될 예상 독자를 고려하여 글을 쓰는 기능을 말한다.

넷째, 통합적 쓰기 기능은 필자가 쓰기의 과정에서 예상되는 독자의 입장을 고려함과 동시에 필자 자신이 독자가 되어 독자의 입장을 반영할 수 있는 기능이다. 이는 보다 이전의 기능보다 한층 발달된 쓰기 기능이다.

다섯째, 인식적 쓰기 기능은 쓰기를 통하여 더욱 확산적이거나 수렴적인 사고를 가능하게 하는 기능이다. 이 단계에서의 쓰기는 단순 사고의 생산에 그치지 않고, 복잡한 창조적 사고의 생산을 가능하게 해 주는 것이다.

(다) 쓰기 전략

쓰기 전략은 쓰기 과정에 대한 과정적 지식을 소유하는 것으로서, 무엇을 어떠한 과정을 거쳐 어떻게 처리할 것인가에 대한 계획 같은 것이라고 볼 수 있다.

〈표 Ⅱ-1〉 쓰기 능력의 수준에 따른 쓰기 전략의 특성

	성숙한 필자	미숙한 필자
계획하기	목표를 의사소통에 둠.	기계적인 실수를 피하는데 역점을 두거나 특정 주제에 대한 지식의 인출에 중점을 둠.
내용생성	내용 생성에 대한 내적 단서를 갖고 있어 많은 아이디어를 스스로 생성할 수 있음.	내용 생성을 지속시키기 위해서 외적인 단서의 사용에 의존함.
내용조직	응집력과 일관성을 위한 장치에 정통함.	응집력과 일관성에 대한 조직 장치에 서툼.
작성하기	자동화된 쓰기 관습 능력을 바탕으로 응집력과 의사소통에 주의를 기울임.	철자, 문법, 구두점이 틀리지 않도록 주의하며 씀.
다듬기	의미와 관련된 수정을 함.	틀린 글자나 낱말 수준에서 수정을 함.

〈출처〉 Anson, C.(1989), Writing and response.(p.118) IL, NCTE.

쓰기 전략은 쓰기의 과정을 의식적으로 조절하고 통제하는 능력으로서, 무엇을 어떠한 과정과 절차를 거쳐 쓸 것인가에 대한 구체적인 계획과 방법이라 할 수 있다. 이는 쓰기 능력의 한 구성 요소로 포함된다. 각 쓰기 과정에 따른 쓰기 전략에서 성숙한 필자와 미숙한 필자는 앞의 <표 Ⅱ-1>과 같이 차이를 나타낸다.

(3) 글의 구성 요소에 따른 쓰기 능력

필자의 쓰기 능력을 알아볼 수 있는 하나의 방법은 쓰기 결과물을 파악함으로 가능해 진다. 즉, 글의 내용, 조직, 표현 등 구성 요소가 갖추어진 정도를 분석해 봄으로써 필자의 쓰기 능력을 파악할 수 있다.

글의 구성 요소는 곧 글에 대한 평가의 준거, 평가의 범주로 활용된다. 쓰기 평가의 범주에 관련된 선행 연구의 내용을 살펴봄으로써 글의 구성 요소, 즉 평가의 범주를 규정할 수 있다. 쓰기 평가의 범주에 관련된 연구의 내용은 다음의 <표 Ⅱ-2>와 같다(노명완 외, 1988).

〈표 Ⅱ-2〉 쓰기 평가의 범주

연구	쓰기 평가의 범주
Diederich(1974)	내용, 형태, 문체, 맞춤법(어법, 철자, 구두점, 필체), 어휘
IEA(국제교육평가협의회, 1984)	내용의 질과 범위, 내용의 조직과 표현 방법, 문체 및 표현위 적절성, 독자에 대한 인식, 맞춤법(어법, 철자, 구두점, 필체)
ETS(미국 교육평가원, 1982)	주제의 진술, 전반적인 조직, 수사론적 책략, 가치로운 아이디어, 주제를 뒷받침하는 자료, 필자의 태도 및 어투, 단락의 구성 및 연결, 문장의 다양성, 문장의 논리
Purves(1986)	1)내용 / 사고 범주 : 정보의 풍부성, 정보의 정확성, 정보의 관련성, 추론, 종합, 비판적 사고, 대안의 제시 2)조직 범주 : 구조, 결합 관계, 통일성 3)문체 / 유창성 범주 : 객관성, 공정성, 유창성

〈출처〉 노명완 외(1988, 379~381)의 내용 정리.

원진숙(1995)은 국어과 교육과정의 작문 과목의 목표 분석을 통해 글의 내용(content), 글의 구성(organization), 글의 표현(experssion)의 평가 범주를 설정하고, 바람직한 논술문이 지녀야할 요건으로서의 결속성(coherence)을 기준으로 학생들의 쓰기 자료를 분석하여 평가 요소를 설정하였다.

- 내용 범주 : 내용의 통일성, 주제의 선명성, 논증의 타당성, 결론의 적절성, 사고력
- 구성 범주 : 단락 전개 방식, 글의 논리 구조
- 표현 범주 : 맞춤법 / 띄어쓰기, 적절한 어휘 사용, 문자의 정확성, 응집성, 적절한 문체

황경희(1994)는 국내의 여러 쓰기 연구를 토대로 하여 다음 <표 Ⅱ-3>과 같이 고등학생과 대학생 작문의 평가 요소와 하위 항목을 정리하여 제시하였다.

그런데 이러한 글의 구성 요소에 따른 하위 항목들은 모든 글의 종류에 동일하게 적용될 수 없다. 따라서 구성 요소의 하위 항목들은 글의 목적, 유형에 따라 다양하게 설정될 수 있을 것이다.

〈표 Ⅱ-3〉 고등학생·대학생 작문의 평가 요소와 하위 항목

평가 요소	하위 항목
내용	초점, 풍부성, 주제의 선명성, 내용 근거의 타당성, 주제의 독창성, 정보의 정확성, 정보의 관련성, 추론, 종합, 비판적 사고, 대안의 제시
조직	형태, 연결, 구조, 결합 관계, 통일성, 문단의 구분, 논리성
표현	문체, 문체의 객관성, 문체의 정확성, 문체의 유창성, 어휘, 용법, 문장구조, 관용법, 표현의 평이성, 표현의 정확성, 독창성
표기	맞춤범, 문장부호, 글씨쓰기
기타	일반적인 인상, 필자의 역할, 중심인물, 배경

〈출처〉 황경희(1994), "아동의 제재 흥미와 생활문 짓기 능력과의 관계", 박사논문, 이화여대 p.14

여기서는 쓰기 평가의 범주를 글의 내용, 글의 조직, 글의 표현에 초점을 맞추어 기술하고자 한다. 첫째, 글의 내용이다. 글의 내용은 정서 표현, 정보전달, 친교, 설명 등 글속에 나타 있는 내용을 말한다. 글의 내용에 따라 쓰기의 평가 요소가 달라진다. 예를 들면, 주장하는 글에서 주제가 잘 나타난 글을 쓴다는 것은 쓰기 능력을 나타내는 중요한 척도이다. 글의 주제는 학습자들의 흥미를 가지고 자신의 생각을 풍부하게 표현할 수 있도록 사전에 충분히 협의하여 친숙한 주제를 제시하는 것이 필요하다. 둘째, 글의 조직이다. 글의 조직은 문단과 문단의 생각을 일관성 있게 논리적으로 연결시키는 능력이다. 예를 들어 주장하는 글에는 앞과 뒤에 나타나는 글의 내용, 즉 서론, 본론, 결론으로 글을 논리적으로 조직하는 것을 말한다. 셋째, 글의 표현이다. 글의 표현은 여러 가지 문장의 주조 및 문장 간의 자연스러운 연결이 평가의 대상이 된다. 여기에는 문법과 맞춤법 등의 일부 요소도 포함된다.

나. 쓰기 태도

쓰기 교육에서는 궁극적으로 쓰기 능력과 함께 쓰기 태도를 향상시키고자 한다. 쓰기 태도란 무엇이고 쓰기 태도에 영향을 미치는 요인은 무엇인가, 어떻게 하면 긍정적인 쓰기 태도를 갖게 하는가 하는 문제를 살펴보고자 한다.

(1) 쓰기 태도의 개념

쓰기 능력의 개념을 정의하기에 앞서 먼저, 사회심리학에서 이야기하는 태도(態度, attitude)의 개념을 파악하고, 이를 바탕으로 쓰기 태도의 개념을 살펴보도록 한다. 왜냐하면 태도는 사회심리학에서 연구하는 중요한 관심 주제로 태도가 행동에 영향을 주는 중요한 변인이며, 행동을 예측하거나 변화시키려고 할 때 가장 많이 거론되는 것이기 때문이다.

Fishbein & Ajzen(1980, 17)은 태도를 "주어진 대상에 대해 호의적이거나 비호의적으로 일관성 있게 반응하는 학습된 경향"이라고 정의하고, 태도가 일관성을 가진다는 것을 강조하였다.

태도는 어떤 대상에 대하여 일정한 양식으로 반응하는 학습된 경향성으로 인지적·정의적·행동적 요소로 구성되어 있는 정서적 반응"이라고 정의할 수 있다(한규석, 2004; 김성일, 2000; 황정규, 2005)

그러면 위에서 사전과 여러 학자들이 공통적으로 지적한 태도의 3요소 즉, 인지적, 정의적, 행동적 요인에 대해 좀더 자세히 살펴보도록 한다. 첫째, 태도의 인지적 요인(cognitive component)은 상황이나 대상과의 관계를 나타내는 범주로서 대상에 대한 지각이나 지식·관념·이해·판단을 내포하며, 가치관이나 신념의 속성을 반영하고, 정보제시를 통한 인지적 학습에 의해서 형성된다. 태도의 정의적 요인(affective component)은 대상에 대한 평가적 측면에서 긍정적·부정적, 호오(好惡) 감정을 뜻하는 것이며, 욕구·동기·감정 등에 밀접히 관련되어 태도 대상의 평가 방향과 강도를 다양하게 결정하는데 작용한다. 이 요소는 태도의 핵심으로서 인지적 요소보다 단순하고 인지적 요소가 망각된 후에도 지속되며 행동에 더 큰 영향을 미친다. 태도의 행동적 요소(behavioral component)는 의도적(conative) 요소라고도 하며, 대상에 대한 느낌과 생각에 일치하는 긍·부정적 행동을 하려는 경향이나 의도를 말하는 것이다. 이 요소는 대상에 대한 반응이나 행동의 강화를 선행 경험으로 하는 도구적 학습(instrumental learning)을 통하여 형성된다. 태도의 이 3요소는 상호 관련성이 높고 서로 일관되게 조직되는 경향이 있으며, 이때 태도는 균형을 이루고 사람은 더욱 만족을 느끼게 되지만, 일관성이 없을 때는 자아방어적인 태도를 이루게 된다. 특히 인지적·정의적 요소는 대개 조화를 이루고 있다.

이러한 사회심리학과 교육심리학에서 논의되고 있는 태도의 개념을 국어 영역의 쓰기에 적용하여 쓰기 태도의 개념을 정의할 수 있다. 쓰기 태도는 "쓰기에 대하여 일정한 양식으로 반응하는 학습된 경향성으로 인지적·정의적·행동적 요소로 구성되어 있는 정서적 반응"이라고 정의할 수 있다. 즉, 쓰기는 호오(好惡)의 정서, 쓰기에 대한 긍정적·부정적 신념으로 지속적이고 일관성 있으며, 경험이나 설득에 의해 변화가 가능한 정서적 반응"이다. 이는 필자가 쓰기 상황을 접했을 때 그 상황에 접근하느냐 회피하느냐에 관해 학습된 일관성 있는 감정이라 할 수 있다. 다음 [그림 II-1]은 태도의 구성 요소를 나타낸 것이다.

일반적인 태도와 마찬가지로 쓰기 태도도 쓰기에 대한 신념이나 의견인 인지적 요소와 쓰기에 대한 감정이나 평가인 정의적 요소, 실질적으로 읽으려는 행동이나 의도를 나타내는 행동적 요소 등의 세 가지 요소를 모두 가지고 있다. 예를 들면, 첫째, 쓰기에 대한 인지적 요소는 '쓰기는 우리 생활에 반드시 필요하다. 쓰기는 나에 대하여 더 많은 것을 나타내게 한다, 쓴 글에 대해 친구들이나 선생님 등과 토의하는 것은 더 좋은 글을 위해 꼭 필요하다' 등과 같이 지각이나 지식·관념·이해·판단을 내포하며, 가치관이나 신념과 관련이 깊다. 둘째, 쓰기에 대한 정의적 요소는 '나는 글로 쓰고 싶은 이야기가 많다. 나는 글쓰기를 좋아하며 마음에 든다, 내가 쓴 글을 읽으면 마음에 든다, 나는 글을 더 잘 쓸 수 있으면 좋겠다' 등과 같이 긍정적·부정적, 호오, 욕구·동기·감정 등과 관련이 깊다.

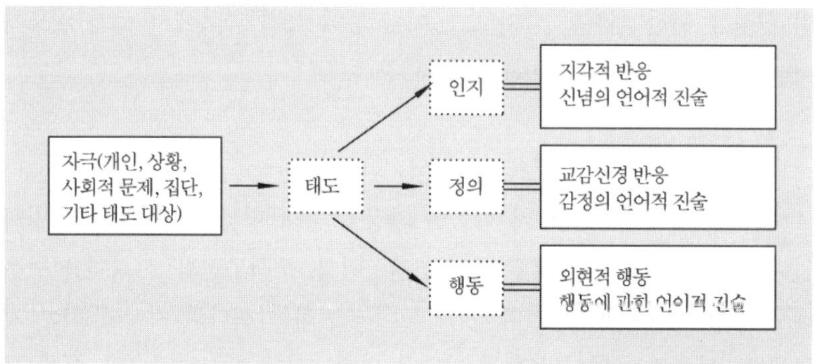

〈출처〉 Rosenberg & Hovland(1960), Attitude organization and change, p.3
(김성일, 2000, 385 재인용)

셋째, 쓰기에 대한 행동적 요소는 '쓰기 주제가 주어지면 생각을 정리한 후에 쓴다, 쓰고 싶은 내용을 적절히 정리할 수 있다. 평소에 글을 쓰면서 예상 독자에 대해 자주 생각한다. 내가 쓴 글을 다시 읽고 고쳐 쓰려는 태도를 지닌다' 등과 같이 긍·부정적 행동을 하려는 경향이나 의도와 밀접하다.

그러므로 쓰기에 대해 부정적인 태도를 가지고 있는 필자가 있다면 그것이 쓰기에 대한 잘못된 생각(인지적 요소)에서 온 것인지, 아니면 쓰기에 대한 나쁜 감정(정의적 요소)에서 온 것인지, 좋은 생각과 감정을 가지고 있지만 행동으로 옮기질 못하는 것(행동적 요소)인지를 살펴볼 필요가 있다. 이를 통해 쓰기 태도를 긍정적인 방향으로 바꿀 수 있는 여건과 환경을 조성하고 구체적인 방법과 전략을 사용해야 한다.

(2) 쓰기 태도의 형성

태도의 형성 요인은 사회심리학에서 중요하게 다루고 있는 부분이다.
이에 대한 연구는 태도가 행동에 영항을 주는 중요한 요인이며, 행동을
예측하거나 변화시키려고 할 때 가장 많이 논의되고 있기 때문이다(김용래,
2003; 김희수, 2003; 한규석, 2004). 여기서는 사회심리학에 논의되고 있는 태도
의 형성에 관한 이론을 살펴보고, 이를 통해 쓰기 교육에서 쓰기 태도가
어떻게 형성되는가를 추론해 보고자 한다.

(가) 학습에 의한 쓰기 태도 형성

사회심리학에서는 태도가 학습의 과정을 통해 형성된다는 것을 설명하
였다. 학습의 기본적인 세 과정인 고전조건화, 조작조건화, 사회학습 등은
태도 형성에 관여할 수 있다. 첫째, 고전조건화는 하나의 자극이 다른 자
극에 늘 선행해서 나타나면 두 자극은 연합된다는 학습원리이다. 이를 쓰
기에 적용시키면, 학습을 하기 전에 쓰기에 대한 긍정적인 측면을 강조하
여 학습자들에게 계속적으로 제시하면 학습자들은 쓰기 학습에 대한 긍정
적 태도를 지속적으로 갖게 될 것이다. 둘째, 조작조건화는 적절한 보상이
어떤 대상에게 계속적으로 주어진다면 대상의 태도가 강화된다는 원리이
다. 쓰기 과제를 적절하게 수행하여 교사로부터 칭찬과 수행평가에서 높
은 점수를 획득한다면 학습자는 쓰기에 대해 긍정적인 태도를 형성하게
되고, 보상이 일관되고 지속적으로 주어진다면 긍정적 태도는 더욱 강화
될 것이다. 셋째, 사회학습은 사람들이 영항력이 있거나 존경하는 사람을
모방하는 것처럼 태도도 모방으로 습득될 수 있다는 원리이다. 교사, 부
모, 친지 등 학습자에게 영항력 있거나 학습자가 존경하는 인물이 쓰기에
대해 관심을 갖고 긍정적인 태도를 취하면 학습자들도 긍정적인 태도를
갖게 된다는 것이다.

쓰기 태도가 학습에 의해 형성된다는 명제를 바탕으로 교사는 교실에

서 학생들의 긍정적 쓰기 태도를 형성 시킬 수 있는 방안을 구체적으로 마련해야 한다.

(나) 일관성 기제(mechanism)에 의한 쓰기 태도 형성

사람들은 생활 속의 여러 요소들 간에 균형과 일관성을 유지하려는 경향이 강하다. 균형과 일관성을 유지하고 지향하는 과정에서 태도가 형성 또는 변화된다는 입장이다.

인지 일관성 기제에 의한 쓰기 태도 형성에는 균형이론, 인지 부조화 이론, 인지—감정 일관성 이론 등이 있다. 첫째, 균형이론은 태도에 정적 (positive)과 부적(negative) 요소가 있어 서로 상반된 요소를 각기 독립적으로 분리해서 생각하거나 여러 요소들 중 어느 것은 좋고, 어느 것은 나쁘다는 등의 모순되고 일관성이 없는 생각은 되도록 회피하려는 경향을 보여 사고 내용의 부조화, 불균형, 불일치를 회피하고 균형을 이루려는 정도에 따라 태도가 변한다는 것이다. 예를 들면, 작문 선생님을 좋게 생각하는 학생은 그의 수업과 관련하여 다른 많은 요소인 교재, 교수방법, 의사소통, 행동 등에 대하여 좋은 평가를 내린다는 것이다. 유발성 사이에 균형이 이루어지고 있는 한, 태도는 변화에 저항하지만 일단 균형이 깨지면 다시 균형 상태로 복귀하려는 경향이 발생한다는 것이다. 둘째, 인지 부조화 이론에서 태도 변화란 사람들이 조직적인 심리구조를 이루고 있는 가운데 구조를 이루는 과정에서 불협화를 기피하려는 경향이 생긴다는 것이다. 사람들은 일반적으로 자기 자신의 내적 신념과 일치되는 행동을 적극적으로 추진하게 된다. 예컨대, 학교에서 지나치게 공부에 집착하는 것을 싫어하는 부모는 자녀가 공부를 하도록 강요하지 않을 것이다. 셋째, 인지—감정 일관성 이론에서 태도 변화는 자신의 태도나 행동을 자신의 감정과 일치하게 만들려는 것으로 보는 것으로 이는 감정 요인을 포함하여 태도 변화를 추구하는 입장이다. 예를 들면, 쓰기에 대해 부정적 인식이나 감정을 가진 학생은 스스로 쓰기에 대한 전략이나 방법을 모르기 때문에

쓰기에 대한 부정적 태도를 가질 것이며, 반대로 쓰기에 대해 부정적 생각을 가진 학생은 쓰기의 전략과 방법을 배워야 할 때 노력하지 않는 모습을 보일 수 있다.

(다) 손익 계산에 의한 쓰기 태도 형성

인간을 적극적이며, 계산적인 합리적인 존재로서 상정하고 개인의 과거 경험보다는 현재 계산된 유인가(誘引價)에 의해 태도가 결정된다고 보는 입장이다.

쓰기 태도에 이 이론을 적용하면, 글을 쓰는 경우 학생들은 자신이 글을 잘 썼을 때 얻을 수 있는 가치(이득)를 따져서 쓰기에 대한 태도를 결정하게 된다. 글을 잘 쓰면 평가를 잘 받을 수 있다고 하는 유인가를 확실히 인지한 학생의 경우는 쓰기에 적극적인 태도를 취할 것이다. 그러나 글을 잘 쓰고 난 후 별다른 가치가 기대되지 않는 다면 쓰기 활동에 소극적인 태도를 보일 것이다. 그러므로 학교에서는 학생들의 쓰기 결과가 우수하다면 효율적인 칭찬과 격려를 해주어야 한다. 이를 통해 학생들은 더 열심히 노력하여 적극적인 태도로 쓰기에 참여할 수 있을 것이다.

이상의 논의를 종합하면, 쓰기 태도의 형성과 관련하여 다양한 사회심리학적 연구가 진행되었다. 각각의 논의 들은 쓰기 태도 형성에 대해 나름대로 설득력이 있다. 쓰기 태도는 학습에 의해 형성되므로 교사는 쓰기 수업을 할 때 세심한 교육적 배려를 동원할 필요성이 있고, 쓰기에 대한 부정적인 태도(무관심과 무기력증)를 지닌 학생들을 좀더 긍정적인 태도를 얻을 수 있도록 배려를 해야겠다.

(3) 쓰기 태도의 습득

쓰기 태도가 어떤 과정에서 습득되고, 그 과정에 영향을 주는 요인들이 무엇인지는 아직 구체적인 연구가 진행되지 않고 있다. 다만 읽기 태도의 습득에 관한 논의 속에서 그 일부분을 추측할 수 있다. 여기서는 쓰기 태

도의 습득 과정에 대한 해답을 찾기 위해 먼저, 심리학에 바탕을 두고 있
는 태도 습득의 일반 모형을 살펴보고, 다음으로 읽기에서 태도 습득에
관한 모형을 찾아보며, 이것이 쓰기 태도 교육에 주는 시사점을 알아보고
자 한다.

(가) 태도 습득의 일반 모형

1) Fishbein-Ajzen 모형

Fishbein과 Ajzen(1980)은 초기의 연구에서 태도를 "주어진 대상에 대해
호의적이거나 비호의적으로 일관성 있게 반응하는 학습된 경향"이라고 정
의하였다. 그리고 이러한 관점에서 자신들의 이론 및 모형을 정교하게 발
전시켰다(한국독서학회, 2003, 116 재인용).

Fishbein과 Ajzen(1980, 8)은 태도 형성 이론을 다음 [그림 Ⅱ-1]의 모형으
로 제시하였다. Fishbein-Ajzen 모형에서 중요하게 다루고 있는 개념은, '신
념', '태도', '의도', '행동'이다. 그리고 이들 개념을 '신념→태도→의도
→행동'이라는 인과적 관계 속에서 설명하고 있다. 즉 신념은 태도에 영
향을 미치고, 태도는 의도에, 의도는 행동에 영향을 미치는 것으로 설명하
고 있다.

이러한 Fishbein-Ajzen 모형에 따르면 태도에 중요한 영향을 미치는 것은
'신념'이라고 할 수 있다. 이들은 신념을 두 가지 유형으로 구분하고 있다.
하나는 특정한 행동의 결과와 평가에 관한 신념이고, 다른 하나는 특정한
행동에 영향을 미치는 타인의 기대에 관한 신념이다. Fishbein과 Ajzen은
태도에 영향을 미치는 이 두 가지 신념을 대등하게 취급하지 않았다. 전
자를 태도에 결정적인 영향을 미치는 주요 요인으로 본 반면에 후자는 태
도에 간접적으로 영향을 미치는 부차적인 요인으로 보았다.

Fishbein-Ajzen 모형은 태도가 어떻게 형성되었는지에 유용한 정보를 주
고 있지만, 태도에 영향을 미치는 요인을 개인의 신념으로만 설명한 점이

특히 그러하다. 또한 읽기 행동에 영향을 미치는 타인의 기대에 대한 신념을 태도에 영향을 미치는 직접적인 요인으로 보지 않고, 간접적인 요인으로 본 점과 개인이 읽기 행위가 태도에 어떤 영향을 미치는지를 꼼꼼하게 살피지 않은 점이 이 모형이 갖는 한계점이라 할 수 있다(한국독서학회, 2003, 116; 옥정인, 1999, 15~18).

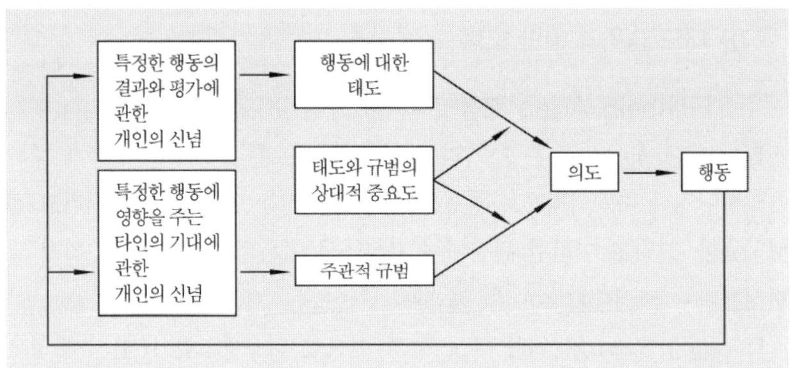

〔그림Ⅱ-2〕 Fishbein-Ajzen(1980, 80)의 태도 모형

(나) 읽기 태도 습득의 모형

앞에서 살펴본 Fishbein-Ajzen 모형과 Liska 모형은 일반 심리학자들에 의해 연구된 태도에 관한 일반 모형이었다. 이러한 모형들을 바탕으로 읽기 태도 모형들이 연구되기 시작하였다. 여기서는 본격적인 읽기 태도에 관한 연구로 대표되는 Mthewson 모형과 Mckenna 모형에 대해 살펴보고, 이를 통해 쓰기 태도에 주는 시사점을 찾아보고자 한다.

Mckenna(1995)는 그 동안 논의된 여러 가지 읽기 태도 모형들을 합쳐 구체적인 읽기 행동을 설명할 수 있는 하나의 읽기 태도 형성 모형을 만들려고 노력하였다(Mckenna, 1995, 39, 한국독서학회, 2003, 121 재인용).

Mckenna는 개인의 읽기에 대한 태도는 세 가지 요소의 영향을 받아 발달한다고 가정하였다(옥정인, 1999, 25~26). 세 가지 요소는 주관적 규범적인 신념, 읽기 결과에 대한 신념, 특정한 읽기 경험이다.

이 모형이 가지고 있는 가장 큰 특성은 태도에 대한 하나의 요소 관점을 받아들이고 있다는데 있다. McKenna는 "대체로 태도는 본질적으로 감정적이며 신념은 그것에 인과적으로 관계한다."(p. 938)라고 하면서 태도에 대한 전통적인 사회 심리학의 인지적, 정의적, 행동적인 세 요소 관점을 거부하고 하나의 요소 관점을 받아들였다. McKenna의 읽기 태도 모형은 다음 [그림 II-3]과 같다.

지금까지 태도 습득 모형에 대해 살펴보았다. 태도 습득 모형은 심리학에 바탕을 두고 있는 Fishbein-Ajzen 모형과 Liska 모형 등 태도 습득의 일반 모형에서 출발하여 Mthewson 모형과 Mckenna 모형 등 읽기 태도 모형으로 확장하여 발전하였으며 계속적으로 연구가 진행되고 있다.

그러나 쓰기 태도 모형에 대한 연구는 읽기 태도 습득 모형처럼 본격적으로 연구되지 않았다. 따라서 읽기 태도 습득 모형을 바탕으로 쓰기 태도 모형을 추론할 수 있다. 왜냐하면 읽기와 쓰기는 전혀 별개의 영역이 아니라, 문자언어를 매개로 하는 의사소통 행위이면서 의미를 재구성하는 고등 사고의 과정이라는 측면에서 필연적으로 연관되기 때문이다. 따라서 읽기와 쓰기를 국어교육의 커다란 틀 안에서 통합적으로 교육하려는 노력들이 진행되고 있는 것이다.

Mackenna의 읽기 모형을 쓰기 모형에 대입하면, 쓰기에 영향을 미치는 개인적 요인은 쓰기 행동, 쓰기 목적, 쓰기의 결과에 대한 신념 등이다. 첫째, 쓰기 행동은 쓰기의 태도에 긍정적이거나 부정적인 태도를 형성하게 하는 요인이다. 쓰기 행동이 능숙하였느냐 미숙하였느냐에 따라 필자는 쓰기에 대한 긍정적인 태도와 부정적인 태도를 갖게 된다는 것이다. 더불어 쓰기를 통해 문제를 해결한 경험, 호기심을 충족시킨 경험 등은 모두 쓰기에 긍정적인 태도를 강화시켜 준다는 것이다.

둘째, 쓰기 목적은 쓰기를 통해 무엇을 얻고자 하는 뚜렷한 목적의식을 말한다. 이것이 강할 때 쓰기에 대한 긍정적인 태도가 강화된다. 또한, 쓰기를 통해 고등사고력을 키울 수 있고, 타인과의 원활한 의사소통이 가능

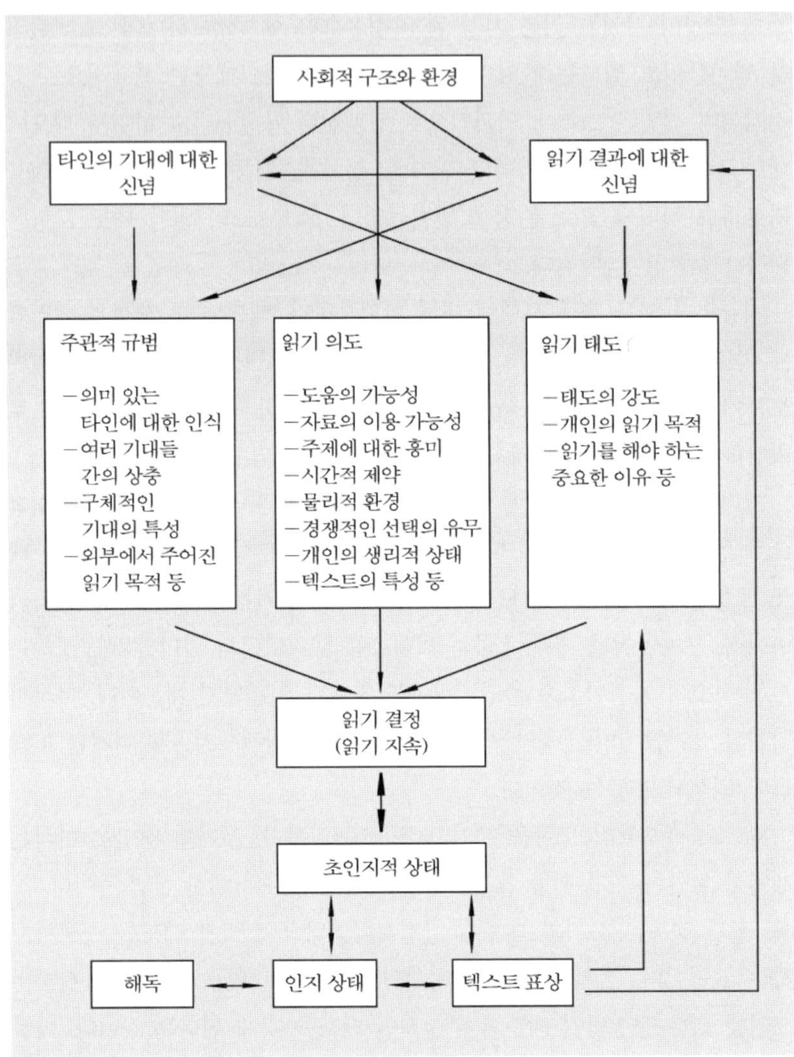

〔그림 II-3〕 Mckenna(1995, 940)의 읽기 태도 습득 모형

하며, 자기를 적극적으로 표현할 수 있다는 강한 목적의식은 쓰기 태도에 많은 영향을 끼친다.

셋째, 쓰기의 결과에 대한 신념은 쓰기를 통해 '어떤 과제를 잘 수행하여 그 결과가 어떨 것이라고 예상하는 것과 관련된 신념'이다. 보통 필자는 쓰기 전에 그 결과가 즐거움을 줄 것인가 아니면 좌절감을 줄 것인가에 대해 미리 생각한다. 그리고 이런 생각은 필자의 쓰기 태도에 영향을 주게 된다. 이 신념은 환경의 영향을 받아 형성되기도 하고 이전의 읽기 경험에 의해서 형성되기도 한다.

(다) 쓰기의 태도 모형

앞서 이야기한 바와 같이 쓰기 태도 모형은 본격적인 연구가 진행되지 않았다. 다만, 쓰기의 인지적 과정 모형 속에서 그 일부분을 찾아볼 수 있을 뿐이다. 여기서는 본격적인 쓰기의 인지적 과정 모형인 연구로 대표되는 Hayes의 쓰기 모형에 대해 살펴보고, 이를 통해 쓰기 태도에 주는 시사점을 찾아보고자 한나.

Hayes는 [그림 Ⅱ-4]처럼 사회적 관점을 수용하면서 초기의 인지적 쓰기 과정 모형을 다듬어 새로운 모형을 제안하였다. 이 모형의 가장 두드러진 특징의 하나는 쓰기를 과제 환경과 개인으로 나누고, 개인의 측면에서 '동기/정서'를 중요한 축으로 설정하고, 이것의 하위 항목으로 '신념/태도'를 설정한 것이다.

Hayes의 모형은 쓰기 태도가 어떤 위치에 있는가 하는 점을 명확히 알 수 있으나 쓰기 태도가 어떻게 형성되고 습득되는가 하는 측면에서 논의가 이루어지지 않았다. 이에 대한 보다 발전된 후속 연구가 필요하다.

최근 쓰기의 정의적 측면과 관련하여 동기(motivation)에 관한 연구(Hidi & Boscolo, 2006; Pajares & Valiante, 2006; 박영민, 2006, 2007; 이재승 외, 2006; 전제응, 2005, 2007)가 계속적으로 활발히 진행되고 있다. 이는 사회 심리학의 전통적 3요소인 인지, 정의, 행동적 요소 가운데 정의적 요소에 초점을 두고 쓰기 태도와 관련성을 지닌 연구가 진행되고 있는 상황을 보여주고 있다.

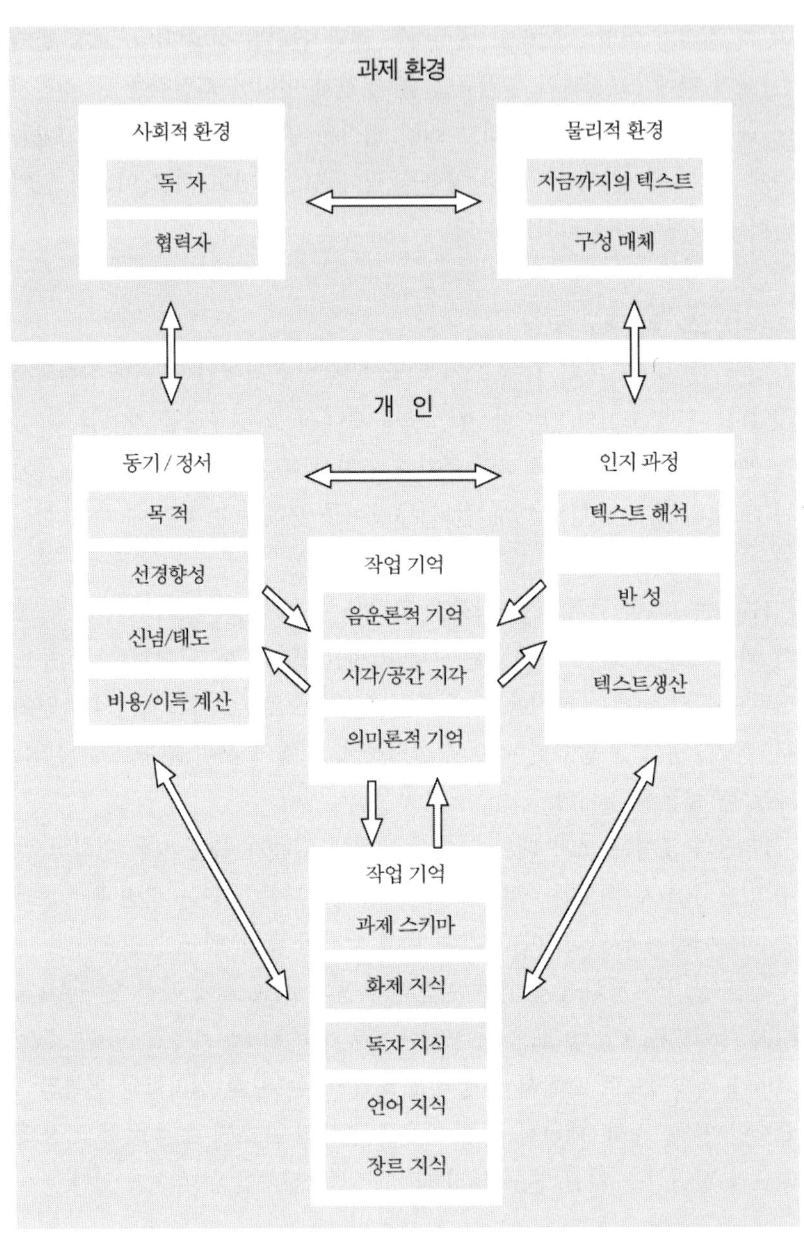

〔그림 II-4〕 Hayes(2000, 10)의 인지적 쓰기 과정에 대한 새로운 모형

(4) 쓰기 태도의 내용과 범주

쓰기 태도는 "쓰기에 대해 호오(好惡)의 정서, 쓰기에 대한 긍정적·부정적 신념으로 지속적이고 일관성 있으며, 경험이나 설득에 의해 변화가 가능한 정서적 반응"이라고 정의 할 수 있다. 즉, 필자가 쓰기 상황을 접했을 때 그 상황에 접근하느냐 회피하느냐에 관해 학습된 일관성 있는 감정이라고 개념을 정리해 보았다. 여기서는 쓰기 태도의 내용과 범주에 대해 살펴보도록 한다. 전자는 교육과정에 나타난 쓰기 태도의 내용에 대해 알아보고, 후자는 선행 연구를 바탕으로 쓰기 태도의 범주에 대해 살펴보도록 할 것이다.

(가) 쓰기 태도의 내용
1) 제7차 국어과 교육 과정

제7차 국어과 교육 과정은 쓰기를 비롯한 각 영역에서 정의적 부분을 중요시 하고 있다. 이러한 맥락에서 내용체계를 이론과 실제로 두었고, 이론 부분을 본질－원리－태도로 설정하였다. 여기에 태도 요인의 범주로 동기, 흥미, 습관, 가치를 제시하면서, '태도' 범주의 교육 내용을 아래와 같이 흥미나 동기 유발에서 사회적 습관 형성의 순으로 배열하고 있다. 그러나 태도가 과연 '동기', '흥미', '습관', '가치'를 포함할 수 있는 상위 개념인지, 대등한 개념인지에 대해 논의(김정자, 2001, 24~29, 서변이, 2007, 21)가 있었다.

<쓰기>
1학년－(5) 쓰기에 대하여 흥미를 가진다.
2학년－(5) 바른 자세로 즐겨 듣는 습관을 기른다.
3학년－(8) 쓰기에 대한 긍정적인 **태도**를 지니다.
4학년－(9) 능동적으로 글을 쓰는 **태도**를 지닌다.
5학년－(10) 쓰기의 방법을 적극적으로 배우려는 **태도**를 지닌다.

6학년−(7) 쓰기의 방법을 활용하려는 태도를 지닌다.

7학년−(6) 글을 자주 쓰는 습관을 지닌다.

8학년−(6) 정확하게 글을 쓰려는 태도를 지닌다.

9학년−(6) 효과적으로 글을 쓰려는 태도를 지닌다.

10학년−(6) 창의적으로 글을 쓰려는 태도를 지닌다.

<작문>

(다) 작문의 태도

① 작문에 대한 내적 동기를 지닌다.

② 인간과 자연, 사회 현상에 대한 생각을 정리하여 글로 쓰는 일에 흥미를 느낀다.

③ 작문에 대한 자신감을 가지고 글을 쓰는 습관을 지닌다.

④ 작문에 대한 올바른 가치를 지닌다.

⑤ 아름다운 우리말을 골라 글을 쓰는 일의 중요성을 이해한다.

〈표 Ⅱ-4〉 7차 교육과정 작문의 내용 체계

작문의 이론		작문의 실제
(1) 작품의 본질	㈎ 작문의 특성 ㈏ 작문의 상황 ㈐ 작문의 기능의 특성	(1) 정보 전달을 위한 글쓰기 (2) 설득을 위한 글쓰기 (3) 정서 표현을 위한 글쓰기 (4) 친교를 위한 글쓰기 (5) 정보화 사회에서의 글쓰기
(2) 작문의 원리	㈎ 작문 맥락 파악 ㈏ 작문 과정에 대한 계획 ㈐ 작문 내용 생성 ㈑ 작문 내용 조직 ㈒ 작문 내용 표현 ㈓ 작문 과정에 대한 재고 및 조정	
(3) 작문의 태도	㈎ 작문의 동기 ㈏ 작문의 흥미 ㈐ 작문의 습관 ㈑ 작문의 가치	

〈출처〉 교육부(1998).『국어과 교육과정』 p.138

2) 개정된 제7차 국어과 교육 과정

개정된 제7차 국어과 교육은 기존의 교육과정과 달리 '작문' 과목의 내용 체계에서 태도 부분을 제외시켰다. 그렇지만 '목표' 부분에서 '작문 능력’과 더불어 ‘작문 태도’를 중요하게 제시하고 있다. 또한 내용 체계에서 태도 내용이 제시되지 않았지만, ‘4. 교수·학습 방법-가. 교수·학습 계획’ 부분에 비중 있게 다루어지고 있다(교육인적자원부, 2007, 97~103). 또한 태도 부분이 내용 체계에서 제외되었기 때문에 국민공통교과인 ‘국어’의 ‘쓰기’ 영역에서는 태도부분이 따로 언급되어 있지 않고, ‘성취기준-내용 요소의 예’ 부분에 언급되어 있다. 이는 ‘긍정적인 작문 태도 형성’이 작문 교육의 목표인 ‘작문 능력 신장’과 더불어 중요한 요소임을 보여주는 것이다.

<쓰기>
1학년-그림일기를 쓰는 태도 생활화하기
2학년-읽는 이의 생각, 태도를 고려하여 쓰기
3학년-글에 대한 자신의 생각과 느낌을 다른 사람과 공유하려는 태도 가지기
10학년-주변 인물의 삶에 대해 공감하는 태도로 글쓰기

<작문>
2. 목표
개인적, 사회적 행위로서의 작문에 대한 이해와 다양하고 풍부한 상황에서의 작문 활동을 바탕으로 작문 능력을 신장하고, 작문 활동을 통해 공동체에 적극적으로 참여하는 태도를 기른다.
다. 개인적, 사회적 문제 상황에서 능동적으로 글을 쓰는 태도를 지닌다.

4. 교수·학습 방법
가. 교수·학습 계획
(4) 작문 과목의 교수·학습은 작문 능력의 신장과 함께 긍정적인 작문 태도의 형성을 고려하여 계획한다.
(나) 긍정적인 작문 태도를 형성시키기 위하여 작문의 동기, 흥미, 습관 등을 고려하여 교수·학습하도록 계획한다.
(다) 작문 능력을 기르고 긍정적인 작문 태도를 형성함으로써 자기 주도적 작문

능력을 기를 수 있도록 계획한다.

나. 교수 · 학습 운용

(5) 교수 · 학습은 작문 능력의 신장 및 긍정적인 작문 **태도**의 형성을 고려하여 운용하되, 실제로 글을 쓰는 작문 활동에 중점을 두고 운용한다.

(8) 학생이 완성한 글에 대하여 적절한 반응이나 평을 제공함으로써 학생의 작문 능력 및 작문 **태도**의 발달을 도울 수 있도록 교수 · 학습을 운용한다.

(나) 쓰기 태도의 범주

쓰기 태도를 긍정적인 방향으로 형성시키기 위해서는 우선 쓰기 태도의 범주를 설정해야 한다. 쓰기 태도 범주를 어디까지 설정할 것인가는 바람직한 태도 형성을 위해 필수조건이다. 따라서 쓰기 태도의 범주를 설정해야 하며, 이는 선행 연구를 통해 살펴 볼 수 있다.

Emig과 King(1979)은 쓰기 태도 검사지를 만들어 쓰기 태도를 크게 쓰기에 대한 인식, 쓰기에 대한 정서적 반응, 쓰기 수행과정 태도로 범주화하였다. 쓰기에 대한 인식은 쓰기의 필요성과 중요성, 즉 쓰기의 가치에 대한 인식에 관련된 것이다. 쓰기에 대한 반응은 쓰기에 대한 관심과 흥미 등 정서적 요소와 관련된 반응을 의미한다. 쓰기 수행과정 태도는 내용 생성, 내용 표현 및 조직, 다듬기 등 실질적인 쓰기 과정 중에 나타나는 수행 중의 태도를 의미한다.

Kear, D. J., et al(2000)은 1990년 '초등학교 읽기 태도 검사 도구(Elementary Reading Attitude Survey, ERAS)'를 바탕으로 새로운 쓰기 태도 검사 도구의 필요성을 인식하고, 이를 위해 광범위한 조사 연구를 통해 쓰기 태도를 측정할 수 있는 28문항을 개발하였다.

이상의 연구를 종합해 보면 쓰기 태도의 범주를 설정해 보면, 쓰기 태도의 영역과 하위 요소는 다음 <표 II-5>와 같이 정리할 수 있다.

〈표 II-5〉 쓰기 태도의 영역과 하위 요소

쓰기 태도의 영역	하위 요소
쓰기에 대한 인식	쓰기의 필요성 쓰기의 가치 쓰기 기능의 중요성
쓰기에 대한 반응	쓰기에 대한 관심과 흥미 쓰기에 대한 자신감
쓰기 수행과제에 대한 태도	내용 생성에 대한 태도 내용 조직 및 표현에 대한 태도 쓰기 습관에 대한 태도 글 다듬기에 대한 태도

2. 협동 학습과 협동 작문

가. 협동 학습

(1) 협동 학습의 개념

인간은 경쟁적이고 개별적인 면과 보완적이고 협동적인 면이 동전의 양면처럼 공존해온 역사를 지니고 있다. 개인의 성취와 성공을 위해 다른 사람과의 경쟁에서 뒤쳐지지 않기 위해 노력한 것이 전자라면, 서로 부족한 부분을 보충하고 어렵고 힘든 상황을 극복하기 위해 협동한 것은 후자일 것이다. 이 양자는 상호배타적이 아니라 상호보완적 관계를 유지해야 더욱 발전할 수 있다.

협동 학습(cooperative learning)2)은 학습 능력이 각기 다른 사회 구성원

---

2) 협동학습은 'cooperative learning'을 번역한 용어로, 협력학습은 'collaborative learning'을 번역한 용어를 일반적으로 사용한다. 전자는 사회심리학자들의 이론에 기초하여 미국을 중심으로 연구하고 발전시킨 개념이고, 후자는 구성주의자들의 이론에 기초하여 영국을 중심으로 연구하고 발전시킨 개념이다(정문성, 2006, 40).

(heterogeneous)이 언어를 통한 활발한 상호 작용을 통해, 서로 협조하면서 모두가 성공적으로 학습 목표를 성취하게 하는 상호 의존적인(all-for-one, one-for-all) 학습 활동을 말한다(Slavin, 1995, Johnson & Johnson; 1999, 정문성, 2006). 이는 학습의 주도권을 학생들에게 돌려주고, 학생들 간의 긍정적 상호의존성을 통해 학습 효과를 극대화시키는 의의가 있다. 이러한 협동 학습은 경쟁이 아니라 협력의 관계 즉, 서로가 이기는(win-win) 사회 구조에 바탕을 두고 있다. 개인의 이익만을 추구하는 것이 아니라 구성원 모두의 이익을 가져오는 결과를 추구하기 때문이다.

협동 학습은 개인의 학습 목표만을 추구하던 이전의 전통적 경쟁 학습 방식에서 벗어난다. 전통적 학습에서는 지식을 구조화하고 객관적인 것으로 본다. 각 개인은 개별적으로 학습하고, 교사는 지도자로서 전문적인 지식을 지도하며 학생을 평가한다. 이에 비해 사회 구성주의 학습 이론은 지식이 학습자 개인이 속해 있는 사회 구성원과의 상호 작용을 통해 습득된다고 본다. 이러한 사회 구성주의 학습 이론에 적합한 학습 방법이 협동학습이다. 협동 학습은 소규모 집단에 공통의 학습 목표가 주어지고 이것을 달성하기 위해 구성원이 서로 도우면서 학습을 하게 된다. 여기서는 "타인이 성공해야 자신도 성공할 수 있다"는 긍정적인 상호의존성을 가지게 된다. 이들은 운명적으로 서로 긍정적으로 연결되어 있으며 서로가 이익을 공유하게 된다. 따라서 학습의 주도권을 학생들에게 돌려주고, 학생들 간의 긍정적 상호의존성을 통해 학습 효과를 극대화시키는 학습 방법이다(Slavin, 1995).

(2) 협동 학습의 필요성

오늘날 21세기의 고도 산업 사회에서 국제적 경쟁력을 확보함과 아울러 개인적 성취를 이룩하기 위해서는 개인의 성취와 성공을 다른 사람과의 경쟁에서 승리할 것을 강요한다. 가정과 학교는 학습자들에게 좋은 성적을 얻어 남들보다 좋은 상급 학교 진학을 위한 경쟁을 시키고 있다. 그리하여 이러한 경쟁 체제에서 자라고 성장한 개인은 자신의 이익만을 추구하며 타인에 대한 배려가 부족하고, 인간관계의 단절과 고립 등 많은 문제점과 직면하게 되었다.

이러한 문제점을 해결하기 근본적인 방안의 하나로 교육에서 협동 학습의 필요성이 더욱 강조되고 있다. 교육의 본질은 다른 사람과의 경쟁에서 승리하기보다는 서로 공존을 모색하고 개인의 이익만이 아니라 전체의 이익을 위하는 방향으로 나가야 한다. 따라서 이제는 경쟁 학습만을 강요할 것이 아니라 다른 사람과 조화롭고 아름답게 살아갈 수 있는 기본 지침을 제공할 수 있는 협동 학습을 중요시해야 한다. 다른 사람들과의 협동적 사고를 통하여 문제를 해결하고 새로운 것을 창조하는 능력을 갖출 필요가 있다. 이를 통해 사회의 요구를 수용하면서 교육의 본질을 회복할 수 있기 때문이다.

Johnson & Johnson(1999)은 협동 학습의 필요성을 ① 사회심리학과 경험적 연구 결과를 수업 방법으로 적용, ② 인간적 관계의 증진, ③ 본질적인 문제 해결 과정으로 기능, ④ 경쟁적 학습 구조의 포기 등으로 제시하였으며, 협동 학습은 전통적 학습이 가진 한계를 극복할 수 있는 새로운 대안이라고 주장하였다.

박영목(2002)은 협동 학습의 필요성을 두 가지로 제시하였다. 첫째, 오늘날의 학생들로 하여금 소속감을 지니게 하고 의미 있는 상호작용의 기회를 제공하는 대단히 중요한 일이며, 둘째, 미래 사회의 요구에 부응하는 인재를 육성하기 위해서 대단히 필요한 학습 방법이라는 것이다.

신헌재 외(2003)에서는 국어과 협동 학습의 효과를 다섯 가지로 언급하였다. ① 학습자의 학습 능력이나 사회성 신장, ② 효과적인 의사소통 행위를 할 수 있는 능력, ③ 서로 서로에게 배우고 가르치는 자연스런 학습 능력, ④ 언어 활용에 대한 효과적인 피드백, ⑤ 긍정적인 상호의존성 경험 등이 그것이다.

(3) 협동 학습의 특징

Slavin(1988)은 협동 학습의 특징으로 문제를 해결하기 위한 전략으로 부상, 교실 내의 사회적 상호작용을 통해서 부족한 학생들의 학문적 성취를 향상, 특수한 교육 프로그램이 될 가능성, 서로 다른 능력의 구성원들이 학업 성취 향상을 언급하였다.

Johnson & Johnson(1999)에 따르면, 협동 학습의 특징은 긍정적 상호 의존성과 촉진적 상호작용, 개별 책무성과 집단 책무성, 개인과 소집단간 기능으로 구분된다.

협동 학습은 다음과 같은 공통적 특징을 지니고 있다(Slavin, 1989; Johnson & Johnson, 1999; 정문성, 2006).

첫째, 긍정적 상호의존성(positive interdependence)이다. 이는 개인의 노력이 모든 집단 구성원에 이익이 된다는 사실을 깨닫고 서로 긍정적으로 의존해서 학습 목표에 나아가는 것을 말한다. 긍정적 상호의존성을 증진시키는 요소는 공동 목표를 달성하려는 노력, 긍정적 상호관계, 정신 건강의 세 가지가 있다. 공동 목표를 달성하려는 노력은 구성원간 서로의 보살핌과 헌신을 통해 긍정적 상호 관계(positive relationships)를 증진시킨다. 또한 개인은 협동을 통해 경쟁이나 개별 구조에서보다 더 많은 성공 기회와 높은 생산성을 경험하게 된다.

둘째, 대면적 상호작용(face-to-face interaction)이다. 집단의 공동 목표 달성을 위해서 구성원 서로가 도와주며, 격려하며, 기쁨과 슬픔을 공유하며, 긍정적으로 피드백 하는 과정에서 대면적인 상호작용이 활발하게 일어난다. 협동 집단에는 여러 유형의 구성원이 존재하게 된다. 외향적 성격과 내향적 성격의 학생, 우수한 학업 성취와 그렇지 못한 학업 성취를 보이는 학생, 능동적 적극적인 태도와 수동적 소극적 태도를 보이는 학생 등 서로 다른 유형의 학생들이 서로 존중해 주고 차이를 인정해 주고 격려해 줄 때 소기의 목적을 거둘 수 있다.

셋째, 개별 책무성(individual accountability)과 집단 책무성(group accountability)이다. 협동 학습에서 구성원 개개인은 다른 구성원에 대해 개인적인 의무와 책임을 가지고 있다. 자신이 맡은 역할과 임무를 완수하여 개인적인 의무와 책임을 완수해야 전체 집단이 원활하게 주어진 소임을 이룰 수 있게 되는 것이다. 이와 더불어 집단 책무성은 주어진 집단의 목표를 이루기 위해 집단 구성원의 전체적인 의무와 책임을 말한다. 이러한 책무성은 도움을 주는 사람이나 도움을 원하는 사람, 그리고 교사 모두에게 중요하며 성공적인 협동 학습을 위해 반드시 필요한 요건이다.

넷째, 성공을 위한 기회 균등(equal opportunities for success)이다. 이는 구성원 개인의 기본적 능력에 관계없이 구성원 누구나 모둠의 성공에 기여할 수 있는 기회가 주어진다는 것이다. 협동 학습은 학업 성취의 높고 낮음, 적극적 능동적 태도의 유무와 관련 없이 구성원 모두에게 동등하게 기회가 주어지며, 누구든지 성공을 위한 기초를 제공할 수 있으며 그 가능성은 충분하게 열려 있다.

이외에 동시다발적 상호작용(simultaneous interaction) 등이 있다. 이는 여러 모둠들이 동시에 자신들 모둠 안에서 다양한 상호작용을 함으로써 교실 전체적으로 보면 상호작용의 양을 극대화할 수 있다는 것이다.

이상의 특징들은 모든 협동 학습의 종류에 상관없이 구성원 사이의 상호작용을 최대화시키는 역할을 하며, 이런 특징이 많이 반영된 협동 학습 모형이 더 좋은 효과를 나타낼 가능성이 많은 것이다(정문성, 2006).

(4) 협동·경쟁·개별 학습의 비교

협동 학습의 특징과 장점을 좀더 명확히 하기 위해 경쟁학습과 개별학습과의 비교를 통해 살펴보도록 한다.

협동 학습 구조는 소규모 집단에 공통의 학습 목표가 주어지고 이것을 달성하기 위해 구성원이 서로 도우면서 학습을 하게 된다. 여기서는 긍정적인 상호의존성을 가지게 되어 타인이 성공해야 자신도 성공할 수 있음을 인식하게 된다.

경쟁 학습 구조는 한 명 또는 소수의 학생만이 달성할 수 있는 목표를 위해서 학생들은 서로를 경쟁상대로 공부를 하게 된다. 다른 학생보다 빠르고 정확하게 공부해야 하며 학생들은 상대적으로 성적이 매겨진다. 즉 타인의 실패가 곧 나의 성공으로 인식된다.

개별 학습 구조는 다른 학생과는 관계없이 자신에게 주어진 학습 목표 달성을 위해 자신에게 적합한 학습 속도로 혼자서 공부를 하게 된다. 따라서 학생은 다른 학생의 학습 목표를 생각할 필요가 없으며 자신의 학업 성취만 관심을 갖게 된다. 따라서 학생들은 타인의 이익이나 손해에는 관심이 없다.

〈표 Ⅲ-1〉 협동·경쟁·개별 학습 구조의 특징

구분	협동 학습	경쟁 학습	개별 학습
교수 활동 형태	고급 사고력 중심의 내용을 다양한 활동으로 교수함.	학습해야 될 내용이 분명하며 경쟁규칙이 분명히 제시됨.	지식이나 기능을 학생 스스로 얻을 수 있도록 과제가 분명하며, 해야 될 행동도 세분화됨.
학습 목표의 중요성 인식	학습목표는 각 학생들에게 중요한 것으로 받아들여지며, 각 학생은 집단이 그 목표를 달성할 것으로 기대함.	학습목표는 학생들에게 중요하게 받아들여지지 않으며, 단지 성공과 실패에 관심을 가짐.	학습목표는 학생들에게 매우 중요하게 받아들여지며, 언젠가는 자신의 목표가 달성되기를 기대함.
학생의 활동	각 학생은 다른 학생과 긍정적 상호작용을 하며 아이디어와 자료를 공유하고, 공동책임, 집단에 기여, 과제분담, 구성원의 다양성을 이용함.	각 학생은 승리할 수 있는 기회를 균등히 가지며, 경쟁자의 진보상태를 평가하며, 능력, 기술, 지식 등을 비교함.	각 학생은 다른 학생에 의해 간섭받지 않으며, 과제완성에 대해 자신이 책임지며 자신의 과제수행의 질을 스스로 평가함.
도움의 원천	동료 학생	교사	개별 학습자나 교사

Johnson & Johnson(1999)은 협동 학습과 경쟁 학습, 그리고 개별 학습의 구조 비교를 통해 협동 학습의 특징을 설명하였다. 각 학습 구조는 교수 활동의 형태, 학습 목표에 대한 인식, 학생의 활동, 그리고 학습자의 도움을 받는 원천 등에 따라 달라지며 그 특징은 앞의 <표 Ⅲ-1>과 같다.

(5) 협동 학습 모형의 종류

협동 학습은 수많은 모형이 있으며 그 변종도 많이 개발되어 있다. 역사적으로 보면 70년대 초에 시작된 네 곳의 주요한 협동 학습 연구중심지에서 개발된 다음의 7개 협동 학습 모형이 널리 사용되었다. 첫째로 존스 홉킨스 대학에서 Slavin, Madden, DeVries 등에 의하여 만들어진 Student Team Learning(STL) 프로그램으로서 Student Teams-Achievent Divisions(STAD), Team Assisted Individualization Math(TAIM), Teams-Games-Tournament(TGT), Cooperative Integrated Reading and Composion(CIRC) 등의 4가지 협동 학습 모형이 있다. 둘째, 미네소타 대학에서 Johnson 등에 의해서 만들어진 Learning Together(LT) 모형이 있다. 셋째, 산타크루즈 캘리포니아 대학의 Anson이 만든 Jigsaw 모형, 넷째, 이스라엘 텔아비브 대학의 Sharan과 Lazarowitz 등이 만든 Group Investigation(GI) 모형이 있다.

Slavin(1989)은 이러한 협동 학습 모형을 7가지 중요한 협동 학습의 특징을 기준으로 다음의 <표 Ⅲ-2>와 같이 분류하였다.

이외에도 JigsawⅡ를 수정한 JigsawⅢ, GI를 정교화시킨 Co-op Co-op 모형, Stahl의 일화 모형, 찬반(pro-con) 논쟁 수업 모형, 아동 발달 모형(CDP) 등이 유명하다. 또한 최근 Kagan이 기존의 협동 학습 모형에 익숙하지 못한 교사와 학생들이 협동 학습의 장점을 제대로 살리지 못하는 것에 착안하여 5분이나 10분 정도의 아주 간단하고 쉬운 협동 학습 모형을 모형이란 말 대신 '구조(structure)'라고 하였다.

〈표 Ⅲ-2〉 협동 학습 모형의 분류

	모둠 목표	개별적 책무성	성공 기회의 균등	모둠 경쟁	전문화	개별화와 통합
STAD	○	○	○	△	×	×
TGT	○	○	○	○	×	×
TAIM	○	○	○	×	×	○
CIRC	○	○	○	×	×	○
LT	○	△	×	×	×	×
jigsaw	×	○	×	×	○	×
jigsaw Ⅱ	○	○	○	×	○	×
GI	×	○	×	×	○	×
전통적 모둠학습	×	×	×	×	×	×

〈표 Ⅲ-3〉 현대의 10대 협동 학습 모형

개발자	개발 시기	모형
Johnson & Johnson	1960년대 중반	Learning Together & Alone(LT), Cooperative Reading and Composition(CIRC)
DeVries & Edwards	1970년대 초반	Teams-Games-Tournament(TGT)
Sharan & Sharan	1970년대 중반	Group Investigation(GI)
Johnson & Johnson	1970년대 중반	Constructive Controversy(CC)
Aronson & Associates	1970년대 후반	jigsaw Procedure
Slavin & Associates	1970년대 후반	Student Teams-Achievement Divisions(STAD)
Cohen	1980년대 초반	Complex Instruction
Slavin & Associates	1980년대 후반	Team Accelerated Instruction
Kagan	1980년대 중반	Cooperative Learning Structures(CS)
Steven, Slavin & Associates	1980년대 후반	Cooperative Integrated Reading & Composition(CIRC)

최근 Johnson 등(1999)이 메타 분석을 통하여 현대에 가장 주목 받는 협동 학습 모형을 앞의 <표 III-3>과 같이 선정하여 제시하였다. 이 가운데 국어과에서 효과적으로 활용할 수 있는 협동 학습 모형은 읽기 쓰기 통합 모형(CIRC, Cooperative Integrated Reading & Composition)이다.

(6) 읽기 쓰기 통합 모형

읽기 쓰기 통합 모형(CIRC, Cooperative Integrated Reading & Composition)은 존스 홉킨스 대학의 Slavin과 그의 동료들(Maadden, Stevens, & Farnish, 1987)에 의해 개발된 읽기, 쓰기 통합 프로그램으로 언어 교육을 위해 만들어진 대표적인 국어과에서 활용할 수 있는 협동 학습 모형이다(Slavin, R., Madden, N., & Steven, R.,1995; 이성은 외, 2004; 정문성, 2006). 이것은 실질적인 읽기와 쓰기 지도에 대한 교과 교육의 연구를 토대로 교육과정에서 사용할 수 있도록 협동 학습을 활용한 수업모형이다. 다음 CIRC 모형의 교수-학습 원리와 수업 절차에 대해 살펴본다.

(가) 교수-학습의 원리

Slavin, et al.(1995)에 따르면, CIRC의 교수-학습 원리는 다음과 같다. 첫째, 불확정성의 원리이다. 불확정성은 어떤 문제를 해결하는데 정해진 처방법이 따로 존재하지 않는다는 것을 말한다. 학습 과제가 불확정적 즉, 결과뿐 아니라 학생들이 그러한 결과에 도달하는 방식이 열린 형태라면, 소집단에서 학생들의 상호협력은 필수적이기 때문이다. 둘째, 상호의존성의 원리이다. 학생에게 다양한 능력이 요구되는 과제를 제시하고 과제에 가변성을 부여하면 상호의존성이 촉진된다. 따라서 어려운 교재를 해석하고 하나의 결과물이나 발표문을 만들어야 하는 소집단 구성원들은 서로를 신뢰하고 상호 의존도를 높이면서 서로의 학습을 보완하게 된다. 셋째, 학습자 개인의 책무성이다. 학습자는 개인적으로 과제를 성공적으로 수행하는 데 기여하고, 쓰기의 전 과정에 참여해야 할 책임이 있다. 더불어 자신에게 발표순서가 돌아오면 책임지고 발표에 참여해야 한다.

(나) CIRC 모형의 수업 절차

CIRC 모형은 기본적 활동, 읽기 이해에 대한 직접 교수(direct instruction), 통합 언어 교육과 쓰기의 세 가지 원리로 구성되어 있다. 그리고 이러한 활동은 모두 이질적으로 구성된 모둠에서 진행된다. CIRC 모형의 수업 절차는 대체로 6단계로 구성된다(Slavin, 1995).

1) 1단계 : 학습 과제 제시(teacher presentation)

교사는 학생들에게 학습 내용 및 학습 전략에 대해 소개한다. 이 단계 교사는 학생들에게 학습할 과제 및 학습 전략에 대해 시범 또는 구체적인 설명을 제시한다.

2) 2단계 : 집단 활동(team practice)

읽기 능력이 유사한 8~15명의 학생들이 2~3개의 읽기 집단을 구성한다. 동질적인 읽기 집단 내에서 2~3명의 학생들이 모둠을 구성한다. 읽기 수준이 높은 학생 2명, 읽기 수준이 낮은 학생 2명이 모여서 이질적으로 구성된 협동 학습 집단을 구성한다. 집단 구성원들은 읽기 집단에서 학습을 하거나 협동 학습 집단에서 학습을 한다. 읽기 집단에서 학습하는 학생들은 교사로부터 이야기관련 활동, 독해 전략, 통합된 언어 교육과 쓰기 활동에 관하여 구체적인 설명을 듣는다. 반면, 교사의 지도를 받지 않는 읽기 집단의 학생들은 교사가 제공한 개별 학습 자료를 동료의 도움을 받아가면서 협동 학습 집단에서 개별적으로 학습한다.

3) 3단계 : 개별 활동(independent practice)

집단 활동이 끝나면 학생들은 점차적으로 동료와 교사의 도움을 줄이고 개별 학습 활동 시간을 늘려 나간다. 학생들은 개별 학습을 통하여 학습 과제와 관련된 기능을 습득한다. 개별 활동 과정에서 도움이 필요하다면 동료나 교사로부터 도움을 받을 수 있다.

4) 4단계 : 짝의 점검(peer assessment)

개별 활동이 끝나면 학생들은 학습 기준에 도달했는지에 관하여 동료로부터 확인을 받는다. 학생들이 학습 기준을 도달할 경우에는 학급 문고에서 책을 읽을 수 있으나, 도달하지 못할 경우에는 추가적인 연습을 해야 한다.

5) 5단계 : 추가적인 연습(additional practice)

사전에 설정해 놓은 학습 기준을 통과하지 못한 학생들에게 추가적인 연습이 제공된다. 학생들은 부족한 부분(영역)에 대하여 집중적으로 연습을 하고, 동료 또는 교사에게 도움을 요청할 수 있다.

6) 6단계 : 평가(testing)

평가는 수업의 정리 단계에서 이루어지며 이야기에 관한 이해도를 점검한다. 평가문항은 짧은 글짓기, 단어 읽기, 핵심어 찾기 등과 같은 내용으로 구성된다. 작문, 퀴즈, 독서기록장과 같은 활동들을 종합적으로 평가한다.

나. 협동 작문

(1) 협동 작문의 개념

협동 작문(collaborative writing)3)은 협동 학습을 통해 작문 교육의 목표에 이르고자 하는 것이다. 즉 협동 학습이라는 방법을 통해 학습자가 작문의 본질과 원리 즉 이론을 이해하고, 작문의 기능을 체계적으로 습득하며, 작문에 대해 바람직한 태도를 가지는 것이다.

사회 구성주의 관점에서 볼 때 작문은 필자의 생각을 독자에게 전달하는 의사소통 행위이다. 필자는 자신의 생각이나 감정을 상대방에게 전달하기 위해 글을 읽는 상대방이 어떠한지, 글을 쓰고 익는 상황은 어떠한지를 알아야 한다. 그러므로 작문은 필자만의 개인적, 일방 통행적 행위가 아니라 독자에 대한 이해와 정서적 공감력을 바탕으로, 상황에 맞는 자료를 찾아 상호 의사소통에 적절한 방법으로 이루어져야 한다. 이러한 작문 과정은 바로 문제를 해결하는 과정이다. 이 과정을 통해 의사소통 능력이 향상되고, 사고력이 증진되며, 타인에 대한 이해력이 강화된다. 또 복잡하고 다양한 자료들을 사용하고 문제를 해결해 나가는 논리력과 창의력이 증진된다.

제7차 교육 과정의 국민 공통 기본 교과인 국어 과목 쓰기 영역의 목표는 학습자가 쓰기에 대한 기본 지식을 바탕으로, 다양한 쓰기 상황에서 창의적으로 표현할 수 있는 능력을 기른다는 것이다. 아울러 쓰기에 대한 지식과 능력을 바탕으로 학습자가 국어 문화 창조에 이바지하려는 태도를 기르고자 하고 있다(교육부, 2001).

더불어, 제7차 '작문' 과목의 교육 과정은 작문 능력을 논리적이고 창의적인 사고력, 합리적인 의사 결정력과 문제 해결력을 필요로 하는 고등 정신 능력이라고 규정하고 있다. 필자는 글을 쓰는 과정에서 글씨, 맞춤법, 단어의 선택, 문장 구조, 문장의 연결 관계, 글의 조직, 문체, 글을 쓰는 목적, 예상되는 독자의 반응 등과 같은 여러 가지 문제들을 거의 동시

---

3) 'collaborative learning'을 일반적으로 '협력 학습'의 의미로 번역하여 사용하였으나, 최근에 '협력 학습'이라는 용어 대신, '협동 학습'이라는 용어를 더 많이 사용한다(정문성, 2006, 41)는 것이다. 더불어 국어과 교육과정에서도 '협동 작문'이라는 용어를 사용하고 있다. 본 연구에서 '협동 작문(collaborative writing)'은 쓰기 전·중·후 과정에서 협동 학습을 통해 이루어지는 동료협의, 동료평가 등 광의(廣義)의 개념으로 사용하고자 한다.

에 해결하면서 글을 써 나가야 한다는 것이다 (교육부, 2001, 223).

제 7 차 국어과 교육 과정에 제시된 '작문' 과목의 목표는 다음과 같다.

> 작문의 이론을 이해하고 작문 기능을 체계적으로 습득하며 글을 쓰는 목적, 대
> 상, 내용 등을 고려하여 자신의 사상과 감정을 글로 표현하는 능력과 작문에 대한
> 바람직한 태도를 가진다.
> 가. 언어 표현 행위로서의 작문의 본질을 이해한다.
> 나. 작문의 과정에서 필요로 하는 작문의 원리를 이해한다.
> 다. 작문의 원리와 작문의 상황에 맞게 사상과 감정을 글로 표현한다.
> 라. 자신의 사상과 감정을 즐겨 글로 쓰는 태도를 지닌다.

이를 종합해 볼 때 협동 작문은 협동 학습을 통해 작문 교육의 목표에 이르고자 하는 것이다. 그리고 국어과에서 수행하는 협동 작문의 목표는 협동 학습이라는 방법을 통해 학습자가 작문의 본질과 원리 즉 이론을 이해하고, 작문의 기능을 체계적으로 습득하며, 작문에 대해 바람직한 태도를 가지는 것이다.

또 협동 학습은 학습자 스스로 자기 자신의 학습 활동과 자료를 선택하고 이를 바탕으로 학습하는 개별성을 기본 내용으로 하고 있다. 그러므로 국어과 협동 작문의 목표는 협동 학습을 통해 학습자 개개인의 작문에 대한 지식과 기능, 태도를 신장하는 것이다.

협동 작문의 가장 큰 영향은 학생들의 쓰기 과정에서 서로 참여하고, 주제를 정하는 등 긍정적인 사회 환경을 조성하는 데 있다. 협동 작문 과정에서의 의미 협상이 효율적으로 이루어지기 위해서는 협동 작문 집단 내에서의 구성원의 역할이 합리적으로 결정되어야 한다.

협동 작문의 연구는 의미 협상으로서의 담화와 사회적 상호작용으로서의 쓰기에 강조점을 둔 사회구성주의자들의 이론에 기반을 두고 있다. 비고츠키는 '근접발달영역'(zone of proximal development, 1978)에서 바흐친은 '대화주의'(dialogic, 1981)에서 사회적 상호작용의 의미를 강조하였다(Dale, 1992).

협동 작문은 쓰기와 학습에서 성장을 촉진하는 가능성을 보여준다. 협동 작문의 가장 큰 영향은 학생들의 쓰기 과정에서 서로 참여하고, 주제를 정하는 등 긍정적인 사회 환경을 조성하는 데 있다. 이것은 학생들이 서로의 아이디어를 일반화하고, 유효하게 계획하고, 아이디어를 토의하고, 그들이 선택한 단어, 구조, 생각 수준 등을 종합하는 것이다(Dale, 1994a, 1994b).

협동 작문 과정에서의 의미 협상이 효율적으로 이루어지기 위해서는 협동 작문 집단 내에서의 구성원의 역할이 합리적으로 결정되어야 한다. 그리고 집단 구성원의 역할은 작문과제와 집단 사이의 상호작용을 강조하는 방향에서 부여되어야 한다. 이와 아울러 작문 활동의 목표와 계획과 작문 과제에 관한 의사결정의 통로가 사전에 명시적으로 밝혀져야 하며, 협동 작문 활동에 대한 집단 구성원의 능동적이고도 적극적인 참여가 이루어져야 한다. 협동 작문 과정에서의 의미 협상에 있어서 가장 중요한 일 중의 하나는 집단 구성원 모두가 협동적 작문 활동의 과정에서 발생하는 갈등과 제약과 복수의 요구 등에 대하여 심사숙고하고 사려 깊게 행동하는 일이다(박영목, 2002).

〈표 Ⅲ-4〉 고립된 필자와 집단 내 필자

고립된 필자	집단 내 필자
계획한다. −과거 경험을 활용한다. −자신과 대화를 유지한다. −자기 텍스트의 독자로서 기능한다. −반응을 제안한다. −피드백을 상상한다. −정보를 준다. −사고(thought)와 속내말(inner speech)을 통해 텍스트를 확장한다.	계획하고 계획을 설명한다. −과거 경험을 활용하고 설명한다. −집단 구성원과 대화를 유지한다. −다른 독자에게 독자와 청자로서 기능한다. −실제적인 반응을 얻는다. −실제적인 피드백을 얻는다. −정보를 주고받는다. −구두로(verbally) 텍스트를 확장한다.

〈출처〉 Thomas & Thomas(1989, 118).

Thomas & Thomas(1989)는 고립된 필자와 집단 내 필자의 특징을 위의 <표 Ⅲ-4>와 같이 비교하였다. 고립된 필자의 행동은 침묵하고, 생각에서 쓰기에서 까지 직접적이다. 반면 집단 내 필자의 행동은 구두로 이뤄지고,

반응과 피드백은 필자의 상상에 의하기 보다는 다른 사람으로부터 얻게 된다. 이처럼 집단 내 필자는 고립된 필자보다 여러 가지 점에서 이점을 얻게 되며, 이것이 쓰기 능력 향상과 연결된다.

(2) 협동 작문의 유형

협동 작문의 유형은 그 활동 목적이나 범주에 따라 다양하게 나타날 수 있다.

이재기(1999)는 협동적 작문 활동을 소개하면서 협동적 쓰기(collaborative writing)와 작문에 대한 협동적 학습(collaborative learning about writing)을 구분하여 설명하였다. 협동적 쓰기는 구성원이 공동으로 역할을 분담하여 단락 혹은 장을 맡아 완결된 한편의 글이나 보고서 또는 문학 작품을 만드는 것으로 규정하였다. 작문에 대한 협동적 학습은 작문의 전 과정에 걸친 협의 활동과 초고 혹은 완성된 작품을 가지고 필자와 독자가 작품에 대해 토의하고 반응하는 동료 반응활동으로 나누어 설명하였다.

문혜경(2003)은 소집단 협동학습을 통한 작문 활동은 작문 협의 활동, 협동 작문 활동, 동료 평가 활동으로 구분하여 서술하였다. 작문 협의 활동은 작문과정의 어느 단계에서나 구성원들이 상호 지원하여 작문 활동을 하는 것, 협동 작문 활동은 구성원 모두가 하나의 작품을 완성하는 것, 동료 평가 활동은 한편의 글이 완성된 뒤 이루어지는 동료 사이의 피드백 활동으로 설명하고 있다.

성숙자(2003)는 협동 작문의 종류를 '쓰기전 단계'와 '쓰기 단계', '고치기 단계'에서 협동 학습이 적용되었느냐를 기준으로 삼고, 또 쓰기 단계에서 '개인별 쓰기', '대표 1인 쓰기', '여럿이 나누어 쓰기'를 기준으로 삼아 11개의 유형으로 나누어 다음의 <표 Ⅲ-5>과 같이 제시하였다.

<표 Ⅲ-5> 협동 작문의 종류 (○ : 협동 학습, × : 개별 학습)

유형	쓰기전 단계		쓰기 단계	고치기 단계
1	○	×	개인별 쓰기	×
2	○	×	개인별 쓰기	○
3	○	○	대표 1인 쓰기	×
4	○	○	여럿이 나누어 쓰기	×
5	○	○	대표 1인 쓰기	○
6	○	○	여럿이 나누어 쓰기	○
7	×	○	대표 1인 쓰기	×
8	×	○	여럿이 나누어 쓰기	×
9	×	○	대표 1인 쓰기	○
10	×	○	여럿이 나누어 쓰기	○
11	×	×		○

<출처> 성숙자(2003, 173).

성숙자(2003)는 <표 Ⅲ-5>에서 6번 유형을 쓰기 전, 쓰기 단계, 고치기 단계 모든 과정에서 협동 학습을 하는 가장 완전한 형태의 협동 작문 유형으로 규정하고, 의미 있는 협동 작문이 되기 위해서는 쓰기전, 쓰기, 고치기 단계 모두 협동이 이루어져야 함을 강조하였다.

작문의 본질은 개인의 쓰기 능력을 발달시키는 것이다. 쓰기 단계에서 개인별 쓰기와 여럿이 나누어 쓰기는 개인의 쓰기 능력을 발달시킬 수 있다. 그러나 3, 5, 7, 9 유형의 대표 1인 쓰기는 개인 모두가 직접 글을 쓰지 않기 때문에 직접 글을 쓰는 1인만 쓰기 능력을 발달시킬 수 있으며, 나머지 인원은 소극적으로 참여하여 쓰기 능력 발달에 의구심을 가질 수 있다. 중등학교의 여건과 상황을 고려하여 실제적으로 적용하고 활용할 수 있는 이상적인 협동 작문의 유형은 2번과 6번으로 상정할 수 있다. 2번과 6번은 다시 쓰기의 목적과 주제, 유형, 장소, 분량 등에 따라 서로 다른 형태를 나타나게 된다. 이를 정리하면 다음의 <표 Ⅲ-6>과 같다.

〈표 Ⅲ-6〉 대표적 협동 작문의 유형별 비교

특징	A.개인별 쓰기	B.여럿이 나누어 쓰기
분량	-짧은 분량(1,000자 내외)	-비교적 많은 분량(A4 10매 이상)
기간	-짧은 기간 수행	-비교적 오랜 기간 수행
장소	-교실에서 직접 작성	-교실 외에서 수행하는 과제물
목적	-설득, 주장하는 글	-정보 전달하는 글
방법	-개인이 직접 작성	-개인별로 작성 후 전체 통합
주제	-여러 편의 주제에 대해 논의	-1편의 주제에 대해 깊이 있게 논의
자료	-교사가 제시한 한정된 자료 활용	-학생들이 수집한 다양한 자료 활용
종류	-논설문, 사설, 칼럼 등	-보고서, 보고문, 설명서 등

〈출처〉오택환(2007b, 234).

학교 교실에서 학생들이 직접 쓰기 활동을 하면서 교수-학습을 용이하게 전개시킬 수 있는 유형은 A의 개인별 쓰기이다. B는 비교적 오랜 기간이 소요되고 과제 형태로 제시해야 하기 때문에 교실에서 직접 활동이 어렵다. 본 연구에서는 A유형을 바탕으로 협동 작문 교수-학습 모형을 구안하고 적용시키고자 한다.

3. 협동 작문 교수-학습 모형

'협동 작문 교수-학습 모형'에서 기본적으로 요구되는 것은 협동 작문의 과정으로 이를 어떻게 상정하고 있는가에 따라 그것을 지원하는 작문교육의 양상은 변화될 수 있기 때문이다. 이 모형은 교수-학습에 직접적용하는 것을 전제로 구안되었기 때문에 기존의 작문 모형에 비해 몇 가지 차이점을 갖는다. 인지적 작문 모형은 작문 과정에 조정하기를 추가하여 단계적 작문 모형의 선조적 특성을 극복하고자 하였고, 작가의 의미 구성 과정을 모형화화여 작문 교육에 시사점을 주나, 실제 작문 교육에 적용하기에는 무리가 있다(최현섭 외, 2000, 81~82).

이에 따라 협동 작문의 과정은 크게 쓰기전(prewriting)—쓰기중(writing)—쓰기후(postwriting)의 3단계로 나누었고, 전체 시간은 5차시로 구성하여 하나의 주제에 대한 일련의 과정을 심도 있게 다룰 수 있도록 하였다. 쓰기 전 단계는 계획하기(planning) 단계로 1차시가 주어진다. 이 단계의 교수—학습은 교사는 학습 안내를, 학생들은 내용 생성하기와 내용 조직하기를 진행한다. 쓰기중의 하위 단계로 초고쓰기(drafting), 검토하기(reviewing), 고쳐쓰기(rewriting)를 배분하였고, 각각 1차시씩 총 3차시가 주어진다. 이 단계의 교수—학습에서 교사는 교사—학습자 협동을, 학생들은 초고쓰기, 돌려 읽기, 교정하기, 수정하기, 다시 쓰기를 진행한다. 쓰기후 단계에 공유하기의 일종인 발표하기(publication / presentation) 단계로 1차시가 주어진다. 이를 그림으로 나타내면 아래 [그림 Ⅲ-1]과 같다.

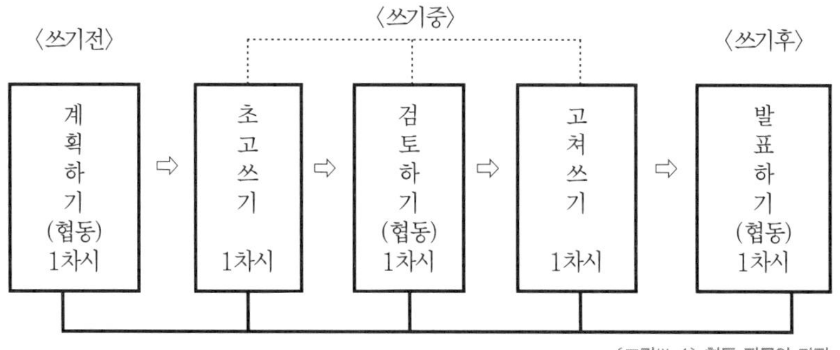

〔그림Ⅲ-1〕 협동 작문의 과정

ASHE-ERIC(2001, 2001a, 2001b), Dale(1992, 1994a, 1994b), Flower(1994), 박영목(2002), 박영목 외(2001, 2003), 박영민(2003), 박태호(2000), 성숙자(2003), 이영희(1999), 정미현(2003), 최현섭 외(1999) 등의 연구를 참고로 하여 적용할 수 있는 협동 작문의 모형을 구안하면 다음 <표 Ⅲ-7>, [그림 Ⅲ-2]와 같다.

<표 Ⅲ-7>은 정미현(2003, 112)의 '협의 중심의 과정 중심 글쓰기 모형'의 틀을 참고하였다. 표는 크게 쓰기 전·중·후 3단계를 기본 과정으로

구분되어 있고, 표의 내부는 쓰기 단계에 따른 교사와 학생의 중요 교수
―학습 내용이 설정되어 있다. 학생 영역에서 쓰기 중과 쓰기 후 과정의
단계 구분이 점선으로 구분된 것은 다른 단계에 비해 쓰기의 과정이 보다
활성화되고 원활하게 이루어지는 회귀적(recursive)인 것을 나타낸 것이다.
쓰기 중 교사와 학생 영역이 점선으로 구분된 것은 교사―학생의 협의가
원활하고 풍부하게 이루어지는 것을 나타낸다.

〈표 Ⅲ-7〉 협동 작문 교수―학습 모형

단계	쓰기 전	쓰기 중			쓰기 후	
	계획하기 (○)	초고쓰기 (×)	검토하기 (○)	고쳐쓰기 (×)	발표하기 (○)	
학생	■내용 생성하기 ―관련 자료 읽기 ―활동지 작성 ―동료 협의 ■내용 조직하기 ―개요 짜기 ―동료 협의	■초고 쓰기	■돌려읽기 ―모둠 초고 ■동료평가 ―평가 기준 ■교정하기 ―취사선택	■다시 쓰기 ■편집 하기	■발표 하기 ―OHP 발표	■발표 평가 ―쓰기 평가 ■공유하기 ―동료 반응
교사	■학습 안내 ―쓰기 과제 제시 ―활동 유의 사항	■교사―학생 협의 ―간이 수업, 시범보이기 ―학습 안내, 조언 피드백			■교사 마무리 ―OHP 직접 첨삭 ―평가와 조언	

○ : 협동 학습, × : 개별 학습

다음 [그림 Ⅲ-2]은 필자와 텍스트 사이의 상호작용과 영향 관계를 중
심으로 협동 작문의 모형을 도식화하여 나타낸 것이다. 모형은 크게 필자
영역과 텍스트 영역의 두 부분으로 나누어진다. 먼저, 그림의 위 부분은
필자를 중심으로 사회적 상호작용의 일환으로 진행되는 협동 작문의 모습
을 나타낸 것이다. 여기서 필자는 외곽 둘레의 중심에 균형을 이루고 있
으며, 필자와 필자의 사이에는 화살표의 양방향으로 사회적 상호작용이
일어나 서로 영향을 주고받는 상태이고, 그 가운데 중심에 협동하기(계획하
기, 평가하기, 발표하기)가 놓여 있다.

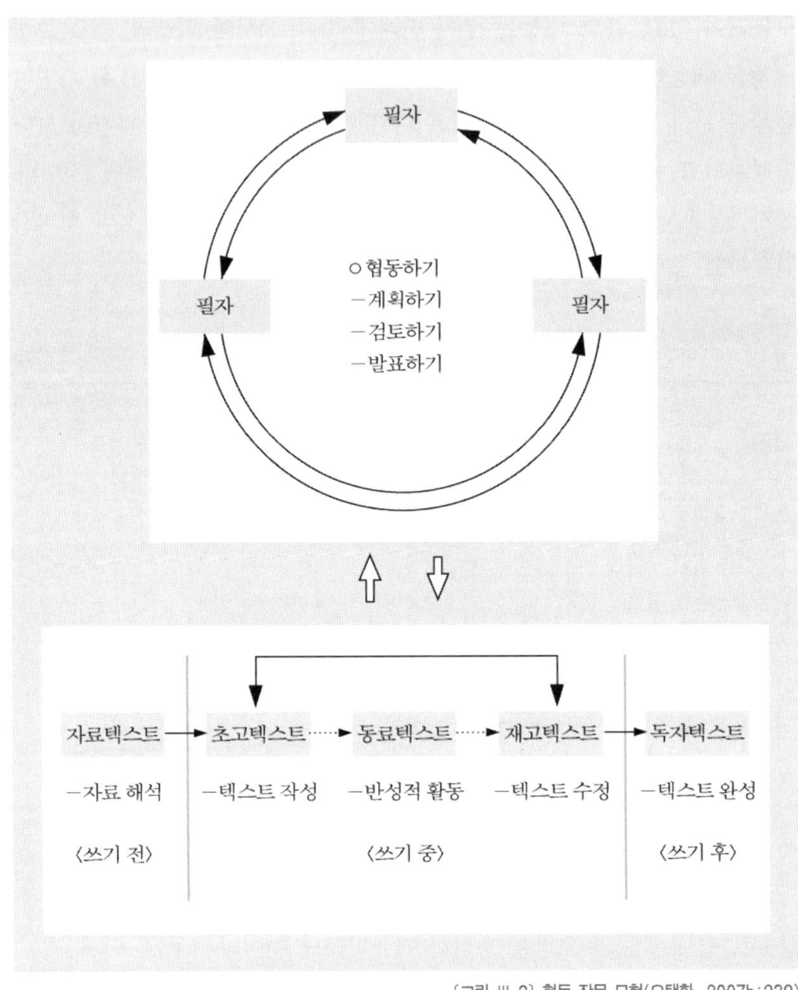

〔그림 Ⅲ-2〕 협동 작문 모형(오택환, 2007b:239)

　　다음으로 그림의 아래 부분은 협동 작문의 과정과 활동에 기본적인 바
탕이 되는 읽기 텍스트와의 관련성을 중심으로 텍스트 측면에서 쓰기의
단계에 각각의 관련된 텍스트가 중심적인 역할을 하는 절차를 나타낸 것
이다. 이 협동 작문은 기본적으로 논리적 글쓰기를 전제하고 구성하였기
때문에 쓰기를 읽기와 분리하지 않고 통합적인 관점에서 중심으로 두 영

역의 관련성을 상정해 보았다(박영민, 2003, 111~112)

첫째, 자료 텍스트는 쓰기 전 단계의 쓰기 주제와 관련된 읽기 자료를 말한다. 일반 작문의 내용 생성 단계에서 써야할 주제를 선정하는 화제 선택(topic selection)과 달리 이 모형은 주제가 주어진 상황에서 그에 가장 적절한 읽기 자료가 제시되는 것이다. 이 자료 텍스트를 읽은 필자는 개인이 자료를 이해하고 해석하면서 활동지 작성을 수행하고, 그 결과를 동료 협의를 통해 서로 확인하며 수정하는 과정을 거치게 된다.

둘째, 초고 텍스트는 쓰기 중 단계의 필자가 쓰기 주제에 대해 작성한 1차 쓰기 결과물을 말한다. 필자는 자료 텍스트를 바탕으로 작성한 활동지의 내용과 개요 짜기를 바탕으로 자신의 생각과 관점을 글로 작성하게 되는 것이다.

셋째, 동료 텍스트는 평가하기 단계에서 동료가 작성한 1차 쓰기 결과물을 말한다. 동료 텍스트를 통해 필자는 자신과 다른 견해와 가치관을 가진 필자의 쓰기 결과물을 통해 반성적 활동을 할 수 있다. 이를 통해 자신의 쓰기에 대한 수정과 보완이 이루어지기도 하고 다른 사람의 결과물에 대한 비판과 평가를 통해 새로운 안목과 관점으로 자신의 글을 새롭게 바라볼 수 있다.

넷째, 재고 텍스트는 동료 텍스트 평가 후, 초고 텍스트를 수정하고 보완하여 다시 고쳐 쓴 결과물을 말한다. 또한 동료가 자신의 초고 텍스트에 간단하게 평가해 준 메모도 재고 텍스트 작성에 도움을 줄 수 있다.

다섯째, 독자 텍스트는 쓰기 후 단계의 초고쓰기와 고쳐쓰기 후 완성된 결과물을 다른 동료 앞에서 발표하는 텍스트를 말한다. 나머지 동료 학생들은 발표되는 독자 텍스트를 평가 기준에 따라 최종적으로 평가하게 된다. 이 독자 텍스트를 바탕으로 다른 필자는 최종적으로 자기의 쓰기 결과물과 비교하여 다시 한번 반성적 사고와 평가를 할 수 있다.

여기서 화살표는 텍스트 간의 영향 관계를 나타낸 것이 아니고, 필자의 입장에서 쓰기의 과정에 따른 텍스트 작성의 진행 절차를 나타낸 것이다.

먼저, 화살표가 직선으로 연결된 것은 쓰기 과정에 직접적 관련성을 가진 것을 나타낸다. 즉 자료 텍스트와 초고 텍스트 연결은 자료 텍스트는 필자가 초고 텍스트 작성하는데 기본 바탕이 되지만, 초고 텍스트가 자료 텍스트에 영향을 주지는 않는다. 그래서 화살표가 일방향적이다. 반면에 초고 텍스트와 재고 텍스트의 연결은 필자가 검토하기 단계에서 동료 텍스트에 대한 돌려읽기와 교정하기 후, 다시 본인의 초고 텍스트를 수정 및 보완하여 재고 텍스트를 완성하는 상호보완의 관계를 나타내기 때문에 쌍방향적이다. 재고 텍스트와 독자 텍스트의 연결은 필자가 재고 텍스트를 완성하여 공유하기를 통해 발표하였을 경우, 다른 학급의 구성원들에게 재고 텍스트는 독자 텍스트의 역할을 하게 된다. 그래서 화살표가 일방향적이다.

다음으로 화살표가 점선으로 연결된 것은 간접적 관련성을 가진 것을 나타낸다. 동료 텍스트는 초고 텍스트와 재고 텍스트 사이를 간접적으로 매개하면서 필자에게 반성적 활동을 불러일으키는 역할을 한다. 그래서 화살표의 방향은 일방향적이고 점선으로 표시되었다.

결국 필자를 중심으로 사회적 상호작용의 일환으로 진행되는 협동 작문의 위 부분과 읽기 텍스트와의 관련성을 중심으로 텍스트 측면에서 쓰기의 단계에 관련된 텍스트의 아래 부분은 커다란 화살표의 양방향으로 연결되며, 상호 깊은 관련성을 가지고 서로 영향을 주고받는 형태로 나타나 있다.

다음 협동 작문의 교수-학습 모형을 좀더 구체적으로 살펴보도록 한다.

가. 쓰기 전(prewriting) 단계

쓰기 전 단계는 글쓰기 전체 과정 중에서 가장 중요한 단계이다(ASHE-ERIC, 2001, 39-42; Gunning, 2000, 419; Soven, 1999, 33). 글을 쓸 준비를 하는 데 필

요한 모든 활동이 이 단계에서 이루어지기 때문이다. 건축물이 완성되기 위해서는 기초가 튼튼해야 하는 것처럼 짜임새 있고 풍부한 내용을 지닌 글은 쓰기 전 단계를 충실히 이행해야 한다.

일반적으로 쓰기 전 단계에서는 화제(topic)를 선택하고, 화제를 면밀히 검토해보고, 정보를 수집하는 활동이 이루어진다. 문제 해결을 위한 쓰기 전 단계에서는 작문의 상황 즉, 필자, 예상독자, 글의 주제, 글의 목적 등 작문의 상황을 탐색하는 활동을 진행해야 한다.

이 단계에서 일반적 글쓰기 전략으로 자유롭게 쓰기(freewriting)나 구두 작문(talk-writing) 등이 있다. 자유롭게 쓰기란 쓰기의 형식에 구애받지 않고 글을 빨리 쓰도록 구안된 전략이다. 구두 작문은 머리 속에 생각한 바를 직접 쓰기로 연결시키는 방법으로 읽기, 말하기, 듣기, 쓰기, 사고 등이 서로 관련되고 강화된다는 가정에서 출발한다(williams, 1998, 59~61).

본 연구의 협동 작문 쓰기 전 단계에서는 계획하기(planning)를 중심으로 교사 안내, 관련 자료 읽기, 활동지 작성, 개요 짜기, 동료 협의 등으로 이루어졌다.

(1) 교사 안내(guides)

읽기 전 단계에서 학생들이 수행해야할 과제 제시와 활동 유의 사항에 대한 안내가 이루어진다. 먼저, 학생들이 수행해야 할 과제의 주제에 대한 설명이 이루어진다. 수행 주제는 전체적인 쓰기 활동의 방향을 제시하는 역할을 한다. 이를 통해 학생들은 자신이 앞으로 수행할 쓰기의 주제를 파악하고 목표를 설정하여 진행시키게 된다. 교사 안내의 내용은 관련 읽기 자료의 중심 내용 안내, 활동지 작성 방향 제시, 개요짜기의 방법, 동료 협의 내용 안내 등이 있다.

이 때 활용할 수 있는 방법으로 간이 수업(mini-lesson)이 있다. Gunning(2000) 은 교사 안내에 적용할 수 있는 방법으로 간이 수업(mini-lesson)을 제안하였다. 이 수업은 통상 학급 전체를 대상으로 학생들에게 필요한 기본 개념이나 쓰기 전략 등을 간단하게 가르쳐 주는 방법이다. 수업 시간은 보통 10분 내외로 하고, 해당 시간에 핵심적으로 가르쳐야 할 기능이나 전략을 간단한 활동을 통해 습득하도록 하는 방법을 말한다.

쓰기 전 활동이 본격적으로 진행되기 전에 교사는 전반적인 활동의 주의 사항을 전달하여 학생들이 시행착오를 거치지 않도록 구체적인 지침을 제공해야 된다. 또한 쓰기 활동이 진행되는 과정 동안 교실을 순회하면서 학생들의 학습 진행 사항을 체크하고, 추가적인 보충 질문에 대답하며, 엉뚱한 방향으로 진행하는 학생들에 안내를 하도록 해야 한다.

(2) 관련 자료 읽기(text reading)

관련 자료 읽기는 모둠원 끼리 같은 주제의 글을 읽고, 그 주제에 관하여 배경지식을 쌓을 수 있다. 학생들은 해당 주제와 관련된 글을 읽으면서 내용 이해, 분석, 추론, 비판 등 고등 사고력을 증진시킬 수 있다. 더불어 읽기를 통해 쓰기 능력을 신장시키려면 적절한 읽기 자료를 제시하는 것이 중요하다(Gunning, 2000).

임칠성(2003)은 관련 자료의 선정 방향을 다음의 다섯 가지로 제시하고 있다.

(1) 해당 주제에 관하여 폭넓은 사고를 할 수 있는 객관적인 글
(2) 해당 주제에 대하여 깊이 있는 사고를 할 수 있는 전문적인 글
(3) 해당 주제에 대하여 긍정적이거나 부정적인 주장을 하고 있는 글
(4) 해당 주제에 대하여 객괄적인 글
(5) 해당 주제와 관련하여 논의의 거리를 제공하는 글

이 가운데 (3)과 (5)에 해당하는 찬성과 반대의 논점이 명확히 들어나서 논의의 거리를 충분히 제공하는 글을 제재로 선정하는 것이 설득적인 쓰

기를 하는 데 보다 유용하게 쓰일 수 있다.

(3) 활동지 작성(worksheet activity)

활동지 작성은 읽기 자료를 읽고 바로 쓰기 활동으로 들어가는 것이 아니라, 쓸 내용의 기본 개념과 핵심 내용과 개념을 요약하고, 자신의 견해를 정리 할 수 있는 내용으로 구성하였다. 문제의 구성은 내용 학습과 적용 학습으로 나눈다. 내용 학습은 읽기 자료 본문의 내용을 바탕으로 핵심 내용과 개념을 찾아 정리하는 학습이고, 적용 학습은 내용 학습을 근거로 서로 상반된 주장 가운데 하나를 선택하여 자신의 견해와 생각을 분명히 밝히고 그 근거를 제시하는 형태로 구성되었다.

1. 인터넷 실명제란 무엇인지 정리해 보자.

2. 인터넷 실명제가 필요하다고 생각하는 이유는 무엇인지 제시해 보자.

3. 인터넷 실명제를 반대하는 이유는 무엇인지 적절한 근거를 들어 써 보자.

(4) 개요 짜기(outlining)

개요 짜기는 읽기 자료와 활동지의 내용을 바탕으로 자신이 써야할 글 전체의 뼈대를 잡아보는 활동을 말한다. 개요 짜기는 자신의 생각을 논리적으로 구성하는 활동으로 쓰기의 바탕이 되는 활동이다(Soven, 1999, 43). 개요 짜기의 구성은 서론, 본론, 결론으로 나누어 자신의 생각이 분명하고 설득력 있게 나타나도록 활동지의 마지막 부분에 제시한다.

이때, 교사는 개요 짜기의 구체적 방법을 직접교수법을 통해 시범을 보여주고, 학생들의 이해를 돕는다. 교사는 개요를 칠판에 직접 쓰면서 조직하는 방법을 보여주거나 OHP, 실물화상기 등을 통해 구체적인 방법을 볼 수 있도록 접근한다.이러한 접근은 학생들이 보다 쉽게 개요 짜기에 접근할 수 있는 효과적인 방법이다. 또한 학생들이 개요 짜기를 하는데 어려움을 호소하거나 힘들어하면 읽기 자료를 참고로 하여 부족한 부분을 보충하거나, 동료와의 협의를 통해 도움을 받아 될 수 있으면 완성하도록 조언한다.

> 4. 인터넷 실명제에 대해 찬성과 반대의 견해 중 하나를 택하여 그 근거를 들고 자신의 생각을 논리적으로 전개해 보자.
> <개요짜기>
> ■ 논제 : 인터넷 실명제에 대해 (찬성 / 반대) 한다.
> - 서론 : 문제제기
>
> - 본론 : 이유1
>   근거
>   이유2
>   근거
> - 결론 : 요약
>   논의

(5) 협의하기(conferences)

동료 협의(peer conferences)는 활동지 작성이나 개요 짜기에서 모둠원의 도움을 받거나 도움을 주어 자신의 쓰기 전 단계를 정교하게 다듬어 나가는 활동이다. 먼저, 능숙한 필자는 능숙하지 못한 필자에게 전체적인 글의 주제를 안내하고 도움을 준다. 또한 과정을 함께 진행해 감으로써 자신의 견해에 대한 보다 분명한 생각을 정리할 수 있고, 적절한 개요 짜기를 구성할 수 있다. 다음으로 능숙하지 못한 모둠원은 활동지의 핵심 내용과 개념 이해를 받아들이고, 자기 스스로 개요 짜기를 한 다음 모둠원의 도움을 받음으로써 개별 학습 때보다 더 효율적으로 쓰기 전 단계에 적을 할 수 있다. 더불어 찬성과 반대에 대한 본인과 다른 견해를 발견하여 보다 정교하게 논리적 근거를 세울 수도 있다.

일반적으로 동료 협의 시 고려할 사항은 다음과 같다(Gunning, 2000, 432).

- 다른 사람의 말에 주의를 기울여야 한다.
- 상대방을 존중해야하고, 조언을 할 때에는 부드럽게 해야 한다.
- 서로에게 긍정적인 말을 해야 한다.
- 구체적인 제안을 해 주어야 한다.

동료 협의를 강조하는 쓰기 지도 방법은 쓰기 워크숍(writing workshop)이 있다. 쓰기 워크숍은 실제로 교사의 안내를 받으면서 글을 쓰고, 교사 협의와 동료 간의 협의를 하고, 쓴 글을 전체 학생들과 나누는 쓰기 전략이다. 여기서 동료 협의를 강조하는데, 동료 협의를 통해 쓰기 능력뿐만 아니라 사회적 상호 작용과 의사소통 등 여러 가지 이점을 얻을 수 있다(ASHE-ERIC, 2001c, 31~33; Flynn & King, 1993; williams, 1998, 79~98).

이상으로 쓰기 전 단계의 활동에 대해 살펴보았다. 이 외에도 쓰기 전 단계에 보다 유용하게 활용할 수 있는 활동은 소집단 토의, 모둠 인터뷰, 모둠 토론 등의 방법이 있다. 이러한 방법은 학생들이 쓸 주제에 보다 쉽게 접근할 수 있으며, 아이디어를 생산하는데 도움을 줄 수 있다(Soven, 1999, 33~39).

나. 쓰기 중(writing) 단계

쓰기 중 단계는 쓰기 전 단계의 활동을 바탕으로 학생들이 실제 글을 작성하는 단계이다. 이 단계는 크게 초고쓰기(drafting), 검토하기(reviewing), 고쳐쓰기(redrafting)의 3단계로 진행된다.

일반적으로 필자는 글의 목적, 예상독자, 말하고 싶은 요점, 효율적인 정보 배치 구성 방안 등에 대해 계획한 것을 생각하면서 글을 써야 한다. 마찬가지로 쓰기 중 단계에 앞서 교사는 쓰기 중 유의사항과 각 단계마다의 활동 내용에 대해 학생들에게 안내를 제공해야 한다. 학생들이 이 단계를 수행하면서 쓰는 데 어려움을 느끼는 학생과 교사에게 도움을 요청하는 학생, 그리고 수업을 방해하거나 혼란스럽게 하는 학생들에게는 적절한 피드백을 주어야 한다.

(1) 초고쓰기(drafting)

초고쓰기는 내용 생성과 내용 조직을 바탕으로 실제 글을 쓰는 단계이다. 초고쓰기는 협동 작문의 전체 5차시 중 2차시에 해당한다.

원고지에 글을 쓰기 전 교사는 일반적인 원고지 사용법에 대한 안내 자료를 나눠주고 설명을 한다. 이때 맞춤법, 띄어쓰기 등 어법이나 원고지 사용법 등에 너무 얽매이지 말고, 글 전체 내용의 조직과 짜임새 등과 주장과 근거의 일관성과 논리성 등에 초점을 두고 구성하도록 안내한다. 맞춤법 등에 신경을 쓰면 정작 의미를 구성하는 활동에 소홀해지기 쉬우며 쓰는 시간이 모자라게 된다. 따라서 초고를 쓴 다음에는 수정과 교정할 수 있는 편집 과정이 있음을 학생들에게 주지시킨다(Gunning, 2000, 422~424).

학생들은 개요 짜기를 토대로 원고지에 분량과 시간을 충분히 고려하면서 실제로 글을 작성해 보게 한다. 학생들은 시작 부분을 쓰는 데 어려움을 많이 호소하고, 부담을 많이 느끼게 된다. 따라서 글을 쓰다가 어떤

사실이나 이름, 단어 등이 잘 기억나지 않으면 공간을 만들어 두고 의문
표로 표시를 해 두고 넘어가야 한다고 알려 준다. 일단 초고를 쓴 다음에
다시 살펴볼 수 있기 때문이다.

(2) 검토하기(reviewing)

검토하기는 모둠원이 작성한 초고를 일정한 평가 기준에 맞추어 독자
의 입장에서 읽고 검토하는 활동이다. 검토하기를 통해 학생들은 자신의
글을 다른 학생들이 어떻게 바라볼지 기대를 하고, 다른 학생이 쓴 글을
읽고 자신과 다른 남의 생각을 엿볼 수 있으며, 자신이 내세운 주장의
근거가 타당한지, 전체적인 글의 조직이 어떠한지 반성적으로 판단할 수
있다.

검토하기는 능숙한 필자의 글을 읽고 평가하면서 학생들은 능숙한 필
자의 글의 특성에 주목하고 이것을 자기 것으로 수용하게 된다. 반대로
미숙한 필자의 글을 읽고 평가하면서 어떠한 점에 초점을 두고 내용을 전
개해야 할지 반성하게 된다. 더불어 검토하기는 학생들의 상호작용을 원
활하게 촉진시키는 동기를 유발한다. 이제까지 대화로만 동료를 대하고
인식하는 것에서 벗어나, 글을 통해 상대방의 생각과 견해를 파악하고 서
로 의사소통할 수 있는 가능성을 탐색할 수 있다. 검토하기 후 상대방에
게서 검토 결과를 돌려받았을 때, 학생들은 자신의 표현 방식을 더욱 정
확히 인식할 수 있고, 타인을 고려하면서 좀더 효과적으로 글의 내용과
조직 그리고 표현을 할 수 있게 된다.

검토하기는 세 가지 단계 즉, 돌려 읽기(Read Around Ground, RAG), 동료 평
가(peer evaluation), 교정하기(revision)로 이루어진다. 첫째, 돌려읽기는 모둠원의
글을 정해진 시간 안에 서로 돌려 읽고 조언하는 활동이다. 돌려읽기는
동료들 간에 서로 돌아가며 작품을 읽은 후 그것에 대해 자신들의 생각을
나누는 방법이다. 학습자는 돌려읽기를 통해서 다른 학생의 글을 감상하

고 반응할 수 있는 기회를 갖게 된다. 돌려읽기는 작품의 형식보다는 내용에 중점을 두어 살펴본다. 학습자는 돌려읽기를 통해서 독자에 대한 감각을 기를 수 있으며, 동료의 작품을 비판적으로 살펴볼 수 있는 능력을 기르고, 자신의 글쓰기 전략을 반성할 수 있게 된다. 독자가 쉽게 이해할 수 있는 표현을 사용하였는지, 독자의 흥미를 고려하고 있는지, 독자에게 설득력을 지니고 있는지 등이 돌려읽기에서 고려되어야 할 중요한 요인이다(박태호, 1997). 개요짜기를 바탕으로 완성한 자신의 초고쓰기를 모둠원들이 모여 정해진 시간 안에 서로 돌려가면서 정독하게 된다. 이 때, 학습자는 자신과 다른 생각과 견해를 가진 학생의 의견에 동조하거나 반대할 수 있으며, 자신의 견해를 수정하거나 다른 근거도 생각해 볼 수 있다.

둘째, 동료평가는 돌려읽기를 하면서 미리 나눠준 평가기준표를 참고로 하여, 동료의 초고에 대해 글 전체 수준에서 글의 내용, 조직, 표현에 관해 간단하게 개선해야 될 사항과 좋은 점에 대하여 원고지에 직접 작성해 주는 것을 말한다.

글 수준에서 고려해야 할 평가기준은 아래와 같다.

   (1) 글 수준
      ① 주제(말하고자 한 중심 내용)는 분명히 드러났는가?
      ② 주제에서 벗어난 부분은 없는가?
      ③ 글 전체를 통하여 일관된 입장을 유지하고 있는가?
      ④ 글 전체에서 필요한 세부 내용들이 적절히 제시되고 있는가?

셋째, 교정하기는 필자가 모둠원이 동료 평가를 해준 초고에 대하여 내용을 첨가하거나 삭제하기, 순서를 바꾸거나 세부 내용을 덧붙이기, 시작 부분을 고치거나 보다 생생한 언어로 바꾸기 등을 하는 것을 말한다. 이 때 학생들은 모둠원들이 시계 방향이나 반시계 방향으로 돌아가면서 모둠원의 초고를 평가해 준 다음, 자신의 초고를 다시 받은 후 평가의 타당성과 객관성을 살펴보고 취사선택하여 수정여부를 결정할 수 있다.

교사는 자기가 쓴 초고를 OHP나 실물화상기를 통해 보여주고 어떻게 교정하는가를 직접 시범을 통해 처음과 끝 부분 다시 쓰기, 문장이나 문단을 재조직하기, 예나 세부 내용 덧붙이기 등의 예를 보여주면 더 효과를 거둘 수 있다.

교사의 교정 시범이 끝난 후, 학생들은 동료의 평가가 적절하고 타당하게 진행되었는지 판단하여 자신의 글을 수정하거나 보완할 교정 계획을 원고지에 색있는 볼펜으로 작성하도록 한다. 이를 통해 필자는 수정할 전체적인 내용을 재구성하고 다시 이전 과정이나 처음 과정으로 갈 수도 있다.

Lane(1993, 1998)은 교정 전략 지도의 다섯 가지 유용한 방법을 제안하였다(Gunning, 2000, 426~428 재인용).

- 질문하기(questions) : 동료에게 쓴 글을 읽어 주고 동료는 의문점을 메모해 둔다. 필자는 질문에 답해주고 그 외 부수적인 내용에 대해 답해 준다.
- 스냅사진(snapshots) : 줌렌즈를 사용하듯 특정 인물이나 사건에 초점을 두고, 집중적으로 덧붙여 살아있는 것처럼 생생하게 묘사한다.
- 생각사진(thoughtshots) : 설명적인 글에서 중심 내용을 명확하게 표현하고, 서사적인 글이나 전기문에서 등장인물의 사고를 구체적으로 그려낸다.
- 순간포착(exploding a moment) : 다른 책의 절정 부분을 보여주고, 어떻게 서술하고 묘사하는지를 살펴보고 토의하게 한다.
- 장면형성(building a scene) : 스냅사진과 생각사진을 바탕으로 대화를 나누고 구체적 장면을 형성한다.

이처럼 학생들은 상대방의 글을 직접 평가해 봄으로써 좋은 글과 부족한 글을 비교해 볼 수 있다. 이를 통해 좋은 글이 갖추어야 할 요소를 판단하게 된다. 더불어 자신의 글을 고쳐쓰는 데도 도움을 받을 수 있다. 자신이 생각하지 못했던 내용을 동료의 글에서 얻고 이를 충분히 활용할 수 있기 때문이다.

(3) 고쳐쓰기(redrafting)

고쳐쓰기는 수정하기의 내용을 토대로 본격적인 글쓰기를 하여 한 편의 완결된 글을 완성하는 것을 말한다. 고쳐쓰기는 다시 쓰기(rewriting)와 편집하기(editing)로 나눌 수 있다.

먼저, 다시 쓰기는 새로 지급받은 원고지에 초고의 개요를 수정하여 옮겨 적고, 전체적인 구성과 내용 그리고 표현에 유의하여 쓰기를 실시하는 것을 말한다. 이때 다른 사람이 자신의 글에 대해 교정해 준 반응과 필자가 다른 모둠원의 글을 검토해준 내용을 참고로 제한된 시간에 완성하도록 한다.

다음으로 편집하기는 맞춤법, 띄어쓰기, 어법 등에 대하여 면밀히 검토하는 단계이다. 편집하기는 글쓰기 마지막 단계에서만 하는 것이 아니라 전체 과정에서 이루어질 수 있는 활동이다.

Scardamalia & Bereiter(1986)에 따르면, 교사는 학생들의 편집 능력을 길러주기 위해서 학생들의 현재 능력과 그들이 필요로 하는 것이 무엇인지를 정확하게 파악할 수 있어야 한다.

교사는 고쳐쓰기가 완성되면 학생들의 쓰기 결과물을 모두 수합한다. 이때 초고쓰기도 같이 수합하여 제출하도록 한다. 이를 통해 교사는 평가자 학생들이 모둠원의 글을 어떻게 평가를 하였고, 그 평가가 타당한지, 적절한 평가를 해주었는지 등을 확인할 수 있다. 또 평가를 받는 학습자에게는 모둠원이 해준 평가를 얼마만큼 수용하여 퇴고를 하였는지, 초고쓰기와 고쳐쓰기의 내용이 얼마만큼 변화하였는지 등을 종합적으로 참고할 수 있기 때문이다.

다. 쓰기 후(postwriting) 단계

쓰기 후 단계는 이제 까지 활동한 결과를 최종적으로 마무리하는 단계이다. 교사는 수합된 자료 가운데 전체 모둠 가운데 4명 정도의 자료를 모둠의 역할에 따라 차례로 선정한다. 선정된 학생들의 결과물을 OHP 필름에 복사하여 학생들이 발표를 원활하게 할 수 있도록 준비한다. 쓰기 후 단계는 크게 학생들의 출판하기와 교사 마무리의 2단계로 나눌 수 있다.

(1) 공유하기(sharing)

공유하기는 고쳐쓰기를 거쳐 완성된 한 편의 글을 다른 학생들 앞에서 발표하고, 나머지 학생들은 발표 내용을 보면서 쓰기 평가 기준에 따라 최종적으로 발표자의 글을 평가하고, 공유하면서 쓰기에 대해 새롭게 인식하는 활동이다. 공유하기는 발표하기(prasentation), 발표 평가(evaluation)와 공유하기(sharing)의 두 부분으로 나누어진다. 첫째, 발표하기는 발표 순서에 해당하는 학생이 교실 앞으로 나와 OHP 필름을 보며 자신이 쓴 내용에 대해 발표하는 것을 말한다. 교사는 발표자에게 사전에 쓰기 평가 기준을 나눠주고 발표 시 유의 사항에 대해 충분히 설명하다. 발표하는 학생은 독자의 반응을 살피면서 자신감 있고 분명한 태도를 발표에 임하도록 한다. 둘째, 발표 평가 및 공유하기는 발표에 참여하지 않는 나머지 학생들이 OHP 필름의 내용을 응시하면서 능동적인 독자로서 내용을 공유하고, 작품에 반응하여 글에 대해 평가하는 것을 말한다. 평가자는 미리 나눠준 평가 기준에 따라 해당 학생의 글을 내용, 조직, 표현 등의 항목에 따라 평가해 본다. 이를 통해 평가 기준에 따라 동료의 글을 최종적으로 평가할 수 있고, 어떤 글이 좋은 지 앞으로 어떻게 써야하는지 등도 알 수 있다. 더불어 학생들은 발표자의 쓰기 내용을 수동적이 아닌 능동적인 독자로 공유하게 되고, 글에 대해 느낀 감정과 생각에 대해 반응하게 된다.

비고츠키 공간(Vygotsky's space)은 지식의 내면화 과정을 통한 사회적 상호 작용의 중요성을 정교하게 설명하고 있다.

다음 [그림 Ⅲ-3]에서 비고츠키 공간은 공적-사적 차원(the public-private dimension)과 사회적－개인적 차원(the social-individual dimension)의 두 축으로 구성 되어 있다. 공적－사적 차원은 인지적 활동의 관찰 가능 정도를 나타낸다.

네 공간에서 수용(appropriation)은 개인이 사회적 실행에 참여하는 것을 의 미하며, 변형(transformation)은 개인이 수용한 것에 대하여 조정하는 것을 의 미하며, 공표(publication)는 사적 차원에서 변형된 것을 드러내는 단계를 의 미하며, 관습화(conventionalization)는 공표된 것이 사회적 실행으로 재통합되는 것을 의미한다.

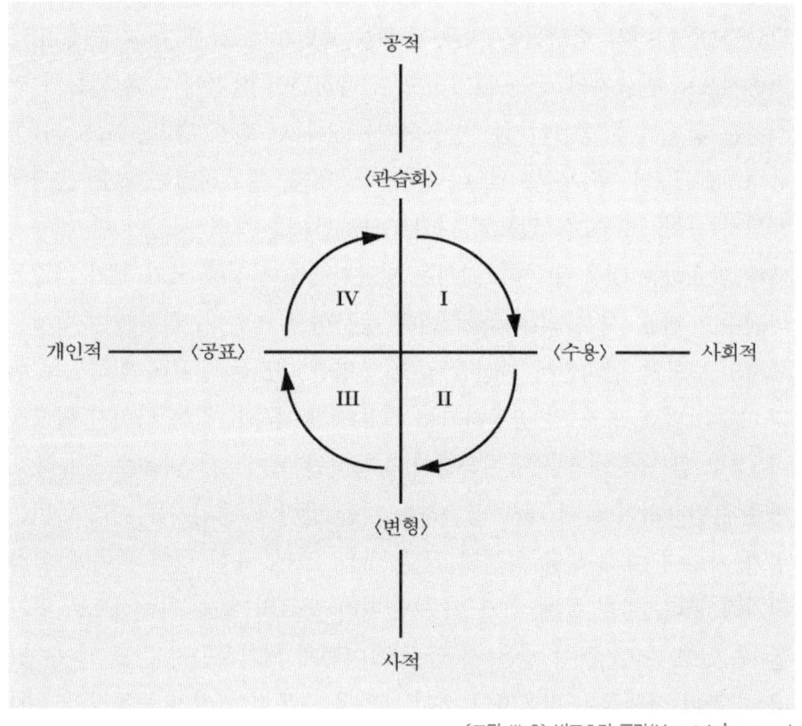

[그림 Ⅲ-3] 비고츠키 공간(Vygotsky's space)
―Gavelek, J. R., & Raphael, T. E.(1996, 13)

비고츠키 공간은 두 가지 차원에서 공간이 함께 공존하는 네 영역으로 구성되어 있다. 제 1공간은 교실의 공적인 공간이다. 여기서 교사의 수업에 대한 안내와 소개가 이루어지며 학생들은 교사의 시범과 설명을 듣고 이해하며 학습을 준비하게 된다. 교사의 협동 작문에 대한 전반방법과 절차에 대한 설명을 듣고 학생들은 이해하며 쓰기 학습을 준비하는 것이다. 제2공간은 학생들이 공적인 공간에서 학습한 것을 동일한 방법과 목적을 사용하여 실행해 보는 공간이다. 학생들은 교사의 설명을 바탕으로 쓰기 전 학습 자료를 읽고, 활동지 작성을 전개하며, 개요짜기를 실행하게 된다. 제3공간은 공적이고 사회적인 공간에서 배운 것들을 변화시켜 개인적이고 사회적인 공간에서 연습해 보는 공간이다. 초고를 동료 학생들끼리 돌려보며 평가해주고 자기반성 활동을 하며, 자신의 글을 고쳐쓰는 활동을 하게 된다. 제4공간은 개인적 활동을 발표하는 공간이다. 고쳐쓰기의 결과를 전체 학습 구성원 앞에서 발표하며, 이때 학생들은 관습적인 지식을 단순히 배우는 것을 넘어 서게 된다. 비고츠키 공간 모형은 지식의 구성이 단지 인간의 개인적 인지 작용으로서만 이루어지는 것이 아니고 반드시 개인이 속한 사회·문화적 배경과의 상호 작용을 전제로 함을 말해 준다는 점에서 중요하다. 학교라는 환경에서 이루어지는 사회·문화적 배경과의 접촉은 바로 동료 학생들 간의 혹은 교사와 학생들 간의 상호 작용을 통해서 가능하기 때문이다.

이 네 공간은 국어 교육의 읽기 활동뿐만 아니라 쓰기 활동에서도 시사하는 바가 크다(김라연, 2006, 72~75; 김명순, 2000, 132~136; 박정진, 2006, 44~47). 이제까지 고등학교 작문교육에서는 이러한 제 4공간의 공유하기의 장이 마련되지 못하였고, 제대로 이루어지지도 못하였다. 비고츠키 공간의 제 1~3 공간까지는 어느 정도 이루어졌지만, 제4공간은 교육 외적인 입시와 시간 부족, 다인수 학습이라는 작문교육 외적인 문제로 인하여 제대로 실현이 불가능하였다.

그래서 교실이라는 환경에서 전체 구성원들과 함께 공유하기를 통해 동료 학생들과 교사와의 상호 작용의 필요성을 강조하게 되었다. 김정자 (2006, 105)는 같은 맥락에서 작문 교육의 중요한 부분은 학생들로 하여금 쓰기가 사적인 행위가 아니라 사회적인 행위이며, 자신들의 글을 읽을 독자를 염두에 두고 글을 써야 한다는 것을 역설하였다. 따라서 작문의 결과를 개인적 차원에서만 마무리 짓고 교사에게 제출하여 평가를 받고 끝나는 것이 아니라, 전체 구성원들과 함께 작문 내용과 주제를 공유하여 해결책을 모색하는 방향으로 이뤄져야 할 것이다(오택환, 2007b).

(2) 교사 마무리(finishing)

교사 마무리는 앞서 발표한 내용을 OHP에 다시 올려 색 있는 네임펜을 사용하여 직접 첨삭하는 모습을 보여주는 것이다. 교사는 불필요하거나 수정할 내용이라든지 모순된 내용 등은 삭제하거나 생략하는 방법을 보여주고, 개선하거나 수정해야 할 사항 등에 대해서도 직접 설명하면서 보여준다. 또한, 학생들에게 참고적으로 보여줄 수 있는 개요짜기라든지 예시 답안을 활용한다. 이러한 방법은 능숙한 필자와 미숙한 필자 모두에게 적절하게 교정하고 첨삭하는 방법을 보여줌으로 보다 좋은 효과를 거둘 수 있다.

학생은 발표 학생과 미발표 학생으로 나누어 특징을 고려할 수 있다. 발표 학생은 자신의 결과물에 대해 무엇이 잘못되었고, 어떤 방향으로 논의를 전개해야 하는지 등 최종적으로 자신의 글을 평가 할 수 있으며, 나머지 학생들은 발표 학생의 글을 평가했던 자신의 평가가 적절하고 타당하게 진행 되었는지 점검할 수 있다.

교사는 협동 작문 활동의 전반적인 긍정적인 측면과 부정적인 측면에 대해 평가와 조언을 해준다. 협동 작문을 하면서 학생들의 발전적인 모습 등과 전체 쓰기 과정에서 조금 미진하고 부족했던 활동이라든지 개선해야 할 사항 등에 대해 지적을 해준다. 교사의 마무리는 철저하게 쓰기 전, 중,

후의 과정을 중심으로 이루어져야 한다. 학생들의 협동 작문 전 과정이 얼마나 성공적으로 이루어졌고, 합리적으로 문제를 해결하기 위해 노력하였는가를 평가하기보다 결과에만 초점을 두어 '정답'과 '모범답' 찾기에만 관심을 기울인다면 학생들의 협동 작문 활동은 본래의 취지와 목표를 벗어나게 될 것이다.

최종적으로 교사는 다음 쓰기 주제에 대한 안내와 준비 사항을 전달한다. 협동 작문이 성공적으로 이루어지기 위해서는 학생들에게 지속적인 활동에 대한 안내와 학생들이 수업에 책무성을 갖고 참여하도록 격려해 주어야 한다. 활동의 취지와 목적을 충분히 설명해 주어 쓰기가 단순히 개인적인 행위가 아니라 다른 사람과의 상호작용을 통한 문제해결의 과정임을 적극적으로 알려주어야 한다. 또한 자신의 활동에 대한 책무성을 주지시켜, 전체 구성원의 결속력을 강화시키고 원활한 의사소통이 초서이 될 수 있도록 해야 한다.

협동 작문의 실제

여기서는 앞서 살펴본 이론을 실제 교실 현장에 적용하여, 협동 작문이 쓰기 능력과 쓰기 태도에 미치는 효과를 양적 연구와 질적 연구를 통해 알아보았다.

양적 연구는 자료의 수집과 처리, 해석 방법이 객관적이며 자료를 수량화하여 연구 문제를 증명하는 증거로 사용하는 경험적 연구이다. 반면에, 질적 연구는 자연적 상황에서 주제에 대한 해석적이고 자연적인 접근 즉 질적 자료에 의존한 연구이다(Frarnkel, J. & Wallen, N., 2003). 양적 연구는 주관적이기 쉬운 질적 연구의 연구결과에 객관적인 통계 자료를 근거로 제공하고, 질적 연구는 양적 연구에서 깊이 분석하지 못한 양상이나 변화의 과정 등을 기술하고 분석함으로써 한계를 극복할 수 있다. 두 연구는 상호 배타적이고 상반된 관계가 아니라 상호 보완적인 관계로 두 연구를 결합하면 상승효과를 거둘 수 있다. 즉, 양적 연구는 질적 연구를 유도하고, 질적 연구는 양적 연구를 유도하는 연결 고리의 개념으로 해석하는 것이 바람직하다(성태제, 2004).

따라서 양적 연구는 협동 작문이 쓰기 성취와 태도에 미치는 효과를 객관적·정량적 통계 결과로 검증하였고, 질적 연구는 문화기술지(ethnography)와 면담(interview), 그리고 학생들의 결과물을 질적으로 분석하고 해석하였다.

1. 연구의 대상과 기간

가. 연구 대상

본 연구의 연구 대상은 연구자가 근무하는 서울시 소재 인문계 고등학교 1학년 남학생 2개 학급 각 32명씩이다. 본래 학급당 34명으로 편성되어 있으나 각 학급의 2명은 잦은 결석과 학습 의욕 저하 등으로 학습에 불성실하게 참여하였으며, 사전 쓰기 능력과 태도 검사를 실시하였으나 사후 쓰기 능력과 태도 검사 에 불참하여 최종적으로 연구에서 제외시켰다.

본 연구자가 수업을 전담하고 있는 1학년 4개 학급에서 2개 학급을 실험 집단과 통제 집단으로 군집 표집에 의해 선정하여 실험 집단에는 협동 작문 프로그램을 투입하고, 통제 집단에는 전통적인 개별 작문 수업을 진행하였다.

〈표 Ⅳ-1〉 협동 작문 연구 대상

구분	학급수	학급	성별	인원
실험 집단	1	3반	남학생	32
통제 집단	1	4반	남학생	32
계	2			64

연구의 타당성을 높이기 위해 1학년 1학기 국어 성적을 기준으로 t검증을 실시한 결과는 아래 <표 IV-2>로 두 집단간에 의미 있는 차이가 없음을 확인하였다.

<표 IV-2> 실험 집단과 통제 집단의 1학기 국어 성적 비교

구분	M	SD	t	유의 수준
실험 집단	62.47	7.86	.597	p>.05
통제 집단	61.84	7.01		

다음으로 실험 집단의 8개 모둠 가운데 2개 모둠에서 3명씩 총 6명의 학생을 대상으로 면담을 실시하였다. 2개 모둠은 [그림 IV-2](p.105)의 좌석 배치도에서 교사가 관찰하기 쉬운 중간에 속한 3, 4번째 모둠으로 선정하였고, 모둠 활동에 전혀 관심과 흥미를 보이지 않고 잠을 자는 등 열의 없이 참여한 2명을 제외하였다. 전체 프로그램을 실시하기 전, 실시 중, 실시 종료 후 점심시간을 이용하여 도서관 다용도실에서 면담을 실시하였다. 면담은 실험 집단에서 쓰기 전·중·후 활동에 대한 학생들의 반응을 조사하기 위해 사전에 예상되는 면담 안내 자료 <부록 9>(p.245)를 나눠 준 후 질문하는 구조화된 면담을 활용하였다. 면담이 시작되기전 개별 학생들에게 면담의 취지와 목적을 설명하였고, 편안한 상태에서 면담이 진행될 수 있는 환경을 조성하였다. 면담 내용은 보이스 펜을 이용하여 녹음하여 기록하였다. 선정된 면담 대상자가 속한 모둠과 역할과 성적을 정리하면 다음 <표 IV-3>와 같다.

모둠	학생	역할	성적
C	S1	모둠장	상
	S2	도우미	중
	S3	부모둠장	하
D	S5	모둠장	상
	S6	부도우미	중
	S7	부모둠장	하

나. 연구 기간

연구 기간은 2006년 10월 17일부터 11월 23일까지 총 6주로 진행되었다. 연구가 진행되는 동안 교내에서는 1학년 사생대회와 2학년 백일장 행사가 1차례 동시에 치러졌고, 1,2학년 전국연합학력평가 고사가 1차례 실시되었다. 두 행사를 제외하면, 실제로 프로그램을 투입한 총 시간은 15시간이었다.

2. 연구의 설계와 과정

가. 연구 설계

(1) 양적 연구

이 연구의 실험 설계는 <표 Ⅳ-4>와 같이 준 실험 설계(quasi-experimental design)중 사전−사후−통제 집단 설계(nonequivalent control group pretest-posttest design)방법을 적용하였다. 즉, 실험 처치의 효과를 검증하기 위해 실험 집단은 협동 작문을 적용하였고, 통제 집단은 개별 작문을 적용하여 사전-사후 검사를 실시하였다. 이는 협동 작문의 효과를 학급 단위에서 찾기 위함이었고, 연구를 수행하기 위하여 기존의 학급을 재구성할 수 없었기 때문이다.

실험 집단과 통제 집단에는 1주일에 4시간씩 각각 총 15시간 동안 동일한 주제로 쓰기 수업이 진행되었다. 1학년 국어 수업은 주당 4시간이 주어진 상태로 동학년 교사와 협의하여 교육과정과 교과서를 재구성하여 진도를 미리 앞당긴 상태에서 남는 수업을 활용하여 연구를 진행하였다.

〈표 IV-4〉 실험 설계 모형

실험 집단	O_1	X_1	O_2
통제 집단	O_3	X_2	O_4

O_1, O_3 : 사전 검사(쓰기 능력, 태도)
O_2, O_4 : 사후 검사(쓰기 능력, 태도)
X_1 : 협동 작문(실험 집단)
X_2 : 개별 작문(통제 집단)

이 실험 후 기대되는 결과는 $O_1 = O_3$, $O_2 > O_4$이다. 즉, 실험 처치 전 사전 검사에서는 실험 집단과 통제 집단이 유의미한 차이가 없으나, 협동 작문 프로그램을 실험 처치 후 사후 검사에서 실험 집단과 통제 집단이 쓰기 능력과 쓰기 태도 면에서 유의미한 차이가 나타나는 것이다.

(2) 질적 연구

본 연구는 협동 작문의 효과에 대한 양적 연구와 병행하여 질적 연구를 수행하였다. 교육연구에서 문화기술적 연구는 교육 현상, 교육의 진행 과정, 교육의 구조 등에 대하여 자세히 기술하고 소개하며 경험적 자료에 토대를 둔 기초이론을 개발하여 보다 총체적으로 접근을 할 수 있는 질적 연구 방법이다(성태제, 2004, 228; 황희숙, 1996, 8).

연구자는 문화기술적 연구의 방법을 사용하여 다음과 같은 방법과 절차로 연구를 진행하였다.

첫째, 학생들의 쓰기 활동 중 협동하기에 초점을 두고 참여관찰 하였다. 쓰기전 계획하기에서의 동료 협의, 쓰기 중 검토하기의 돌려읽기와 동료 평가, 쓰기후 발표하기의 동료 반응과 평가 등을 관찰하고 기록하였다. 특히 대상으로 선정된 2개 모둠에게서 쓰기 전 동료 협의 모습을 구체적으로 살펴보고자 동료 협의시 녹음을 하도록 하였다. 더불어 관찰이 용이하지 않은 경우를 대비하여 수업 장면을 비디오로 녹화하였다. 녹화는 본 연구자가 직접 수업을 담당하였으므로 실험에 참여하지 않는 다른 반 1학년 방송반 학생을 시켜 전체적인 장면과 학생들의 동료 협의를 중심으로 수업 장면을 녹화하도록 하였다.

둘째, 실험 집단에서 쓰기 전 · 중 · 후 활동에 대한 학생들의 반응을 조사하기 위해 구조화된 면담(interview)을 활용하였다. 연구자가 미리 계획하여 <부록 9>의 질문지를 나눠주고 학습자의 쓰기에 대한 태도와 반응을 밝혀내는 구조화된 면담의 방법을 주로 사용하였다. 면담 장소는 도서관 휴게실을 이용하였으며, 면담 은 학생들의 방과 후 학원이나 특기적성 교육 등을 고려하여 학생들에게 피해가 가지 않도록 점심시간을 이용하였다. 면담의 내용 분석을 보다 명확히 하기 위하여 보이스 펜을 이용하여 녹음하였다. 면담은 주로 협동 작문 프로그램을 시작하기 전과 프로그램이 진행되는 중간, 그리고 프로그램을 마친 후 이루어졌다.

셋째, 녹화된 영상 자료와 녹음된 음성 자료를 수합하였다. 녹화는 1학년 방송반 남학생을 시켜 쓰기 전 · 중 · 후 3차시에 걸쳐 실시하였다. 녹화된 6mm 테이프를 컴퓨터 프로그램인 프리미어에 다시 옮겨 파일로 저장하였다. 녹음은 MP3 파일 형태로 컴퓨터에 저장하여 보관하고 모둠원의 토의와 대화 내용을 분석하였다. 또한, 수업에 사용된 학습 활동지와 학습 결과물인 완성된 원고지, 그리고 설문지와 쓰기 능력 시험지, 쓰기 태도 검사지 등의 텍스트를 수집하였다. 특히, 학습 결과물인 원고지는 실험 집단과 통제 집단으로 나누어 그 특징을 분석하였다. 실험 집단의 면담에 참여한 6명의 원고지를 바탕으로 초고쓰기와 고쳐쓰기가 어떻게 변화되었는지 글의 내용, 조직, 표현의 측면에서 살펴보았다. 또한 실험 집단과 동일하게 1학기 국어 석차를 받은 통제 집단 6명의 원고지도 같은 방법으로 분석하여 그 차이점을 분석하였다.

이러한 질적 연구의 내용을 정리하면 아래 <표 Ⅳ-5>와 같다.

〈표 Ⅳ-5〉 질적 연구의 설계

영역	내용	비고
참여 관찰	2개 모둠 쓰기 전·중·후 동료 협의	비디오 녹화, 녹음
면 담	2개 모둠에서 성적 상·중·하 3명씩 총 6명	구조화된 면담, 녹음
자료 분석	녹화 및 녹취, 면담자료, 설문지, 학습 활동지, 초고와 교정본 원고지	코딩 및 해석

나. 연구 과정

연구 과정은 크게 예비 연구와 본 연구의 두 단계로 진행되었다. 예비 연구는 다시 프로그램의 구안 및 설계, 검사도구의 제작 과정, 예비 적용 및 수정 보완의 세 단계를 거쳐 진행되었다. 첫째, 프로그램의 구안 및 설계는 협동 작문의 이론적 탐색을 통해 협동 작문의 필요성과 중요성에 공감하고, 고등학교 작문교육의 문제점을 진단하고, 고등학교 1학년 학생들에게 효율적으로 적용할 수 있는 협동 작문 프로그램 개발을 위한 쓰기 과제 선정과 교수—학습 모형을 마련하기 위한 준비 과정을 가졌다. 둘째, 검사도구의 제작은 선행 연구(서울특별시교육연구원, 2005; 한국교육과정평가원,

2005; 박중휘, 2005; Kear, D. J. et al., 2000)를 참조하여 쓰기 능력과 쓰기 태도 검사지를 만들었다. 셋째, 예비 적용 및 수정 보완은 학생들의 사전 사후 쓰기 검사를 평가할 평가자와 평가 준거를 선정하고, 최종적인 연구의 문제점을 진단하고 보완하였다.

본 연구는 본 프로그램의 적용과 연구 검증 및 정리의 두 단계로 진행되었다. 첫째, 본 프로그램 적용은 실험 집단에서는 협동 작문, 통제 집단에서는 개별 작문으로 나누어 시행하였다. 둘째, 연구의 검증 및 정리는 양적 통계 분석과 질적 자료 해석으로 나누어 진행하였다. 이러한 연구의 과정을 정리하면 다음 <표 Ⅳ-6>과 [그림 Ⅳ-1]과 같다.

〈표 Ⅳ-6〉 연구의 과정

연구의 진행 과정	주요 내용	연구의 기간
프로그램 구안 및 설계	쓰기 과제, 교수-학습 모형	2005.08~2005.10
검사도구 제작	쓰기 능력, 태도 검사	2005.12~2006.02
예비 적용 및 수정 보완	평가 준거 및 평가자 선정 문제점 진단, 피드백 실시	2006.05~2006.08
본 프로그램 적용	실험 집단(협동 작문) 통제 집단(개별 작문)	2006.10~2006.11
연구 검증 및 정리	통계 분석, 질적 자료 해석	2006.12~2007.02

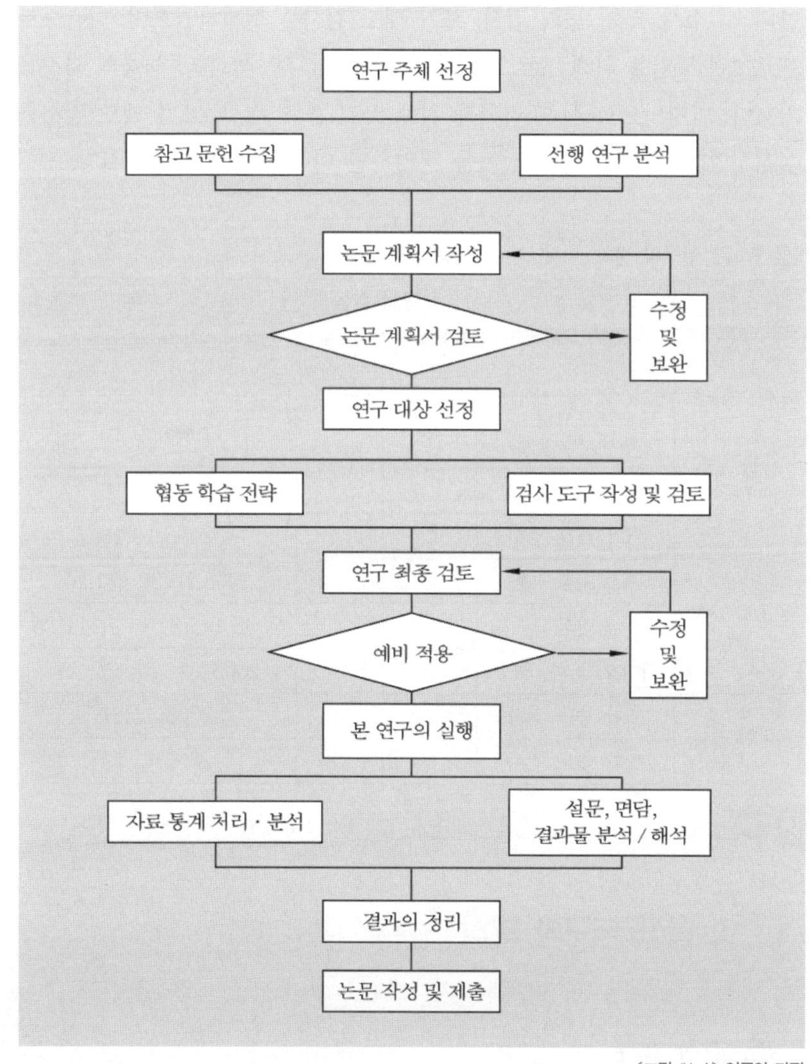

〔그림 Ⅳ-1〕 연구의 과정

본 프로그램을 위해 진행된 연구 절차는 크게 사전 검사, 프로그램 투입, 사후 검사의 3단계로 진행되었다. 사전 검사를 위한 연구에서는 프로그램 안내 및 소개, 쓰기 능력 검사, 쓰기 태도 검사를 실시하였으며, 다음으로 프로그램 투입을 위해 프로그램 적용, 면담, 비디오 녹화 및 녹음의 과정을 거쳤다. 마지막으로 사후 검사를 위해 쓰기 능력 검사, 쓰기 태도 검사를 실시하였다. 이러한 연구 절차를 정리하면 다음 <표 IV-7>과 같다.

〈표 IV-7〉 연구의 절차

| 구분 | 연구 절차 | 집단별 활동 | | 실시 일자 |
		실험 집단	통제 집단	
사전 검사	프로그램 안내 및 소개	○	×	2006.10.15
	쓰기 능력 검사	○	○	2006.10.19
	쓰기 태도 검사	○	○	2006.10.18
프로그램 투입	프로그램 적용	○	×	2006.10.20~11.15
	면담	○	×	2006.10.13, 11.7, 11.25
	비디오 녹화, 녹음	○	×	2006.10. 20, 25, 27
사후 검사	쓰기 능력 검사	○	○	2006.11.21
	쓰기 태도 검사	○	○	2006.11.23

3. 검사 도구와 방법

가. 검사 도구

(1) 양적연구

본 연구의 사전 사후 검사에 사용된 쓰기 능력 검사와 쓰기 태도 검사의 평가 도구 및 평가 기준은 다음과 같다.

(가) 쓰기 능력 검사

쓰기 능력 검사의 사전 사후 검사는 한국교육과정평가원(2003)의 고등학
교 1학년 학업성취도검사와 서울특별시교육정보연구원(2005)의 독서논술
자료집을 참고로 하여 청소년의 일상생활과 관련이 깊은 '청소년기와 자
아정체성'과 '바람직한 청소년 문화'를 주제로 재구성하여 문제를 만들고,
프로그램이 시작되기 전과 종료된 후 검사를 실시하였다. 문제는 아래의
<표 IV-8>과 같다.

〈표 IV-8〉 쓰기 능력 검사 내용

구분	주제	논제	비고
사전 검사	청소년기와 자아정체성	아래 제시문은 청소년기의 자아정체성과 관련된 개념과 필요 성에 대한 진술이다. 이 글을 참고로 청소년기 바람직한 자 아 정체성 형성을 위한 노력에 대해 1,000자 내외(±100자) 로 논술하시오.	
사후 검사	바람직한 청 소년 문화	아래 제시문은 청소년 문화의 특징에 대한 진술이다. 이 글 을 참고로 바람직한 청소년 문화의 형성을 위한 노력에 대해 1,000자 내외(±100자)로 논술하시오.	

(나) 쓰기 태도 검사

본 연구에 사용된 쓰기 태도 검사 도구는 박중휘(2005, 128)의 쓰기 태도
검사지와 McKenna, M. C., Kear, D. J.(1990)의 읽기 태도 검사지, 그리고
Kear, D. J.,et al(2000)이 개발한 쓰기 태도 검사지를 본 연구에 맞게 재구성
하여 사용하였다.

쓰기 태도 검사의 구성 내용은 다음의 <표 IV-9>과 같이 쓰기에 대한
인식, 쓰기에 대한 반응, 쓰기 수행과제에 대한 태도로 구성하였으며, 총
25문항으로 구성된 검사지는 5단계 Likert 척도를 사용하였다.

<표 IV-9> 쓰기 태도 검사의 구성 내용

쓰기 태도의 영역	하위 요소	검사 문항
쓰기에 대한 인식	쓰기의 필요성	1, 2, 3
	쓰기의 가치	4, 5
	쓰기 기능의 중요성	6, 7
쓰기에 대한 반응	쓰기에 대한 관심과 흥미	8, 10, 11, 15, 16
	쓰기에 대한 자신감	9, 12, 13, 14
쓰기 수행과제에 대한 태도	내용 생성에 대한 태도	17, 18, 24
	내용 조직 및 표현에 대한 태도	19, 20
	쓰기 습관에 대한 태도	21, 22, 23
	글 다듬기에 대한 태도	25

본 연구에서 사용된 태도 검사 도구의 문항 내적 합치도를 알아본 결과, Cronbach의 α계수(신뢰도 계수)는 .804이었고, 구성 내용별 신뢰도 계수는 다음 <표 IV-10>과 같았다.

<표 IV-10> 쓰기 태도 측정도구의 신뢰도 계수

영역	문항수	신뢰도 계수(α)
쓰기에 대한 인식	7	.827
쓰기에 대한 반응	9	.779
쓰기 수행과제에 대한 태도	9	.807
전체	25	.804

나. 검사 방법

(1) 쓰기 능력 검사

(가) 평가 준거 설정

쓰기 능력 검사의 평가 요소와 평가 기준표는 박영민(2000), 박중휘(2005), Yarrow & Topping(2001), Scardamalia & Bereiter(1986) 등 선행 연구의 준거를 사용하여 재구성하였으며, 평가 요소별 배점은 내용 40, 조직 40, 표현 20으로 하였다. 구체적인 쓰기 능력 검사의 평가 요소 내용은 <표 IV-11>과 같다. 이를 바탕으로 쓰기 능력 평가 준거는 <부록 3>과 같이 분석적 평가 방법을 사용하여 평가하도록 하였다.

〈표 IV-11〉 쓰기 능력 평기 요소

평가 요소	하위 항목
내용 (40)	• 주제 설정과 명확한 주장, 중심내용과 세부내용의 적절한 관련, 구체적이고 독창적인 내용, 합리적인 결론 도출
조직 (40)	• 일관·단계·통일된 논의 전개, 체계·조직적인 전체 흐름, 주장에 대한 적절하고 분명한 논거, 적절하고 타당한 논거 제시
표현 (20)	• 매끄럽고 자연스런 문장 표현, 타당하고 효과적인 표현, 단락 구성 및 어휘 사용, 맞춤법과 띄어쓰기 등 원고지 사용법

(나) 평가자 선정과 훈련

1) 평가자 선정

연구대상 학생들이 작성한 쓰기 능력 사전 사후 검사를 평가하기 위해 3명의 평가자를 선정하였다. 평가자는 중등학교 총 교육경력 10년 이상이며 모두 고등학교에서 5년 이상 근무한 여교사였다. A평가자는 학교에서 방과후 교육 활동으로 논술을 지도하였고, B평가자는 교외 활동으로 서울특별시교육청에서 운영하는 '꿀맛닷컴'이라는 사이트에서 논술 첨삭지도를 담당하였으며, C평가자는 학교에서 교내외 백일장과 교지 업무를 담당하였다. 이들은 모두 풍부한 쓰기 지도의 경험을 가지고 있었으며, 국어과 영역 중 쓰기에 관심을 갖고 있었다.

2) 평가자 훈련

평가의 타당성과 신뢰성을 높이기 위해 평가자 훈련을 실시하였다. 준비된 평가 준거를 바탕으로 평가의 절차와 방법에 대해 설명하였으며, 학생 자료를 가지고 평가 연습을 실시하고 적용하여 평가자 마다 차이를 최소화하고자 하였다.

Herman, Aschbacher, & Winters(1992, 배호순, 2000 재인용)는 평가 절차를 ① 과제에 대한 충분한 이해, ② 점수 준거 체제의 명료화 및 상세화, ③ 채점 연습, ④ 채점 규칙의 수정 보완, ⑤ 점수의 기록, ⑥ 평정자 신뢰도의 기록의 여섯 단계로 정리하였다.

본 연구에서는 평가자 훈련을 ①평가준거의 명료화 및 상세화, ②평가준거의 개별적 숙지, ③실제 평가 실시, ④기록하기와 피드백의 네 단계로 설정하고, 평가자 훈련의 진행 과정은 아래 <표 Ⅳ-12>와 같다.

〈표 Ⅳ-12〉 평가자 훈련 절차

구분		내용	일정	비고
1	평가자 훈련	평가 준거의 명료화 및 상세화	2006.11.	
		평가 준거의 숙지		
		평가 연습 및 적용	2006.11.	
		기록하기와 피드백		
2	평가의 실제	사전 쓰기 능력 평가	2006.12.	
		사후 쓰기 능력 평가	2006.12.	
3	통계처리	분할구획요인분석설계 (SPFp.q design)	2007.2.	

사전 검사로 쓴 '청소년기의 자아정체성'을 평가하기에 앞서 평가자 훈

련을 위한 협의회를 가졌다. 우선 연구자는 3명의 평가자에게 본 연구의 목적과 연구문제, 그리고 연구 절차 및 평가 요소에 대한 이론적 배경을 설명하고, 평가 준거 및 기준표를 중심으로 12개의 평가 요소에 대한 평가 방법을 알려주었다. 그리고 사전 사후 검사 결과물에서 임의로 3편을 선정하여 예비 평가 연습을 실시하였다. 이를 통해 평가 기준에 대한 점검 및 평가시 유의 사항, 예상되는 문제점 등을 함께 협의하였다. 3명의 평가자는 실험 집단과 통제 집단 학생들의 사전 사후 능력 검사 결과물 가운데 평가 연습 대상물을 견본으로 삼아, 성적별로 상위 4편, 중위 4편, 하위 4편씩 총 12편의 쓰기 자료를 견본과 대조하면서 실제로 평가하였다. 이때 평가자에게 해당 학생들의 학년 반 번호 이름 등 인적 사항이 노출되지 않도록 하였고, 연구자는 결과물에 임의로 번호를 부여하여 평가자들이 순차적으로 결과물을 읽고 평가하도록 하였다.

(다) 평가자간 신뢰도

실험 집단과 통제 집단의 사전 검사와 사후 검사의 결과물을 채점한 뒤, 평가자간 평가 결과를 믿을 수 있는가 하는 신뢰도를 알아보기 위해 평가 요소별로 단순적률 상관계수를 알아보았다. 다음 <표 Ⅳ-13>은 검증 결과이다.

〈표 Ⅳ-13〉 평가 요소별 평가자간 신뢰도

		내용	조직	표현	총합
사전 검사	A-B	.738	.809	.863	.803
	B-C	.791	.726	.738	.751
	C-A	.826	.805	.698	.776
사후 검사	A-B	.744	.831	.839	.817
	B-C	.823	.796	.814	.811
	C-A	.841	.947	.781	.856

평가 요소별 단순적률 상관계수는 최하 .698에서 최고 .947까지 값을 가진다. 일반적으로 .50이상이면 상관관계가 있다고 말할 수 있다. 따라서 평가 요소별 평가자간 상관관계가 있으며, 평가자간 신뢰도는 확보되었다.

(2) 쓰기 태도 검사

실험 집단과 통제 집단의 쓰기 태도 검사지를 수합하여 통계작업을 위해 코딩하였고, 이를 SAS(WIN Version 9.1) 프로그램을 이용하여 분할구획요인분석설계(SPFp.q design)에 의한 변량 분석을 실시하였다.

4. 실험 처치

가. 수업 내용

연구자는 1주일에 4시간이 배당된 국어 시간을 이용하여 2학기에 배울 교과서의 진도를 미리 앞서 나갔고, 쓰기 영역의 시간을 충분히 확보하였다. 실험 처치를 위해 수업 내용을 다음 <표 IV-14>와 같이 구성하였다.
<표 IV-14>를 보면, 학습 주제는 크게 인문, 사회, 자연 영역으로 나누었고, 하위 항목으로 언어와 국어생활(영어공용화론), 사회 갈등과 해결(개발이냐 환경이냐), 정보 사회와 윤리(인터넷 실명제)를 설정하여 각 5차시를 부여했다.

<표 IV-14> 협동 작문의 학습 주제와 학습 내용

학습 주제	시간	차시	쓰기 과정	학습 내용
1. 인문 영역 : 언어와 국어생활 -영어 공용화론	1	1 / 15	계획하기	관련자료, 활동지, 개요짜기
	1	2 / 15	초고쓰기	원고지 초고 작성
	1	3 / 15	검토하기	교정하기
	1	4 / 15	고쳐쓰기	원고지 재고 작성
	1	5 / 15	공유하기	발표하기
2. 사회 영역 사회 갈등과 해결 -개발이냐 환경이냐	1	6 / 15	계획하기	관련자료, 활동지, 개요짜기
	1	7 / 15	초고쓰기	원고지 초고 작성
	1	8 / 15	검토하기	교정하기
	1	9 / 15	고쳐쓰기	원고지 재고 작성
	1	10 / 15	공유하기	발표하기
3. 자연 영역 정보 사회와 윤리 -인터넷 실명제	1	11 / 15	계획하기	관련자료, 활동지, 개요짜기
	1	12 / 15	초고쓰기	원고지 초고 작성
	1	13 / 15	검토하기	교정하기
	1	14 / 15	고쳐쓰기	원고지 재고 작성
	1	15 / 15	공유하기	발표하기

나. 학습 집단의 구성

(1) 집단의 편성

본 연구 대상 학교의 한 학급의 학생수가 34명으로 구성되어 있어 각 집단별 4명씩 8개 소집단으로 편성하였다. 협동학습에서 집단의 편성은 이질 집단 편성과 동질 집단 편성의 방법이 있다. 이질 집단은 서로 상이한 요소를 가진 개인이 어느 한 집단에 집중되지 않도록 편성하는 방법이고, 동질 집단은 서로 유사한 요소를 가진 개인끼리 같은 집단이 되도록 편성하는 방법이다. 여기서 집단 편성의 고려 요소는 학습자 개인의 학습 능력, 성격, 사회적 환경 등 여러 가지 사항이 있을 수 있다. 본 연구에서는 다른 요소는 배제하고 학습자 개인의 학습 능력만을 고려하였다. 학습 능력을 잘 나타내는 것은 전체 교과 성적 보다는 국어 성적이므로 1학기 국어 성적을 고려하여 이질 집단을 편성하였다. 다음 <표 Ⅳ-15>는 성적을 고려한 집단의 편성을 나타낸 것이다.

〈표 Ⅳ-15〉 집단의 편성

구분	A모둠	B모둠	C모둠	D모둠	E모둠	F모둠	G모둠	H모둠
국어 성적 (1학기 석차)	1	2	3	4	5	6	7	8
	16	15	14	13	12	11	10	9
	17	18	19	20	21	22	23	24
	32	31	30	29	28	27	26	25
	33	34						

위의 <표 Ⅳ-15>를 보면, A모둠부터 H모둠까지 8개의 모둠으로 나누었다. 1학기 국어 석차 1등을 A모둠으로 시작하여 순위별로 배정하여 8등을 H모둠에 배정하였다. 그다음 9등을 H모둠부터 시작하여 16등을 A모둠에 지그재그로 배치하여 어느 한 모둠에 우수한 학생들의 집중되는 것을 방지하였다. 그래서 A, B모둠은 5명이 배정되었고 나머지는 4명이 배정되었다. 이때 유의해야 될 사항은 배정 명단을 불러주기보다는 칠판에 적어 주는 것이 좋다. 학생들이 한 번 듣고 기억하기 어렵기 때문이다. 또한 칠판에 학생들의 배정된 모둠을 적어 주는데 성적순으로 적어서는 안 된다. 그러면 대부분의 학생들은 다른 학생들의 우열을 쉽게 파악할 수 있어, 우수하지 못한 학생들은 상처를 받을 수 있기 때문이다.

다음 [그림 Ⅳ-2]는 대략적인 좌석배치를 나타낸 것이다.

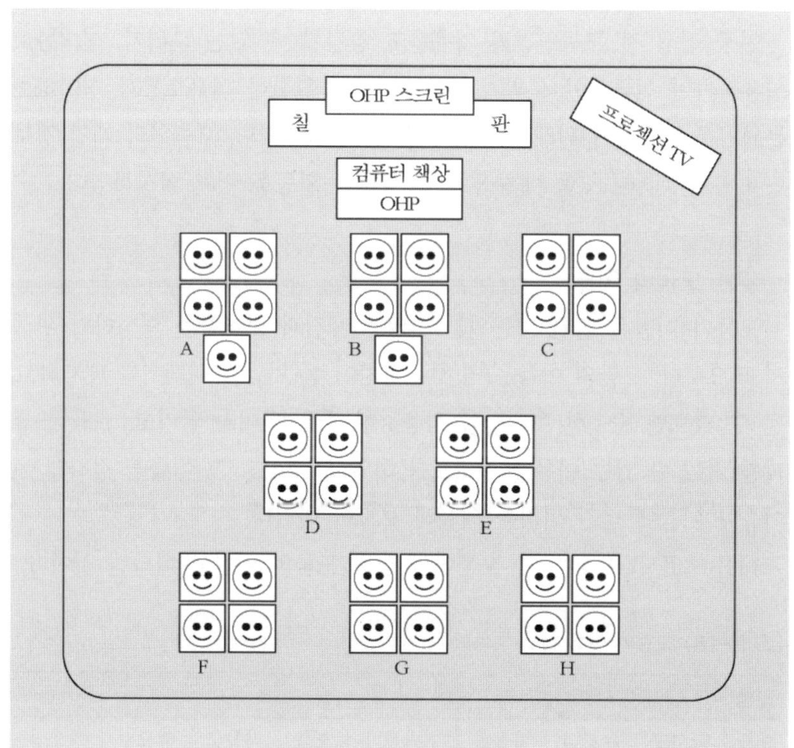

[그림 Ⅳ-2] 좌석 배치도

위 [그림 Ⅳ-2]를 칠판에 그려주고 학생들의 좌석이동을 도왔다. 책상을 어떻게 배치해야 하는지, 자기가 속한 모둠이 어디에 위치하는지 등을 알려 주는 것이다. 유의해야 할 사항은 학생들이 책상을 이동시키거나 자기의 자리를 옮기는 것을 귀찮고 꺼려하는 경향이 있으므로 사전에 충분히 협동 작문의 의의와 목적에 대해 설명해 주는 것이 필요하다. 또한 처음 자리를 변경하도록 하는데 시간이 3~5분 정도 소요되므로 수업이 시작되기 전 학급의 회장에게 지시하여 자리를 변경시키도록 하는 것이 더 많은 시간을 확보할 수 있다.

(2) 모둠원의 래포(Rapport) 형성

　연구 실행 전 모둠원간의 자유롭고 공감할 수 있는 분위기, 신뢰롭고
허용적이며 적극적인 분위기, 모둠원 간의 원활한 의사소통과 참여하는
분위기를 조성하기 위해 모둠의 이름과 모둠의 역할, 모둠원의 개인 정보
공유, 모둠 구호, 모둠 애창곡 등을 정하는 활동을 먼저 실시하였다.

(가) 모둠의 이름

　모둠의 이름은 집단 모둠원들 간의 일체감과 소속감을 형성하기 위해
서 필요하다. 모둠의 이름은 영어나 한자어 등 가급적 외래어를 배제하고,
될 수 있으면 순수한 우리말을 사용하여 좋은 의미가 담기고, 교육적 효
과를 거둘 수 있는 이름을 정하도록 하였다. 그리고 그 이름을 정하게 된
이유나 이름에 담긴 의미를 해설해 보도록 하였다.

　다음 <표 Ⅳ-16>는 각 모둠에서 정한 모둠의 이름을 나타낸 것이다.

〈표 Ⅳ-16〉 모둠의 이름

모둠	A	B	C	D	E	F	G	H
명칭	국사모	누리네	마들평	수락산	해오름	다물군	해모수	대조영
뜻	국어를 사랑하는 사람들의 모임	누리(세상)를 힘을 합쳐 살아감	학교가 위치한 지명인 '마들'과 관련	학교에서 가까운 산의 명칭과 관련	해가 떠오르며 어둠을 밝힘	'주몽'드라마에 나오는 군대	해모수처럼 용기를 갖자	드라마 대조영의 개척정신
인원	5	5	4	4	4	4	4	4

　위 <표 Ⅳ-16>를 보면, 학교가 위치한 지명과 관련된 이름(마들평, 수락
산), 드라마와 관련된 이름(다물군, 해모수, 대조영), 순 우리말과 관련된 이름
(누리네, 해오름), 말을 줄여 표현한 이름(국사모) 등으로 구분할 수 있다.

(나) 모둠의 역할 분담

모둠 구성원들의 역할 분담은 4명일 경우 모둠장 1명, 부모둠장 1명, 도우미1명, 기록자 1명으로 정하였고, 5명일 경우 자료관리자 1명을 추가하였다. 학생들의 역할 분담은 연구자가 정하지 않고, 학생들이 협의를 거쳐 스스로 결정하게 하였다. 모둠을 잘 이끌어 갈 수 있는 지도력과 책임감, 그리고 발표력 등을 고려하여 선정하도록 하였다. 간혹 모둠의 역할을 무성의하게 정하는 경우가 발생할 수 있다. 따라서 가위바위보나 사다리 타기, 제기뽑기 등으로 정하면 역할 분담이 부실해지므로 충분히 고려하고 협의하여 이를 정하도록 안내하였다.

(다) 모둠원의 개인 정보 공유

본인이 평소 학급에서 친하게 알고 지내는 학생과 같은 모둠이 되는 경우도 있지만 그렇지 않은 경우가 더 많을 수 있다. 따라서 모둠원 개인의 정보를 공유하여 친밀감을 형성하는 것도 필요하다. 정보 공유 내용은 출신 중학교, 거주지, 가족 관계, 최근 감명 깊게 본 영화나 드라마, 평소 노래방에서 즐겨부르는 노래, 자기가 불리워지고 싶은 닉네임(애칭) 등을 '모둠 보고서'의 형태로 작성하도록 하였다. 이를 통해 모둠원 간 서로 알지 못했던 내용을 파악할 수 있고, 자신이 좋아하는 것과 같은 노래와 영화 등을 공유해 친밀감을 형성하도록 하였다.

(라) 모둠 구호

모둠 구호는 모둠원들이 어려움을 호소하거나 문제를 해결할 때, 힘을 합쳐 역경을 헤쳐 나갈 수 있는 계기를 마련하기 위해 모둠에서 사용할 구호를 만들어 보도록 하였다. '하자! 할 수 있다!', '안되면 되게하라! 파이팅' 등 짧으면서도 간명하게 모둠의 협동심이 드러나게 만들도록 하였다.

(마) 모둠 애창곡

모둠 애창곡은 위의 (다)에서 열거한 노래방 애창곡들 가운데 모둠원들이 함께 가장 부르기 쉽고 발표하기에도 적절한 노래를 선정하도록 하였다. 동요, 애국가, 찬송가, 교가 등은 제외하고 될 수 있으면 최근 3년 이내에 발표된 대중가요을 중심으로 선정하도록 하였다. 그리고 남은 시간을 활용하여 함께 연습할 수 있는 시간도 제공하였다.

이러한 친밀감 형성을 위한 준비 활동은 이번 1차시에 모두 끝마치고, 다음 차시에 전체 학급 구성원을 대상으로 모둠원이 모두 교실 앞으로 나와서 함께 참여하여 발표하는 시간을 갖도록 하였다. 학생들은 발표 시간이 되기 전에 쉬는 시간이나 점심시간 또는 방과 후 자투리시간을 활용하여 발표 준비를 하였다.

다. 독립 변인 통제

실험 집단에는 협동 작문을 적용하였고, 통제 집단에는 개별 작문을 적용하였다. 실험 처지의 각 단계에서의 구체적인 학습 절차는 <표 Ⅳ-17>과 같다.

다음 <표 Ⅳ-17>에서 보면, 실험 집단은 통제 집단과 달리 계획하기에서 2차례의 ‘동료 협의’를 하고, 검토하기에서 ‘돌려 읽기’와 ‘동료 평가’를 수행하며, 공유하기에서 ‘발표하기’와 ‘발표 평가’를 진행하게 된다.

〈표 Ⅳ-17〉 실험 집단과 통제 집단의 학습 절차

실험 처치		실험 집단(협동 작문)	통제 집단(개별 작문)
학습 절차	계획하기	학습목표 제시 ⇩ 교사 안내 ⇩ 내용생성 ⇩ -관련 자료 읽기 ⇩ -모둠 활동지 작성 ⇩ -동료 협의 ⇩ 내용 조직 ⇩ -개요 짜기 ⇩ -동료 협의	학습목표 제시 ⇩ 교사 안내 ⇩ 내용 생성 ⇩ -관련 자료 읽기 ⇩ -개별 활동지 작성 ⇩ -개별 점검 ⇩ 내용조직 ⇩ -개요 짜기 ⇩ -개별 점검
	검토하기	선수학습 확인 ⇩ 교사 안내 ⇩ 돌려 읽기 ⇩ 동료 평가 ⇩ 교정하기	선수학습 확인 ⇩ 교사 안내 ⇩ 자기 점검 ⇩ 자기 평가 ⇩ 교정하기
	공유하기	교사 안내 ⇩ 발표하기 ⇩ 발표 평가 ⇩ 교사 마무리	교사 안내 ⇩ 선수학습 확인 ⇩ 교정 완료 ⇩ 교사 마무리

라. 관련 변인 통제

실험 처치에 따른 학습 지도 교사, 수업 시간, 학생 수준, 시청각 교재 등의 관련 변인을 통제하기 위하여 연구자가 직접 수업을 진행하였다. 실험 집단은 협동 작문을 적용하였고, 통제 집단은 개별 작문을 적용하였다. 그리고 피험자들이 실험 여부를 의식하지 못하도록 실험 처치 전 1학년 4개 반 모두에게 사전 검사를 실시하고, 사전 검사 이후 실험 집단 1개 반, 통제 집단 1개 반을 연구자가 직접 지도하였다. 이 연구에서 협동 학습이 협동 작문의 효과에 큰 영향을 주기 때문에 실험 집단은 사전 검사를 실시하기 전, 모둠 편성과 협동 학습, 협동 작문에 대한 이론과 방법에 대한 전반적인 내용을 학습하였다.

그리고 실험 처치에서 두 집단 간의 관련 변인 통제 내용(교사 안내, 수업 매체, 읽기 자료, 지도 교사, 수업 장소, 수업 시간 배당)을 <표 IV-18>과 같이 동일하게 통제하였다.

〈표 IV-18〉 관련 변인 통제 내용

실험 처지	협동 작문(실험 집단)	개별 작문(통제 집단)
교사 안내	협동 작문의 절차와 방법	쓰기의 절차와 방법
수업 매체	칠판, 학생원고지 OHP	칠판, OHP
수업 자료	원고지, 읽기 자료, 활동지	
지도 교사	한 교사가 두 집단 지도(연구자)	
수업 장소	해당 집단의 교실	
수업 시간	50분	

마. 협동 작문 프로그램 내용

〈표 Ⅳ-19〉 협동 작문 프로그램 내용

차시	학습 주제	쓰기 과정	협동 내용	실시 일자
1	수업 안내(모둠 편성) 협동 작문 소개			2006.10.15
2	협동 작문 과정과 절차 쓰기 태도 검사			2006.10.18
3	사전 쓰기 능력 검사 : 청소년기와 자아정체성			2006.10.19
4	1. 인문 영역 : 언어와 국어생활 -영어 공용화론	계획하기	동료 협의 -활동지 작성 -개요짜기	2006.10.20
5		초고쓰기		2006.10.24
6		검토하기	동료 협의 -돌려읽기 -교정하기	2006.10.25
7		고쳐쓰기		2006.10.26
8		공유하기	동료 반응, 동료 평가	2006.10.27
9	2. 사회 영역 사회 갈등과 해결 -개발이냐 환경이냐	계획하기	동료 협의 -활동지 작성 -개요짜기	2006.10.31
10		초고쓰기		2006.11.1
11		검토하기	동료 협의 -돌려읽기 -교정하기	2006.11.2
12		고쳐쓰기		2006.11.3
13		공유하기	동료 반응, 동료 평가	2006.11.7
14	3. 자연 영역 정보 사회와 윤리 -인터넷 실명제	계획하기	동료 협의 -활동지 작성 -개요짜기	2006.11.8
15		초고쓰기		2006.11.9
16		검토하기	동료 협의 -돌려읽기 -교정하기	2006.11.0
17		고쳐쓰기		2006.11.14
18		공유하기	동료 반응, 동료 평가	2006.11.15
19	사후 쓰기 능력 검사 : 바람직한 청소년 문화			2006.11.21
20	쓰기 태도 검사 강평 및 마무리			2006.11.23

앞의 <표 Ⅳ-19>는 협동 작문 프로그램의 내용을 나타낸 것이다. 이는 협동 학습의 읽기 쓰기 통합(CIRC) 모형을 바탕으로 실질적인 읽기와 쓰기가 통합되며, 그 가운에 쓰기에 중점을 둔 협동 작문 프로그램을 적용하려 하였다.

협동 작문 과제는 일상 생활에서 학생들이 관심과 흥미를 가질 수 있는 내용을 우선으로 고려하였다. 더불어 사회적으로 논쟁이나 이슈가 될 만한 내용으로 필자의 의견을 명확히 나타낼 수 있는 내용도 포함하였다. 한국교육과정평가원(2005), 서울특별시교육정보연구원(2005) 등의 논술 문제를 참고하여 인문, 사회, 자연 영역에서 각각 대표적인 논쟁이 되고 있는 내용을 추출하였다. 과제로 제시된 내용은 영어 공용화론, 개발이냐 환경이냐, 인터넷 실명제 등이고 수행과제로 각 5차시가 부여되었다.

바. 협동 작문 교수-학습 활동의 전개

(1) 쓰기전 단계(1차시)

(가) 교사 안내

이 단계에서는 교사는 학생들이 수행해야할 전반적인 학습 내용과 방법 그리고 절차에 대한 안내를 하였다. 관련 읽기 자료의 핵심적인 내용, 활동지의 구성과 해결 방법, 개요 짜기의 기본적인 전략 등을 안내하였다. 또한 쓰기 전 활동에서 학습자들이 지켜야할 유의 사항에 대한 소개도 이루어졌다. 모둠 활동에서 상대방에 대한 존중과 배려와 효율적인 의사소통 방법 등에 대한 내용이 소개되었다.

특히, 수업 도입 부분에서 학생들의 관심과 흥미를 유발하도록 쓰기 주제와 직간접적으로 관련된 시사적인 사건이나 일화 등을 소개하였다. 이는 주제에 대한 배경지식이 부족한 학생들을 위해 충분한 보충 설명이 이뤄지도록 하고 학습의 원활한 이해를 돕도록 하는 방편이었다. 다음 <장면 1>은 쓰기전 단계에서 이루어지는 교사의 안내이다.

<장면 1>
ⓐ 교사 : 이번 시간에는 영어공용화에 대해 이야기를 해보도록 하겠습니다. 최근 정부는 제주도를 특별자치도로 정하고, 영어를 관공서나 공식 행사에서 공식어로 사용하도록 규정하려 하고 있습니다. 21세기 지식기반 사회, 글로벌 시대 국가경쟁력을 강화하고 치열한 생존 전략이 중요한 이때 영어공용화의 주제가 다시 부각되고 있습니다. 따라서 이 주제는 대학 입시 논술 예시 자료로 자주 언급되고 있으며, 여러분들도 한 번쯤 자신의 생각을 정리해 둘 필요가 있습니다(061020-C)[4].

ⓑ 교사 : 각 모둠별로 모여서 주어진 읽기 자료를 바탕으로 정독한 후 '오늘의 활동 평가지'의 문제를 해결해 보도록 합니다. 읽기 자료는 개발이냐 환경이냐에 대한 글로 구성되어 있습니다. 서로 상반된 글을 토대로 주장과 근거가 얼마나 분명히 제시되어 있는지 살펴보는 것이 중요합니다. 자, 그러면 먼저 각자 읽어본 후 자신의 생각을 정리하고 모둠끼리 찬성과 반대로 나누어 토론해 봅시다. 선생님은 여러분이 토론하는 동안 교실을 순회하도록 하겠습니다. 의문 나는 사항은 수시로 질문하도록 하세요(061030-C).

ⓒ 교사 : 자, 지금부터 초고쓰기를 위한 개요 짜기를 시작합니다. 서론에서는 논쟁이 되는 상황과 문제 제기로 시작하고, 본론에서 찬성과 반대에 대한 자신의 명확한 주장과 그에 따른 근거를 2~3가지 제시하고, 결론에서는 본론에 대한 내용 요약과 강조 그리고 논제에 대한 대안 등을 명쾌하게 제시하면 좋겠습니다. 부족하거나 모르는 부분은 앞서 제시한 읽기 자료를 참조하거나 선생님에게 조언을 구하세요(061108-C).

위 <장면 1>에서 ⓐ는 쓰기전 단계의 가장 처음에 시작하는 쓰기 주

---

4) 수업 전사 자료와 학생들과의 인터뷰의 내용은 다음의 방식으로 구분하여 제시한다. 예를 들어 061020-C라 함은 2006년(06) 10월 20일(1020) 화면 자료(Capture, 인터뷰 Interview, 녹취 전사(轉寫) Transcription, 화면과 녹취가 함께 사용 CT)를 의미한다.

제에 대한 안내이다. 여기서는 학생들의 관심과 흥미를 유발하도록 쓰기 주제와 직간접적으로 관련된 시사적인 사건이나 일화 등을 소개하고 있다. ⓑ는 읽기 자료에 대한 개괄적인 설명과 학생들이 모둠끼리 어떠한 활동을 해야 하는가를 제시하고 있다. ⓒ는 초고를 위한 개요짜기에 대한 교사의 안내이다. 개요짜기에서 지켜야할 일반적인 내용으로 서론, 본론, 결론의 구성과 짜임에 대한 안내를 제시하고 있다. 이러한 교사 안내는 학생들과의 친밀감을 위해 1회적인 것이 아니라 협동 작문이 이루어지는 과정 전체에 걸쳐 지속적으로 이루어졌다.

(나) 내용 생성하기

1) 관련 자료 읽기

관련 자료 읽기는 교사의 안내에 따라 주제와 관련된 자료를 읽고, 찬성과 반대 혹은 양자택일에 관한 자신의 견해와 생각을 정리하는 것을 말한다. 학습자들은 읽기 자료에서 얻은 배경지식을 바탕으로 쓰기 주제에 대한 자신의 입장을 분명히 인식해야 한다.

먼저 학생들 각자에게 주제와 관련된 <부록 8>(pp.230~244)의 읽기 자료가 제시되었다. 주제를 선정하는데 한국교육과정평가원(2005)와 서울특별시교육연구원(2005)의 자료를 참조하였다. 주제는 크게 인문, 사회, 자연 영역으로 나누어 선정하였다. 각각의 주제 가운데 언론을 통해 사회적으로 논쟁과 이슈가 되었고, 학생들이 한번 쯤 생각해 보았으며 그들의 수준에서 관심과 흥미를 가질 만한 내용을 고려하였다. 그래서 최종적으로 선정된 주제는 각각 언어와 국어생활(영어공용화), 사회 갈등과 해결(환경이냐 개발이냐), 정보 사회와 윤리(인터넷 실명제)이다. 이들 주제는 찬성과 반대로 나뉘어 서로의 견해를 논리적이고 타당하게 주장하는 시사성이 있는 내용이고, 학생들의 관심과 흥미를 불러올 수 있는 적절하고 타당한 자료로 판단되었다.

제시된 읽기 자료는 인터넷 검색과 서울특별시교육연구원(2005)의 자료를 활용하여 편집하였다. 그리고 학생들에게 제공된 자료의 분량은 각 주제마다 A4용지 3~5쪽 내외였으며, 프린트하여 수업이 시작되면 학생들에게 제시했다.

'영어공용화'와 관련된 자료는 1998년 7월 조선일보 지면에서 벌였던 영어공용화 논쟁을 다룬 신문기사들이다. 소설가 복거일의 '국제어 시대의 민족어'라는 책의 내용에 대해 서평(남영신)－저자 반론(복거일)－기고문1(한영우)－기고문2(박이문)로 이어지는 흥미진진하고 사회적 파장이 컸던 기사 내용이었다.

'환경이냐 개발이냐'와 관련된 읽기 자료는 새만금 간척 사업과 도룡뇽 소송(경부고속철도 천성산 구간 공사착공금지 가처분신청 재항고)에 대한 대법원의 판결에 대한 신문기사와 개발과 환경에 관한 지속가능발전의 중요성에 대한 신문 기사의 내용으로 구성되었다.

'인터넷 실명제'와 관련된 읽기 자료는 2가지가 제시되었다. 첫째는 실명제의 원인이 되었던 인터넷 익명성에 대한 성찰을 강조한 자료와 둘째는 국회의원 회관에서 진행된 '인터넷 제한적 실명 의무제 심층 진단 토론회'의 내용을 담고 있는 자료였다.

2) 활동지 작성

활동지 작성은 학생들이 관련 읽기 자료의 내용을 읽은 후, 읽기 자료의 내용을 요약 정리하고, 자신의 생각을 분명히 나타내도록 하여 내용 조직하기의 기초를 마련하기 위한 활동이다. 활동지는 한 번에 모두 완성하는 것이 아니라 두 번에 걸쳐 작성하도록 하였다. 첫 번째는 읽기 자료를 읽은 후 내용 정리와 자신의 생각을 정리하는 단계이고, 두 번째는 토론을 거쳐 모둠원들의 견해를 확인하고 최종적으로 자신의 주장을 명확히 하여 개요 작성을 해 나가는 단계이다.

토론을 시키면 자칫 의도하지 않았던 방향이나 형식적인 토론으로 치우칠 경향이 많기 때문에 먼저 활동지를 작성하도록 하였다. <부록 5>(p.225~227)처럼 활동지의 구성은 일정한 방향을 유지하게 하였다. 1번 문항은 주어진 읽기 자료에 대해 찬성과 반대, 또는 상반된 견해 가운데 한 가지를 선택하여 자신의 견해를 명확히 하도록, 2번 문항은 1번 문항 의 주장에 대한 구체적이고 명확한 근거를 2가지 들도록 하였다. 3번 문 항은 1,2번 문항을 가지고 모둠원이 토론을 하여 본인과 생각이 같지만 근거가 다른 것을 찾도록 하였다. 4번 문항은 본인과 다른 모둠원이 주장 하는 근거를 찾아 정리하도록 하였다.

1. 영어 공용화를 (찬성 / 반대) 한다.

2. 1번과 같이 생각하는 근거를 두 가지 이상 말해보자.

3. 1번에 대해 나와 의견을 같이 하는 다른 친구의 근거 중 자기가 생각하지 못 한 근거를 두 가지 이상 말해 보자.

4. 1번에 대해 나와 생각이 다른 친구가 내세우는 근거를 두 가지 말해 보자.

우선 1번과 2번은 내용 생성하기 단계에서 실시하도록 하였고, 다음으 로 3번과 4번은 내용 조직하기 단계에서 동료 협의 후 완성하도록 하였다. 그리고 활동지의 아래 부분에 <개요 짜기>를 첨가하였다. <개요 짜기> 는 1~4번 활동이 끝난 후, 서론 부분에서는 논쟁이나 문제가 되는 상황이 나 실태에 대한 문제를 제기하도록 설명하였다. 본론에서는 본인이 선택 한 주장의 근거를 2~3가지 구체적이고 명확하게 제시하도록 하였다. 결론 부분에서는 본론의 주장을 요약하고 강조하도록 학생들에게 설명하였다. 다음 <부록 13>(p.256)은 학생들의 실제 활동지 작성 결과를 보인 것이다.

> <개요짜기>
> ■ 논제 : 영어공용화에 대해 (찬성 / 반대) 한다.
> ─서론 :
>
>
> ─본론 :
>
>
>
> ─결론 :

3) 동료 협의

동료 협의는 활동지 작성 단계 후에 모둠원끼리 모여 쓰기 주제에 대해 찬성과 반대(혹은 양자택일)에 대해 본인의 생각을 나타내고, 그에 대한 근거를 들어 자신의 견해를 보다 명확히 하여 상대방을 설득하거나 자신의 주장을 합리화하여 보다 풍성한 논의를 진행시키는 단계를 말한다.

동료 협의를 본격적으로 실시하기 전에 1차시와 2차시에 모둠 편성과 조직을 할 때 협동의 과정과 절차를 학습하였다. 여기에서 토론의 일반적인 규칙은 ① 참가자 정하기, ② 사회자와 찬 / 반 정하기, ③ 참가 인원수 정하기, ④ 발언 순서와 발언시간, ⑤ 평가 방식 등 토론의 일반적인 규칙에 대하여 학습하였다.

동료 협의를 하기 전 주어진 쓰기 과제를 해결하기 위한 토론의 방법과 절차에 대해 교사의 설명과 시범이 주어졌다. 토론을 위한 일반적인 논쟁하기 전략의 절차는 ① 주장 세우기, ② 주장하기, ③ 반대 입장 도전 받기, ④ 합의 도출하기, ⑤ 표현하기의 단계로 구성된다. 여기서는 ①~③ 단계에 대해 학습하였다. ④ 합의 도출하기는 제시된 쓰기 주제와 부합하지 않았고, ⑤ 표현하기는 쓰기 후 공유하기 단계에서 교사의 설명과 시범을 보였다. 첫째, 주장 세우기는 쓰기 과제의 논제를 파악하고 분석하는 것에서 출발하여 논제와 출제 의도 및 문제가 요구하는 논제가 무엇인가를 파악하는 데 초점을 두었다. 주어진 읽기 자료를 바탕으로 찬성과 반대 또는 양자택일의 과제에서 반드시 하나를 택하고 자신의 주장을 세우도록 하였다. 둘째, 주장하기는 모둠 내에서 자신의 주장과 논거를 펼치고 상대방의 주장과 논거를 듣고 판단하는 과정이다. 모둠 내에서 소외되는 학생이 발생하지 않도록 전원이 참여하여 자신의 주장을 발표하도록 하였고, 나머지 모둠원들은 주장이 타당성이 있는가를 비판적으로 들으면서 주장의 내용을 기록하도록 하였다. 셋째, 반대 입장 도전 받기는 상대방의 주장에 대한 반론을 제기하고, 상대방의 반론에 대하여 논박하는 과정이다. 주장하기 과정에서 나와 의견을 같이 하는 다른 친구의 근거 중 자기가 생각하지 못한 근거와 나와 생각이 다른 친구가 내세우는 근거를 찾아 활동지의 3번, 4번 문항에 작성하도록 지도하였다.

다음 <장면 2>는 C모둠에서 '영어 공용화'를 주제로 실제 이루어졌던 토론 내용의 일부이다.5)

<장면 2>
S1(모둠장) : 자. 그러면 내가 사회 볼 테니 1명씩 돌아가면서 자신의 생각을 말해
　　　　　　 보자.
S2, S3, S4 : ……(침묵)
S1(모둠장) : 그럼, 부모둠장부터 말해봐.

---

5) 학생들의 동료 협의는 학생들의 실제 활동 내용을 전사한 관계로 원문 내용 그대로이며, 맞춤법이나 띄어쓰기 등은 고려하지 않았다. 또, 협의 내용 중 앞뒤 맥락이 맞지 않아 연구자가 이해되지 않는 부분은 (?)으로 처리하였다.

S2(부모둠장) : 난, 영어공용화에 반대야.

S4(기록자) : 난, 찬성.

S3(도우미) : 나도 영어공용화에 반대.

S1(모둠장) : 그럼, 반대하는 사람들 이유는 뭐야?

S2(부모둠장) : 영어공용화가 정착되면 젊은 사람들은 영어를 빨리 배워 적응을
잘하지만, 노인분들은 배우기가 힘들어. 또 영어를 공용화하면 우리
말의 주체성을 상실해. 그래서 반대야.

S3(도우미) : 영어 공용화를 하면 우리 민족 고유의 문화가 없어질 수 있어. 또 우
리의 한글도 없어질 수 있어.

S1(모둠장) : 자, 그러면 이번에 찬성하는 사람 생각을 말해봐.

S4(기록자) : 영어 공용화가 정착되면 지금 국제시대에서 다른 나라보다 한층 더
선진국이 될 수 있어. 그리고 시대가 가면 현재 지금 우리는 외래어
에 혼용되고 있지만 점차 가면 갈수록 우리말의 정착성(?)은 떨어질
것이야.

S1(모둠장) : 잠깐 이번엔 이에 대한 반론을 말해봐.

S2(부모둠장) : '굴러온 돌이 박힌 돌 뺀다'는 우리 속담이 있어. 만약에 영어가 우
리나라에 들어온다면 우리나라 말은 사라지지 않지만 그만큼 우리나
라 말의 변화가 있을 거야. 그 변화를 방지(?)하기 위해서 영어의 공
용화는 반대해 볼 필요가 있어.

S4(기록자) : 하지만, UN 아니면 WTO 같은 세계 국제 기구같은 단체에서 우리나
라의 필요성을 느끼기 위해서(?)는 우리나라가 영어를 조금씩 잘해야
지 우리나라의 이미지가 좋아지고, 또 통역관 없이 말하는 게 우리나
라의 이미지를 조금이나마 더 향상시킬 수 있지 않나 생각해.

S1(모둠장) : 야! 사회자가 지적한 후 그에 대한 반론을 말해야지!

S3(도우미) : 우리나라의 이미지를 올리려고 우리나라의 주체성과 문화가 담긴 한
글을 버린다면(?), 그건 잘못된 일이지 않을 수 없어! 영어공요화가
된다면 세종대왕이 창제한 우리 한글을 잃어 버리게 돼잖아!

S1(모둠장) : 내가 아까도 말했지만 영어공용화가 된다고 해서 한글과 영어를 같
이 쓰는 것이지 한글이 없어진다는 말이 아냐.

— C : 061020-CT 에서

위의 <장면 2>의 토론 주제는 1학기 국어(상) 1단원 읽기의 즐거움과 보람의 소단원 (1)'황소개구리와 우리말'에서 이미 쟁점 사항에 대해 학습하였던 것이었다. 그러나 고등학교 입학한지 얼마 되지 않아 학습하였고, 교사의 강의 주도하에 이루어져 얼마나 토론이 잘 이루어질 수 있을까 의문시 되었는데, 우려했던 바와 달리 비교적 토론이 원활히 진행되었다. 이는 본인들에게 친숙하고 익숙한 주제여서 토론이 활성화되었을 것으로 판단된다. S1이 모둠장으로 사회를 보면서 전체 토론을 진행하였고, S4 학생은 영어공용화에 대해 찬성하는 입장이었고, S2와 S3은 반대하는 견해를 보였다. 토론의 전반부에는 서로 상대방의 견해를 탐색하다가 중반 이후로 서로 감정이 격화될 수 있는 상황까지 이르자 연구자가 개입하여 토론을 중재하였다. 토론에서의 주도권은 성적과 관계없이 모두에게서 대등하게 이루어졌지만, 활동 결과를 기록할 때는 하위권 학생들은 중·상위권 학생들에게 의지하는 경향을 강하게 보였다. 다음 <장면 3>은 D모둠에서 '개발이냐 환경이냐'를 주제로 실제 이루어졌던 토론 내용의 일부이다.

<장면 3>

S5(모둠장) : 환경과 개발에 대해 이야기해 보자. 그럼 환경이 우선해야 된다는 사람들부터 얘기해 보자.

S6(부도우미) : 난, 개발보다 환경이 우선시 되어야 한다고 생각해.

S7(부모둠장) : 나도 환경이 더 중요해. 환경이 바탕이 되어야 개발도 할 수 있지.

S5(모둠장) : 개발이 우선이라는 견해는 어떠니?

S8(도우미) : 하지만 개발을 너무 단면적으로 보는 것은 아닐까? 개발을 해야 경제 발전이 있고, 그래야 국가 사회의 발전이 올 수 있어.

S5(모둠장) : 서로 다른 생각을 살펴보았으니, 그럼 먼저 환경을 우선시하는 측의 이유와 근거를 들어 보자.

S7(부모둠장) : 파괴될 대로 파괴된 자연이 지금보다 더욱 상황이 악화된다면 아름다웠던 자연을 다시 돌이킬 수 없게 되고, …파괴된 자연으로 질병이나 여러 문제점으로 살아가기 힘들어질 것이라 생

각해.

S6(부도우미) : 우리 나라에서 실행되고 있는 새만금 간척 사업이나, 자연을
　　　　　　훼손하는 산업은 지금 중지하기는 어려울 것이므로 중지하기보
　　　　　　다는 최대한 자연 친화적으로 바꾸는 노력이 필요하지 않을까?

S5(모둠장) : 다음, 개발을 우선시하는 측 이유는?

S8(도우미) : 이미 개발은 진행 중이고 특히 천성산 터널공사나 새만금 공사
　　　　　　같은 경우 진행이 너무 되어서 중단할 경우 경제적 비용과 추가
　　　　　　적인 비용이 드는 것은 당연한지도 몰라. 또, 이미 세계는 세계
　　　　　　화가 되어 서로 경쟁하는데 거기에 환경을 온전히 지키면서 개
　　　　　　발을 하는 데(?)에는 문제가 있어….

S7(부모둠장) : 세계화와 환경은 관련성이 조금 떨어지잖아. 환경을 온전히
　　　　　　지키면서 국토를 효율적으로 개발(?)한 선진 유럽의 네덜란드도
　　　　　　있잖아.

S8(도우미) : 물론 우리 나라에도 환경은 온전히 지키면서 개발을 할 수 있
　　　　　　는 대기업들도 많지만 경쟁에서 밀리는 것은 어쩔 수 없기에 우
　　　　　　선은 개발을 먼저하고, 그 후 개발을 통해서 얻은 기술로 환경
　　　　　　을 복구하는 것이 생각이야.

S6(부도우미) : 지금 우리가 살고 있는 이 환경은 우리의 것만이 아닌 우리
　　　　　　후손에게 빌려온 거나 마찬가지야. 따라서 개발은 하되, 아름다
　　　　　　운 이 환경은 그대로 보존되어야 한다는 것이야(?).

(D : 061031-CT 에서)

위 <장면 3>은 새만금 간척 사업과 천성산 터널 공사에 대한 대법원
의 판결에 대한 읽기 자료를 중심으로 사회적으로 커다란 쟁점이 되었던
학습 주제였다. 학생들은 중학교 사회 시간이나 매스컴에서 이 주제를 자
주 접해서 자신의 견해를 분명히 나타내고 있었다. 주장에 대한 근거도
비교적 명확하게 제시하면서 상대방에게 자신의 생각을 설득시키고 있었
다. 이는 본인들에게 친숙하고 익숙한 주제여서 토론이 활성화되었을 것
으로 판단된다. 모둠장인 S5 학생의 주도 하에 환경과 개발의 양측에서
논리적 근거를 제시하면서 자신의 주장을 전달하였다. S6과 S7 학생은 환

경이 우선이라는 입장이었고, S8은 개발이 우선한다는 견해를 보였다. 다음 <장면 4>는 C모둠에서 '인터넷 실명제'를 주제로 실제 이루어 졌던 토론 내용의 일부이다.

<장면 4>

S1(모둠장) : 인터넷 실명제에 대해 자신의 생각을 말해보자. 먼저 찬성하는 사람부터 할까 반대하는 사람부터 말할까?

S4(기록자) : 그냥 순서대로 돌아가면서 말해보자.

S2, S3 : 그래 그게 좋겠다.

S4(기록자) : 모둠장부터 얘기해봐.

S1(모둠장) : 안 돼 난, 사회자야 토론을 주도해야 되는데……

S2, S3 : 그냥 자유스럽게 얘기하자. 너무 딱딱하잖아!

S1(모둠장) : 좋아, 그럼, 인터넷 실명제 반대해.

S3(도우미) : 나도 반대.

S4(기록자) : ……(머뭇거리며 눈치를 살피다가)반대 동의.

S2(부모둠장) : 난, 인터넷 실명제에 찬성.

S1(모둠장) : 그럼, 반대하는 사람들이 많으니 먼저 얘기해 봐.

S3(도우미) : 실명제는 인터넷의 특성을 저해하기 때문이야. 인터넷의 특성은 사람들이 자유롭게 표현하고 감정과 자기 의사소통을 남에게 알리고 또 다른 사람들은 그걸 가지고 비판하고, 그것으로 정보를 알며 나가는 사회(?)인데 만약 실명제가 실시된다면 자기 표현의 제한이 따르기 마련이야.

S4(기록자) : 인터넷 실명제가 도입되면 인터넷의 막대한 양과 정보 등을 어떻게 막겠어. 그것은 불가능한 일이라고 생각돼.

S1(모둠장) : 그럼, 실명제를 찬성하는 쪽의 의견을 들어보자.

S2(부모둠장) : 실명제를 하면 악플이 없어지고, 사이버 폭력을 예방할 수 있기 때문이야. 개똥녀 사건이나 연예인 X파일 사건 등을 보면 인터넷상에서 개인정보가 유출되고 악플에 시달리는 등 많은 문제점을 보이고 있어. 그래서 실명제가 실행된다면 게임 스크린이나 채팅방 등 그런 쪽에서 나오는 글이나 답변들이 무분별하게 나오지 않고 자기 책임성이 강해져서 그런 것들을 함부로 할 수 없어지게 돼(?). 그래서 찬

성이야

S3(도우미): 과연 실명제를 도입한다고 해서 이게 어느 정도 막게 될 수 있을까? 중요한 것은 사람의 양심적인 태도야. 실명제가 도입된다 하더라도 양심이 없으면 아무리 제도가 도입되더라도 연예인 X파일을 다시 만들 수도 있을 거야!

S2(부모둠장): 그러나 인터넷 실명제가 도입된다면 사이버 폭력이 미연에 어느 정도 방지되는 것은 사실이야! (얼굴을 붉힌다.)

S1(모둠장): 자, 흥분을 가라앉히고 여기서 정리해 보자. 찬성 측은 실명제를 도입하여 자기 책임성을 강화시키고, 사이버 폭력을 어느 정도 방지하자는 입장이고, 반대 측은 감정의 표현을 자유롭게 살리는 인터넷의 특성을 살리고 다른 제도를 도입하자는 입장이지.

(C: 061108-CT에서)

위 <장면 4>에서 주제는 인터넷 실명제의 원인이 되었던 인터넷 익명성에 대한 성찰을 강조한 자료와 인터넷 제한적 실명 의무제 심층 진단 토론회에서 찬성과 반대의 의견을 피력한 읽기 자료를 중심으로 다루었다. 이 주제는 학생들이 가장 흥미 있어 하고 관심을 보였다. 이야기 가운데 '개똥녀 사건'과 '연예인 X파일 유출' 등 시사적인 내용들이 언급되기도 하였다. 학생들이 인터넷을 주로 많이 사용하고 그곳에서 필요한 정보나 자료를 획득하고 적절하게 활용하기 때문일 것이다. 그래서인지 대부분의 학생들이 실명제에 대해 반대하는 의견을 많이 보였다. 협동 작문의 쓰기 과제가 막바지에 다다르고 학생들이 계속되는 쓰기 활동으로 조금 자유스러운 분위기에서 토론이 진행되었다. 모둠장인 S1 학생은 실명제에 반대하는 생각이었지만 토론의 사회자로 토론에 참여하기도 하였으며, S3과 S4 학생은 인터넷 실명제 도입에 반대하는 입장이었고, S2 학생은 실명제 도입에 찬성한다는 견해를 보였다. 토론이 진행되면서 서로 감정을 억누르지 못하고 격화되는 상황까지 진행되어 연구자가 중간에 개입하여 중재하기도 하였다.

다음 <장면 5>는 학생들과의 인터뷰 내용 중 '쓰기전 개요짜기를 위한 모둠토의(동료협의)가 초고쓰기에 도움을 주는가?'에 대한 답변 내용의 일부이다.

<장면 5>

S2 : 친구들과 사전에 토의해보고 어떤 부분을 중점적으로 해야 되는지 계획을 세우고 해보니 글이 쉽게 써졌어요. 개요짜기와 전체적인 구성이 대체로 이루어졌어요.(C : 061028-I).

S3 : 저는 도움이 돼죠. 한 번씩 전체 아웃라인을 정해 놓고 쓰는 타입이어서 한번 겪어보고 나서 친구들과 이야기를 나눈 것이 도움이 되었어요.(C : 061029-I).

S5 : 아무래도 저 혼자 생각하기에는 못 했던 측면 등을 보게 되고 해서 글 쓸 때 유리했어요. 모둠원들의 의견을 수렴해서 글을 쓰려고 했어요.(D : 061027-I).

S6 : 모둠원끼리 서로 이야기를 하면서 서로의 생각을 나누고 나와 다른 사람의 의견도 들어보고 해서 초고쓰기에 도움이 되요.(D : 061028-I).

S7 : 아이들과 어떻게 할 것인가 이야기를 통해 무엇을 어떻게 개요를 짜고 쓸 것인가에 도움을 받아요.(D : 061029-I).

위 <장면 5>는 쓰기전 단계에서 개요짜기를 위한 동료협의가 "개요짜기와 전체적인 구성이 대체로 이루어졌으며, 혼자 생각하지 못했던 측면을 보게 되었으며, 무엇을 어떻게 개요를 짜고 쓸 것인가에 도움을 받았다"는 긍정적인 답변을 보여 주고 있다. 따라서 동료협의는 모둠원끼리 서로 이야기를 하면서 서로의 생각을 나누고 나와 다른 사람의 의견을 들어 봄으로써 글을 쉽게 쓸 수 있고, 무엇을 어떻게 해야할지 도움을 주는 데 긍정적인 기여를 할 수 있다고 판단된다.

(라) 내용 조직하기

내용 조직하기는 활동지와 동료 협의의 결과를 바탕으로 학생들이 작성할 초고의 내용을 조직하는 것을 말한다. 개요 짜기 단계에서 학생들의 쓰기 능력과 수준의 차이가 분명히 드러나게 되었다. 내용 조직하기는 개요짜기와 동료 협의의 2단계로 이루어질 수 있다.

1) 개요 짜기

개요 짜기는 교사의 안내에 따라 학생들이 직접 개요를 작성하는 것을 말한다. 연구자는 서론, 본론, 결론으로 나누어 자신의 생각이 분명하고 설득력 있게 제시되도록 개요 짜기를 안내하였다. 먼저 논제를 명확히 파악하고, 찬성이나 반대, 또는 양자택일의 문제 가운데 하나를 택하도록 하였다. 서론 부분에서는 논쟁이나 문제가 되는 상황이나 실태에 대한 문제를 제기하도록 설명하였다. 본론에서는 본인이 선택한 주장의 근거를 2~3가지 구체적이고 명확히 제시하도록 하였다. 결론 부분에서는 본론의 주장을 요약하고 강조하도록 학생들에게 설명하였다. 이러한 개요 짜기의 실례를 청소년의 이성교제에 대해 찬성하느냐 반대하느냐 하는 주제를 가지고 칠판에 판서를 하면서 개요를 작성하는 시범을 보여주었다. 먼저 논제를 정하여 적고 찬성하는 근거를 적었고, 반대하는 근거도 제시하였다. 말로만 설명하는 것보다 교사의 직접 시범이 더 효과적이다. 시범이 끝나고, 학생들 스스로 관련 주제에 대해 개요를 작성하되, 부족한 부분은 읽기 자료를 참고로 하여 보충하거나 동료의 도움을 받아 완성하도록 하였다. 이 활동에 많은 시간을 할애하도록 하였으나 중·하위권 학생들은 어려움을 호소하였다.

2) 동료 협의

동료 협의는 개요 짜기의 내용을 바탕으로 모둠원이 다시 한번 모둠원이 짠 개요를 상호검토하고 수정 보완하는 활동이다. 동료 협의 과정은 ①개요 짜기 내용 모둠원 앞에서 발표, ②모둠원들은 발표 내용 들으며 의문 사항 메모하기, ③ 모둠원이 발표한 내용에 대한 질의, ④ 질문에 대한 발표자의 응답, ⑤ 발표 내용을 모두 취합하여 부족한 부분을 수정 및 보완의 절차로 진행하게 된다.

그러나, 초반에 실제 수업이 진행되면서 학생들이 개요 짜기에 어려움을 호소하였고, 또한 개요 짜기 시간이 부족해서 동료 협의를 제대로 실시하지 못했다. 그러나 후반에 가면서 학생들이 협동 작문 활동에 익숙해지면서 동료 협의를 이전보다는 원활하게 진행시킬 수 있었다. 그래서 좀 더 시간적인 충분한 시간적 여유와 준비 기간을 확보하고 동료 협의를 진행시켜야 할 것이다.

다음 수업 <장면 6>은 내용 조직하기에 대한 교사의 안내와 진행 과정의 일부이다.

<장면 6>
S5(모둠장) : 선생님, 어떻게 짜야될지 너무 막연해요.
교사 : 여러분 논설문 많이 배웠잖아요. 일반적으로 서론에서는 무엇이 나와야 할까요?
S5, S6, S7, S8 : ……(학생들 침묵한다.)
교사 : 자, 먼저 서론에서 영어공용화론의 논쟁이 발생하게 된 상황을 생각해 보세요. 그리고 그것이 왜 문제가 되는지를 문제 제기의 형태로 제시해 보세요. 개요짜기의 문장은 명확한 진술문 형태를 취하도록 합니다. 알겠죠?
S8(기록자) : (다소 장난스럽게) 분량은 어느 정도 해야 돼요.
교사 : 보통 분량의 제한은 없습니다. 그러나 찬성과 반대에 대한 주장과 그에 따른 근거를 간략하게 3가지 정도 제시하는 것이 좋습니다. 나머지는 본인의 판단에 맡기겠습니다. 자 그럼 어렵게 생각하지 말고 틀려도 괜찮으니까 스스로 한 번 해보세요.
S5, S6, S7, S8 : ……(학생들 일제히 개요를 작성한다. 상위권 학생은 일찌감치 개요를 작성하고, 중위권 2명은 중간 정도 작성하다가 시간이 부족하여 상위권 학생들의 개요를 참고하여 작성한다. 하위권 학생은 처음에 작성하려고 하나 잘 진행되지 않자 관심 없어하고 다른 모둠의 학생과 잡담하려고

　　　한다.)

교사: (활동이 진행되는 과정 동안 교실을 순회하면서 학생들의 학습 진행 사항
　　　을 체크하고, 추가적인 보충 질문에 대답하며, 엉뚱한 방향으로 진행하는
　　　학생들에 안내를 한다.)
교사: 자, 시간이 거의 다 되었습니다. 아직 다 못한 학생들은 '오늘의 활동 평가
　　　지'의 개요 짜기를 완성하도록 하세요. 시간이 얼마 남지 않았습니다.

(D : 061020-C)

위 <장면 6>을 보면, 첫째 주제에서 국어 성적이 상위권인 학생은 기본적인 틀을 유지하면서 전체 글의 흐름에 적절하게 개요를 작성하였지만, 중·하위권 학생들은 개요 짜기를 어려워하였으며, 어디서부터 시작하고 어떻게 조직해야 할지 몰라 하였다. 그러나 둘째 주제와 셋째 주제를 지나면시 학생들의 개요 짜기가 보다 수월해졌고 빠르게 진행되었다. 고쳐쓰기가 충실하고 긴밀한 학생은 초고에서도 중심 내용과 보조 내용이 서로 긴밀하게 연결되었고 적절한 내용을 담고 있었다. 반면, 개요 짜기의 서론·본론·결론이 분명하게 구분되지 않고, 내용이 긴밀하게 연결되지 않은 학생은 초고에서 그 짜임새가 엉성하였고 불필요한 내용도 많았다. 이에 대한 논의는 다음 장에서 보다 자세히 다루겠다.

(2) 쓰기중 단계

(가) 초고쓰기(2차시)

1) 교사 안내

학생들이 초고쓰기에서 수행해야할 전반적인 사항과 방법에 대한 안내가 다시 제시되었다. 전단계의 '개요짜기' 내용을 중심으로 학생들에게 구체적인 활동의 지침과 방향을 제공하였다.

2) 쓰기 수행

교사의 설명과 지시에 따라 학생들은 자신에게 주어진 쓰기 과제를 본격적으로 실시하며 쓰기 수행을 하였다. 개인적으로 과제가 주어지면 어려워하며 자포자기하던 학생들이 조금이라도 원고지에 내용을 채워가게 되었다.

3) 초고 완성[6]

학생들에게 제시된 활동이 거의 마지막으로 접어들며 초고쓰기가 완성되었다. 쓰기에 능숙한 학생들은 일찌감치 마무리하며 내용을 검토하였고, 미숙한 학생들은 반 이상 내용을 채우는데도 버거워하였다.

(나) 검토하기(3차시)

검토하기는 완성된 초고를 모둠원끼리 순서대로 돌려가며 읽으면서 간략하게 글의 내용과 전개 방향에 관하여 미리 제시된 평가 기준을 토대로 자신의 견해를 서술해 주는 활동이다. 이때 평가는 문장이나 문단 수준이 아니라 글 전체를 중심으로 글의 주제나 구성, 내용을 중심으로 이루어지도록 하며, 될 수 있으면 긍정적인 방향에 대해 조언을 하도록 하였다. 한 편의 글을 읽고 평가하는데 대략 5분 정도가 소요되었다. 다음 수업 <장면 7>은 검토하기에 대한 교사의 안내와 진행 과정의 일부이다.

> <장면 7>
> 교사 : 이번 시간에는 지난 번 초고쓰기를 모둠원끼리 돌려 읽으면서 평가를 해주는 검토하기 시간입니다. 쓰기는 한번에 완성되는 것이 아니라, 여러 번 수정과 퇴고의 과정을 거쳐야 비로소 한편의 완결된 글이 생성되는 것입니다.

---

6) 2개 모둠에서 학생들이 1차로 완성한 '영어공용화'에 대한 초고와 교정본은 고쳐쓰기 (pp.174~203)에서 비교하였다. 나머지 '인터넷 실명제', '환경과 보존'에 대한 1개 모둠의 초고와 교정본의 내용은 <부록 14>에 제시하였다.

여러분 동료들의 글을 읽으면서 자기와 다른 사람의 생각과 견해를 파악할
수 있으며 미처 본인이 생각하지 못했던 내용도 발견하게 될 것입니다.

학생들: 선생님 지난 번 초고 다 완성하지 않았는데 그냥 완성하면 안 돼나요?
또 다른 사람들에게 읽혀지는 게 싫은데요.

교사: 다른 사람의 글을 통해 자신을 반성하고 다른 사람의 생각을 살펴볼 수
있습니다. 부끄럽다고 생각하지 마세요.

학생들: 동료 평가는 어떻게 하나요?

교사: 동료 평가는 나눠준 기준표를 참고로 하여 글 수준에서 평가하기 바랍니
다. 문장이나 어법 수준에서 하지 말고 글의 내용이 제대로 나타났는지를
말입니다. 맞춤법과 띄어쓰기는 나중에 수정할 기회가 있으니까.

학생: 선생님, 모둠원의 글을 읽고 다음에 어떻게 해요?

교사: 모둠원의 글을 읽고 자기 왼쪽으로 돌려줍니다. 평가 할 때 될 수 있으면
긍정적인 측면을 써주세요. 또한 좀 구체적으로 써주어야 해요. 글의 내용,
조직, 표현이 좋나가 아니라 어디가 이렇게 좋은기 구체저으로 지적해 주
어야 해요.

학생들: ……(각자 다른 모둠원의 글을 돌려 읽기 시작한다. 중간에 돌려 읽으면
서 자기들 끼리 귓속말로 이야기를 주고받기도 하면서 동료 평가를 실시
한다.) (061020-C)

위 <장면 7>를 보면, 처음에 학생들은 자신이 쓴 글을 다른 모둠과 돌
려 보는 것을 탐탁지 않게 생각하였으며, 자신 글을 다른 사람에게 읽히
고, 다른 사람의 글을 읽고 평가를 해준다는 돌려읽고 평가한다는 기본
인식이 전혀 없었다. 또한 어떻게 돌려 읽고, 동료 평가하는지도 모르고
있었음을 확인할 수 있다.

다음 <장면 8>은 학생들과의 인터뷰 내용 중 '모둠 동료의 글을 평가
하는 것이 자신의 쓰기에 어떤 도움을 주는가?'에 대한 답변 내용의 일부
이다.

<장면 8>

S1: 다른 학생의 글을 보면요 나는 이것이 어떤 면에서 틀렸다는 것이 보이고 무

엇이 틀렸다고 생각이 잘 되지 않았는데 제가 모르는 부분을 아이들이 잡아
주었어요(C : 061027-I).

S2 : 친구들 것을 한 번씩 죽 돌려 읽고 마지막에 자기 것을 보았을 때 확실히 나
의 부족한 부분을 알 수 있어요(C : 061028-I).

S3 : 사람의 생각들이 다 다르잖아요 주제에 대한 내용도 사람에 따라 다른 데,
찬성과 반대의 의견을 보고 반론을 준비한 다음 글쓰기를 준비해요. 친구들
이 평가해 준 내용과 친구들 글을 읽어 본 것 가운데 후자가 더 도움이 돼요
(C : 061029-I).

S5 : 고쳐쓰기 할 때 어떤 방향으로 가야 될지 확실하게 틀을 잡을 수 있는 것 같
아요. 다른 사람의 글을 읽어보고 그게 잘 썼던 못썼던 글이든 도움이 되었
어요. 다른 사람이 어떻게 썼는가 도움이 되었어요(D : 061027-I).

S6 : 다른 학생들의 글을 보면서 배경 지식 같은 것, 주장에 대한 근거나 전체적
인 글의 내용 등을 점검하고 이를 통해 저의 글을 살펴 볼 수 있어요(D :
061028-I).

S7 : 자기가 어떻게 썼는지 잘 모르는데, 다른 사람들이 보기에 어디가 잘못 되었
는지 알려주니까 도움이 돼요. 친구들이 평가해 준 것보다 친구들 것을 읽어
본 것이 더 많은 도움을 받아요. 나와 비교를 할 수 있어 좋아요(D :
061029-I).

위 <장면 8>을 보면, 검토하기 단계에서 다른 학생의 글을 읽고 평가
하는 것이 "다른 사람의 글을 통해 저의 글을 살펴 볼 수 있고, 자신의 부
족한 부분을 알 수 있으며, 잘 썼던 못썼던 글이든 다른 사람이 어떻게 썼
는가 친구들 글을 읽어 본 것이, 다른 사람들이 보기에 어디가 잘못 되었
는지 알려주니까 도움이 된다"는 긍정적인 답변을 확인할 수 있었다.

이상에서 살펴본 결과, 검토하기는 다른 모둠의 글을 돌려 읽으면서 자
기와 다른 남의 생각과 견해를 파악할 수 있었고, 자신의 글을 반성적으
로 되돌아보는 계기도 되었으며, 고쳐쓰기의 방향을 파악하는데 긍정적인
기여를 할 수 있다고 판단된다.

1) 돌려 읽기(RAG, reading around group)

돌려 읽기는 다른 학생의 글을 읽음으로써 나와 다른 학생의 생각도 알 수 있고 자신이 미처 발견하지 못한 내용, 조직, 표현 등을 배울 기회를 제공받을 수 있는 활동이다.

돌려 읽기는 두 가지 방법을 고려할 수 있다. 첫째는 같은 모둠 안에서 돌려 읽는 방법이다. 이 방법은 돌려 읽으면서 같은 모둠원의 글에 나타난 특성을 알 수 있다. 글을 읽으며 쓰기 전 계획부터 초고쓰기까지 개인이 쓰기 과정도 살펴볼 수 있고, 같은 모둠원의 글에 나타난 특성도 확연히 파악할 수 있다. 둘째는 다른 모둠의 글을 돌려 읽는 방법이다. 자기가 속한 모둠에서 벗어나 다른 모둠은 어떻게 논의를 전개하고 있는가를 초고를 통해서 파악할 수 있다.

본 연구에서는 두 가지 방법을 모두 다 사용해 보았다. 먼저 첫 번째 방법은 처음 '영어 공용화'에 대해 적용하였다. 학생들이 같은 모둠 안에서 모둠원들의 글을 돌려 읽으며 동료 평가를 실시하였다. 같은 모둠원들의 서로 다른 생각과 견해를 알 수 있는 긍정적인 측면이 있었으나, 동료 평가가 형식적으로 치우치는 경향이 있었다. 같은 모둠원에게 부정적으로 평가해주면 서로 감정과 기분이 상하게 되고 누가 어떻게 평가를 해 주었는지 분명하게 노출이 되어 평가자가 제대로 평가를 할 수가 없었다. 그래서 두세 번째 주제에서는 다른 모둠과 바꾸어서 돌려 읽고 동료 평가를 실시하였다. 이는 몇 가지 긍정적인 모습을 보였다. 다른 모둠의 사람들이 어떻게 생각하고 글을 썼는지 알 수 있었고, 더 많은 동료학생들의 초고를 읽을 수 있어서 보다 다양한 접근이 가능하였으며, 수업 종료 후 원고지를 수합하였을 때 학생들의 동료 평가에서 형식적인 면이 조금 감소되었다. 이는 누가 평가했는지 익명성이 보장되었고 직접 대면하지 않기 때문에 좀더 자유롭게 동료 평가를 할 수 있었을 것으로 추측할 수 있다. 반면 부정적인 측면도 노출되었다. 동료 평가 시 될 수 있으면 긍정적인 측면을 평가하도록 학생들에게 주지시켰음에도 불구하고, 일부 학생들은 다른 사람의 감정과 기분을 상하게 하는 장난스런 동료 평가를 하기도 하였다. 그래서 돌려 읽기와 동료 평가가 모두 끝난 후 원래 본인의 원고지를 받아보았을 때 상처를 받은 학생들이 몇몇 발생하였다. 이러한 점에 대해 다시 한번 강조하여 지도해야 할 것이다.

2) 동료 평가

동료 평가는 평가 기준을 토대로 동료의 글에 대해 원고지에 직접 자신의 견해를 서술해 주는 활동이다. 이때, 단점과 부정적인 측면보다는 장점과 긍정적인 측면을 중심으로 평가하도록 하고, 단어, 문장, 문단 수준보다는 글 전체 수준에서 필요한 요소와 핵심 내용이 제대로 나타나 있는지를 중심으로 평가하도록 학생들에게 충분히 인식시켜야 한다. 그렇지 않으면 자칫 장난으로 흐르거나 남에 대한 인식공격으로 번질 수 있는 상황까지 발생할 수 있다. 학습자는 보통 다른 사람에게 자신의 능력을 인정받고 칭찬과 격려를 받으면 긍정적인 인식과 태도를 갖게 된다. 반면에 남에게 능력을 인정받지 못하고 멸시와 조롱을 받으면 부정적 인식과 태도를 갖게 된다. 이는 쓰기에 대한 인식과 태도에도 마찬가지로 적용되게 된다. 따라서 교사는 동료 평가를 적절하고 타당하게 평가할 수 있는 여건과 분위기를 조성하는데 노력을 기울여야 한다.

연구자가 학생들에게 제시한 동료 평가표는 <부록 11>(p.254)로 아래와 같다.

   (1) 글 수준
      ① 주제(말하고자 한 중심 내용)는 분명히 드러났는가?
      ② 주제에서 벗어난 부분은 없는가?
      ③ 글 전체를 통하여 일관된 입장을 유지하고 있는가?
      ④ 글 전체에서 필요한 세부 내용들이 적절히 제시되고 있는가?

(2) 글의 짜임

①글의 '처음' 부분을 흥미와 관심을 끌 수 있도록 시작하고 있는가?

②'처음' 부분에 논의할 과제가 제시되어 있는가?

③'중간' 부분에는 주장에 대한 이유나 근거가 충분하게 제시되어 있는가?

④'끝' 부분은 '중간'의 내용을 적절히 마무리하고 있는가?

(3) 문단 수준

①각 문단들은 논리적으로 전개되어 있는가?

②각 문단은 글의 통일성에 일치되는가?

③문단은 알맞게 나누었는가? 문단 구분을 했는가?

④문단은 '중심 문장 + 뒷받침 문장'으로 이루어졌는가?

(4) 문장 수준, 단어 수준

①문장의 호응 관계는 올바른가?

②문장은 간결한가?

③문장에 쓰인 단어는 적절한가?

④표기법, 원고지 사용법에 어긋난 부분은 없는가?

학생들은 이 평가표에 따라 다른 사람의 글을 평가하고, 글 전체 수준에서 다른 모둠 동료 학생들의 원고지에 빨간색이나 파란색 펜으로 직접 서술해 주도록 하였으나, 시간 부족과 어떻게 써 주어야 할지 잘 몰라 형식적으로 기재해 주는 경우도 있었다. 그러나 다른 학생의 글을 읽고 평가해 봄으로써 글에 대한 비판과 안목을 키울 수 있으며, 자신의 글에 대한 반성도 할 수 있는 기회도 가졌다.

3) 교정하기

교정하기는 다른 모둠에서 동료 평가 후 돌려받은 자신의 초고에 직접 내용을 삭제하거나 보완하는 등의 교정 작업을 진행하는 것을 말한다. 이때 학생들은 다른 모둠원들이 자신의 글에 내린 동료 평가의 조언과 평가를 거부 또는 수용하면서 자신이 판단하여 교정 작업을 진행하였다. 학생

들은 다른 모둠의 동료들이 자신의 초고에 직접 간단하게 써준 내용을 참
조하여, 글의 내용, 조직, 표현 등 전반적인 사항에 대해 새롭게 첨가하거
나 불필요한 내용을 삭제 하였다. 또한 돌려읽기를 하면서 동료의 글에서
느낀 감상과 소감 등을 바탕으로 자신의 초고를 반성적으로 되돌아보고
부족한 부분을 보충하거나, 잘된 부분을 더 강조하기도 하였다. 일부 학생
들은 다른 학생의 원고지에 구체적으로 평가를 해주어야 하는데도 불구하
고 '잘 썼다. 내용이 좋다, 훌륭하다' 등 형식적으로 평가를 해주거나, '좀
더 글 쓰기의 기초를 튼튼히, 자신의 주장이 전혀 나타나지 않음!' 등 상
대방의 기분을 상하게 하는 좋지 않은 표현을 써주기도 하였다.

(다) 고쳐쓰기(4차시)

고쳐쓰기는 자신의 글에 대한 모둠원들의 평가를 바탕으로 초고를 고
쳐쓰는 활동을 말한다. 학생들은 대체로 초고쓰기의 내용을 전면적으로
수정하거나 문제점을 발견하여 보완하는 방향으로 나가기도 하였고, 일부
는 다른 사람의 평가에 아랑곳 하지 않고 자신의 초고를 약간만 수정한
경우도 있었다.

1) 다시 쓰기

다시 쓰기는 새로 지급받은 원고지에 초고의 개요와 교정하기를 참고
하여 실제로 다시 쓰는 활동을 말한다. 학생들은 동료가 자신의 글에 대
해 평가해 준 내용과 자신이 다른 모둠원의 글을 읽고 평가해준 내용을
참고로 교정된 초고쓰기의 개요짜기를 원고지에 옮겨 적었다. 그리고 글
의 전체적인 내용과 구성, 그리고 표현에 유의하여 교정된 초고쓰기를 바
탕으로 실제로 고쳐쓰기를 실시하였다.

2) 편집하기

편집하기는 최종적으로 완성하여 제출하기 전에 마지막으로 글의 형식
적인 면에 초점을 두고 원고지 사용법, 맞춤법, 띄어쓰기, 어법 등에 대하
여 면밀히 검토하도록 하는 활동이다.

편집하기까지의 과정을 모두 마친 학생들에게 최종적으로 제출하도록
하였다. 처음 쓰기 과제를 마무리할 때, 다수의 학생들은 시간이 부족하여
마무리 짓지 못하는 경우가 많았다. 그러나 세 번째 쓰기 과제가 완료될
때는 다수의 학생들이 충분히 완수할 수 있었다.

고쳐쓰기는 시간이 부족하더라도 과제로 제시하지 않고 교실 내에서
완성하도록 하였다. 이것은 만약 집에서 과제로 제시할 경우, 본인이 직접
하지 않을 수도 있으며, 친구들의 것을 베껴서 제출할 우려도 있기 때문
이었다. 일반적으로 과제로 부과할 경우 집에서 충분한 시간을 두고 스스
로 해오는 경우보다, 수업이 든 날 아침 학교에서 다급하게 다른 사람의
것을 베껴서 제출하는 경우가 많으므로 과제로 부과하지 않았고, 수업 종
료 후 바로 제출하도록 하였다.

(3) 쓰기후 단계(5차시)

(가) 공유하기

공유하기는 쓰기의 결과를 학급 구성원이 내용을 공유하면서 쓰기를
마무리하는 활동이다. 발표자는 고쳐쓰기를 거쳐 완성된 한 편의 글을 다
른 학생들 앞에서 발표하고, 나머지 학생들은 발표 내용을 보면서 쓰기
평가 기준에 따라 최종적으로 완성된 글을 평가하게 된다. 공유하기는 발
표하기, 발표 평가, 교사 마무리, 공유하기의 4단계로 나눌 수 있다.

1) 발표하기

고쳐 쓴 내용을 학급 전체 학생들을 대상으로 발표하는 단계이다. 모든

사람이 1시간 내에 발표할 수 없으므로 모둠별로 순서를 정해 4개 모둠에서 한 사람 정도만 발표를 하도록 하였다. 교사는 사전에 학생의 고쳐쓰기를 OHP 필름에 복사하여 수업에 준비하였다. 발표 차례가 된 학생은 교실 앞에 나와 본인의 고쳐쓰기를 발표하였다. 발표 학생은 자신감을 가지고 본인의 글을 발표하도록 하고, 나머지 학생은 평가표를 기준으로 발표 학생의 글을 다시 한 번 적절하게 평가하도록 하였다.

2) 발표 평가

한 명의 발표가 끝나면 나머지 학생들은 쓰기 평가 기준표를 바탕으로 발표자의 고쳐쓰기를 평가하였다. 평가에 참여하는 학생들은 진지한 자세로 종합적으로 평가하고, 평가지의 점수를 합산하여 총 합계를 구하였다. 한 모둠에서 발표자가 끝나면 다음 모둠 발표자의 발표를 듣고 또다시 쓰기평가를 실시하였다. 쓰기 평가는 총체적 평가와 분석적 평가로 나눌 수 있는데, 여기서는 총체적 평가를 실시하였다. 평가의 준거와 기준을 미리 제시해 주었고, 이를 종합하여 다음의 [그림 Ⅳ-3]과 같이 점수를 합산하도록 하는 방식을 취하였다.

학생들은 동료의 발표를 지켜보며 여러 가지 다양한 반응을 나타냈다. 다른 모둠 동료의 글을 읽고 비판적으로 접근, 같은 모둠의 경우 초고쓰기와 달라진 원고를 살펴보고 쓰기의 전략을 인식, 다른 학생 앞에서 발표하는 모습을 보며 화법의 기본을 습득할 수도 있었다.

3) 교사 마무리

가) OHP 첨삭 지도

4개 모둠의 발표가 모두 끝난 후 교사는 발표한 학생의 OHP자료에 네임펜으로 직접 첨삭 지도하면서 고쳐쓰기 결과물인 원고 내용의 문제점과 방향에 대해 첨삭지도를 해주었다. <부록 14>(p.258)는 실제 교사가 OHP

〔그림 IV-3〕 동료 평가가 끝난 쓰기 평가 기준표

첨삭 지도를 해 준 자료이다. 모든 학생들의 원고를 모두 첨삭해주는 것이 이상적인 방법이지만 현실적 여건과 상황을 고려한다면 거의 불가능하다. 따라서 모둠에서 돌아가면서 한 가지 주제에 대해 4명 정도 첨삭 지도하는 모습을 보여줌으로써 쓰기 전략 습득의 구체적 방법을 시범적으로 탐색할 수 있었다.

발표한 학생들은 본인의 쓰기 진단을 통해 쓰기 문제점을 교정하고 지침을 얻을 수 있는 기회가 되었으며, 발표하지 않은 학생은 교사의 첨삭 평가를 직접 바라보면서 자신들의 평가 부분과 대조를 하며 차이점과 공통점을 발견하였고, 비판적인 안목과 시각을 바탕으로 본인이 미처 생각하지 못했던 부분이나 일치하는 부분을 검토함으로써 쓰기의 자신감과 태도를 가질 수 있었다.

나) 평가와 조언

개별 학생들의 OHP 첨삭 지도가 끝난 후, 교사는 이번 과제를 수행하면서 학생들이 주목해야 할 논제와 쓰기 방향 그리고 예시답안 등을 OHP를 통해 직접 보여 주었다. 또한, 모든 학생들의 원고지를 다 평가해 줄 수 없으므로 수거된 원고지 가운데 일부를 선정하여 첨삭 지도를 해 주었다. <부록 14>(p.259)은 교사 첨삭 지도가 끝난 원고지를 보인 것이다.

4) 공유하기

학생들은 교사의 직접적인 설명과 해설을 들으며 쓰기의 방향과 진정한 가치를 새롭게 인식하게 되었다. 자신과 생각이 다른 학생들의 글을 평가하고 판단하는 공유의 장을 통해 작문에 대한 긍정적 인식과 신념 그리고 태도를 보다 새롭게 가질 수 있게 되었다. 다음 <장면 9>는 학생들과의 인터뷰 내용 중 '전체 발표 평가와 교사의 첨삭평가가 자신의 쓰기에 도움을 주는가?'에 대한 답변 내용의 일부이다.

> <장면 9>
> S2 : 잘 쓴 친구들 것을 보면서… 아 저렇게 쓰는 구나 생각을 하면서 쓰는 기회
> 도 가졌고, 나와 비슷한 친구들 것의 글을 평가된 내용을 보고 나 자신을 돌
> 아볼 수 있었어요.(C : 061028- I)
> S3 : 저의 글쓰기 부분에 미진한 부분을 보충할 수 있어 좋아요 직접 OHP에 내
> 용을 첨삭하면서 하는 것이 더 좋았어요.(C : 061029- I)
> S6 : 전체 발표 평가와 교사의 첨삭 평가를 통해 쓰기 전 보다 자신의 쓰기가 편
> 해지고, 쓰는데 도움이 되며 처음보다는 두 번째 그리고 세 번째로 갈수록
> 어떻게 써야 하는지 알 수 있었어요.(D : 061125- I)

위 <장면 9>를 보면, 학생들은 공유하기 단계에서 전체 발표 평가와 교사의 첨삭평가 하는 것이 "저렇게 쓰는 구나 생각을 하면서 쓰는 기회도 가졌고, 자신을 돌아볼 수 있었으며, 자신의 글쓰기 부분에 미진한 부

분을 보충할 수 있어 좋고, 처음보다는 두 번째 그리고 세 번째로 갈수록 어떻게 써야 하는지 알 수 있었다”는 긍정적인 답변을 하였다.

  현재 대부분 고등학교 교실에서 쓰기는 공유하기의 과정 없이 학생들이 쓴 결과를 교사에게 제출하는 것으로 끝나고 있다. 교사는 상급학교 진학과 시간과 여건의 부족을 이유로 마지막 과정을 생략하고 자세한 지도 없이 제출 여부만 확인하고 수행 평가에만 반영하였다. 그래서 학생들 대부분은 자신이 쓴 글이 공개되는 것을 꺼려하고 부끄러워하며 쓰기에 대한 부정적 태도가 내부적으로 축적되어 갔다. 그러나 이제는 공유하기를 활성화하여 학생들의 글을 학급원이 서로 공유하면서 자신의 글도 반성할 수 있는 계기를 삼아야 한다. 학생들은 자신의 글이 남들 앞에 소개되면 처음에는 부끄럽고 쑥스러워하였으나, 나중에는 자신감을 얻어 좀더 쓰기에 대한 긍정적인 태도가 형성될 수 있었다. 더 좋은 방법은 학생들이 쓴 글을 모아 학기말이나 연말에 조그만 자료집을 만들어 발표기회를 가지면 쓰기에 대한 태도와 인식이 많이 바뀔 것이다. 당장 현실적으로 힘들지만 그런 방향으로 가는 것이 현명한 방법이라는 것을 확신한다.

IV

협동 작문의 효과 검증

1. 쓰기 능력의 효과

실험 집단과 통제 집단의 상·중·하 수준 집단별로 2회에 걸친 검사 결과를 Split-Plot Factorial p.qr(SPF2.3-2) 디자인에 의한 변량 분석을 하였다. 이 디자인에서 구획 간(betwen blockocks) 변인은 집단(실험 / 통제), 수준(상·중· 하 3수준)이고, 구획 내 변인은 검사(사전검사, 사후검사)이다. 변량 분석을 위해서는 SAS program(win version 9.1)을 사용하였다.

최초 사전 검사에 참여한 인원은 실험 집단과 통제 집단 모두 34명 이었으나 사후 검사에 참여한 인원은 32명이었다. 2명의 변동이 발생한 이유는 실험 집단에서 전출 1명, 결석 1명이 있었고, 통제 집단에서 결석 2명이 있었기 때문이다. 연구자는 3명의 평가자에게 32명의 실험 집단과 통제 집단 학생들의 사전 사후 능력 검사 결과물 가운데 무선표집하여 성적별로 상, 중, 하위 각 4편씩 총 12편의 쓰기 자료를 평가하도록 하고, 그 결과를 수합하였다. 3명의 평가자에게서 수합된 자료를 평균으로 나누지 않고, 모두 합하여 변량 분석을 실시하였다.

실험 집단과 통제 집단간의 기술 통계의 결과는 아래의 <표 V-1>과 같다.

〈표 V-1〉 쓰기 능력 점수의 평균과 표준편차   만점(100)

집단	수준	검사	사례 수	평균	표준편차
실험	상위	사전	12	65.17	15.61
		사후	12	61.75	14.82
	중위	사전	12	58.08	12.07
		사후	12	68.58	9.09
	하위	사전	12	63.91	20.07
		사후	12	59.08	12.22
통제	상위	사전	12	72.50	9.06
		사후	12	71.58	11.53
	중위	사전	12	67.58	23.75
		사후	12	62.25	17.73
	하위	사전	12	64.42	10.75
		사후	12	63.92	12.31

앞의 <표 V-1>과 같이 먼저 실험 집단의 사전 점수는 상(65.17), 중 (58.08), 하(63.91)이었고, 사후 점수는 상(61.75), 중(68.58), 하(59.08)이었다. 통제 집단의 사전 점수는 상(64.42), 중(72.5), 하(67.58)이었고, 사후 점수는 상(63.92), 중(71.58), 하(62.25)이었다. 이러한 쓰기 능력 점수의 변화가 통계적으로 유의미한지 집단 수준간 상호작용 효과를 분석한 결과는 다음 <표 V-2>와 같다.

〈표 V-2〉 쓰기 능력 점수의 집단 수준 간 상호작용 효과

변량원	자유도(DF)	자승화(TypeIII Sum of Squre)	평균자승화 (Mean Squre)	F	유의도 (Sig.)
검사	1	30.250	30.250	0.33	0.5691
검사*수준	2	666.375	333.188	3.61	0.0326
검사*집단	1	361.000	361.000	3.91	0.0522
검사*수준*집단	2	181.291	90.647	0.98	0.3803

*상호 작용   p<.05

위의 <표 V-2>를 통해 보면, 두 가지 지도 방법 중에서 어느 방법이 학생들의 쓰기 능력 신장에 더욱 효과적으로 기여하는지를 알아내기 위해서는 집단과 검사 그리고, 수준 사이의 상호작용 효과를 검증할 필요가 있다. 쓰기 능력 전체 점수에서 집단과 검사 그리고, 수준 사이의 상호작용 효과를 검증한 결과에 의하면 실험 집단에 사용한 지도 방법과 통제 집단에 사용한 지도 방법은 집단 사이에는 통계적으로 유의미한 차이가 없는 것으로 드러났으나(F=3.91, p=0.0522), 유의도는 유의 수준에 매우 근접하고 있음을 알 수 있다. 또한 실험 집단에 사용한 지도 방법과 통제 집단에 사용한 지도 방법은 상·중·하 수준 사이에는 통계적으로 유의미한 차이가 있는 것으로 드러났다(F=3.61, p=0.0326). 즉, 검사와 수준 사이에는 의의있는 상호작용 효과가 있는 것이 확인되었다. 이는 협동 작문이 각 집단의 상·중·하 수준 사이에서는 쓰기 능력이 의미있는 효과를 가질 수 있다는 것으로 판단된다.

다음 [그림 V-1]을 보면, 쓰기 능력 점수의 효과가 실험 집단과 통제 집단 사이에서 서로 다른 양상으로 나타난다는 사실을 확인할 수 있다. 실험 집단에서는 상하위 수준의 학습자들은 쓰기 능력이 하락하였으나, 중위 수준의 학습자들의 쓰기 능력 점수가 사전보다 사후에 크게 향상되었다. 이와 반대로 통제 집단에서는 상·중·하 수준의 학습자들 모두 사전 점수보다 사후 점수가 더 하락하는 것을 확인할 수 있다. 따라서 협동

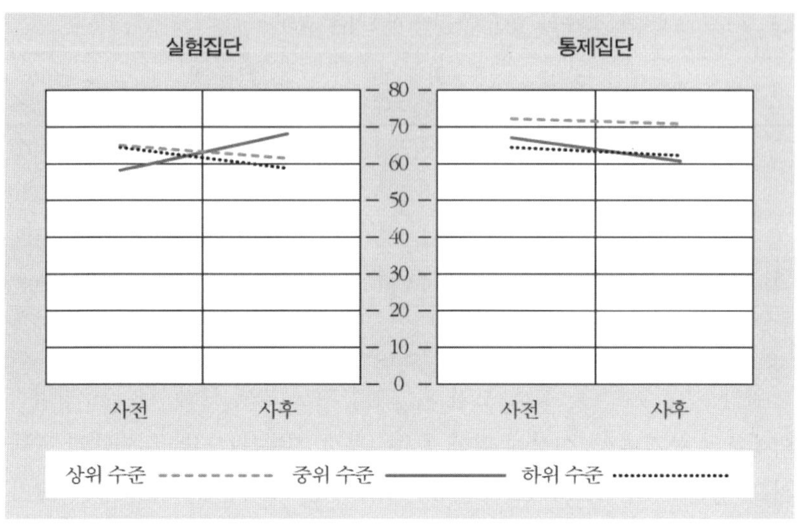

〔그림 V-1〕 쓰기 능력 점수의 사전 사후 검사 비교

작문은 실험 집단의 중위 수준에는 쓰기 능력이 의미있는 효과를 가져오
는 것으로 확인되었다.

2. 쓰기 태도의 효과

협동 작문 지도 모형의 효과를 검증하기 위해서 분할구획요인설계
(SPFp.q design)에 의한 변량분석을 실시하였다. 마찬가지로 변량 분석을 위해
서는 SAS program(version 9.1)을 사용하였다.

실험 집단과 통제 집단간의 기술 통계의 결과는 다음의 <표 V-3>과
같다.

<표 V-3> 쓰기 태도 점수 평균과 표준편차   만점(125)

집단	수준	검사	사례 수	평균	표준편차
실험	상위	사전	10	89.00	11.46
		사후	10	92.70	13.68
	중위	사전	12	82.42	14.89
		사후	12	80.17	12.02
	하위	사전	10	83.50	17.78
		사후	10	81.70	21.22
통제	상위	사전	10	89.00	7.10
		사후	10	85.30	11.10
	중위	사전	12	88.50	8.57
		사후	12	87.83	9.75
	하위	사전	10	81.80	11.63
		사후	10	78.10	12.02

위의 <표 V-3>과 같이 먼저 실험 집단의 사전 점수는 상(89.10), 중(82.42), 하(83.50)이었고, 사후 점수는 상(92.70), 중(80.17), 하(81.70)이었다. 통제 집단의 사전 점수는 상(89.00), 중(88.50), 하(81.80)이었고, 사후 점수는 상(85.30), 중(87.80), 하(78.10)이었다. 이러한 쓰기 능력 점수의 변화가 통계적으로 유의미한지 집단 수준간 상호작용 효과를 분석한 결과는 아래 <표 V-4>와 같다.

<표 V-4> 쓰기 태도 점수의 집단 수준간 상호작용 효과

변량원	자유도(DF)	자승화(TypeⅢ Sum of Squre)	평균자승화 (Mean Squre)	F	유의도 (Sig.)
검사	1	62.541	62.541	1.01	0.3190
검사*수준	2	37.864	18.932	0.31	0.7377
검사*집단	1	51.738	51.738	0.84	0.3644
검사*수준*집단	2	110.665	55.332	0.89	0.4146

*상호 작용   p<.05

두 가지 지도 방법 중에서 어느 방법이 학생들의 쓰기 태도 형성에 더욱 효과적으로 기여하는지를 알아내기 위해서는 집단과 검사 사이의 상호

작용 효과를 검증할 필요가 있다. 쓰기 태도 전체 점수에서 집단과 검사 사이의 상호작용 효과를 검증한 결과에 의하면 실험 집단에 사용한 지도 방법과 통제 집단에 사용한 지도 방법 사이에 통계적으로 유의미한 차이가 없는 것으로 드러났다(F=0.84, p=0.3644). 또, 상·중·하 수준 사이에도 통계적으로 유의미한 차이가 없는 것으로 드러났다(F=0.31, p=0.7377).

다음 [그림 V-2]를 보면, 쓰기 태도 점수의 변화가 실험 집단과 통제 집단 사이에서 서로 다른 양상으로 나타난다는 사실을 확인할 수 있다. 실험 집단에서는 상위 수준에서는 쓰기 태도 점수의 총점이 상승했지만, 중·하위 수준에서는 쓰기 태도 점수의 총점이 하락하였다. 반면에 통제 집단에서는 상·중·하 모두 쓰기 태도 점수의 총점이 하락하였다. 그러나 이러한 실험 집단과 통제 집단의 서로 다른 변화의 차이는 통계적으로 유의미하지 않았다.

쓰기 능력과 쓰기 태도의 측면에서 협동 작문지도 프로그램과 전통적인 개별 작문지도 방법 사이에 쓰기 능력에서 수준별로 유의미한 차이가 나는 것을 제외하고 전체적으로 통계적으로 유의미한 차이가 나지 않은

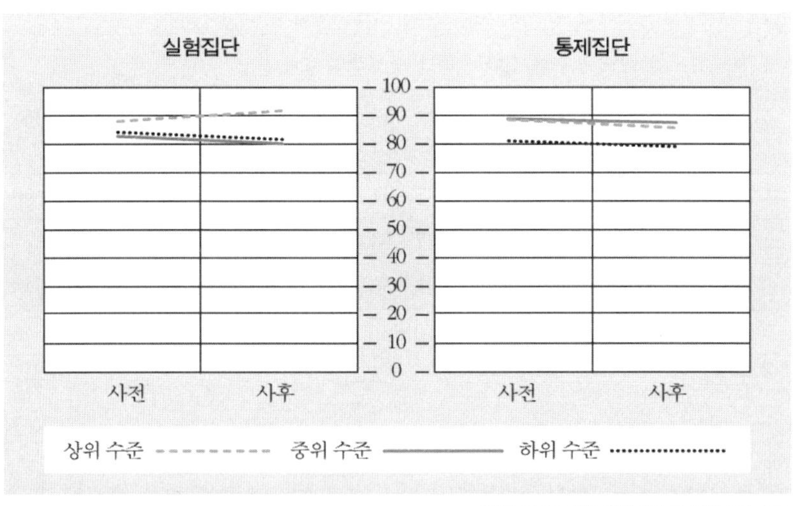

〔그림 V-2〕 쓰기 태도 점수의 사전 사후 비교

이유는 다음과 같은 측면에서 분석해 볼 수 있다.

첫째, 실험 기간의 문제이다. 약 6주, 20차시의 실험기간은 학생들의 쓰기 능력 변화를 실험하기에는 짧은 기간이 아닐까 한다. 1주일에 4시간이 배당된 국어 수업시간에 계속해서 쓰기 수업을 진행하여 처음에는 호기심을 갖고 참여하였으나 고등학교 남학생이다 보니 중반 이후 시간이 지나갈수록 학생들이 힘들어하는 모습을 보였다. 특히 하위권 학생들은 더 버거워하기도 하였다. 따라서 실험 기간을 충분히 확보하고 협동 작문 지도를 다른 국어과 영역과 병해하면서 진행하는 것이 더 적절한 방법이 될 수 있겠다.

둘째, 사전·사후 검사지와 '쓰기 과제'의 쓰기 접근 방식의 불일치 문제이다. 사전·사후 검사는 '청소년기의 자아정체성'과 '바람직한 청소년 문화'의 형성을 위한 노력에 대해 논술하라는 논제를 제시하여 쓰기 능력의 향상 정도를 파악하였으나, 실제 학생들이 쓰기 과제로 수행한 내용은 '영어공용화, 환경이냐 개발이냐, 인터넷 실명제' 등에 대해 찬성과 반대, 양자택일의 문제를 다룬 내용이었다. 이처럼 사전·사후 검사의 쓰기 과제와 학생들이 학습한 쓰기 접근 방식에서의 차이점이 있기 때문에 유의미한 결과가 나오지 않았다고 추측할 수 있다.

셋째, 평가 대상자 선정의 문제이다. 쓰기 능력 검사 시 실험 집단과 통제 집단의 학생들 전체를 평가대상자로 선정하지 않고 성적별로 무선 표집하여 상위 4명, 중위 4명, 하위 4명 총 12명의 사전·사후 쓰기 결과물을 3명의 평가자에게 평가하고 그 결과를 모두 합하도록 하였다. 결국 충분한 사례수를 확보하지 못하여 협동 작문과 개별 작문간의 의미 있는 차이가 나지 않은 것으로 볼 수도 있다. 실험 집단과 통제지단 전체를 대상으로 선정하고 그 결과를 바탕으로 평가를 하는 것이 더 타당하리라 판단된다.

넷째, 지도 방법과 학습 방법상의 문제이다. 지도 교사와 학생들이 협동 작문지도 방법 및 학습 방법에 대하여 익숙하지 않은 경우에는 아무리 프로그램의 내용이 좋아도 소기의 효과를 기대하기는 어렵기 때문이다. 이 경우는 지도 교사의 문제가 더 크리라고 생각하는데, 본 연구자의 협동 작문 지도방법에 대한 연구가 미흡한 것에서 그 원인을 찾아야 할 것 같다. 보다 정교하고 치밀한 준비를 통해 보다 효율적인 협동 작문 지도방법을 구안해야 될 것으로 판단된다.

이러한 결과로 미루어 보았을 때, 양적 연구에서는 수준별로 협동 작문이 학습자의 쓰기 능력에 긍정적인 효과를 미칠 수 있으나, 집단별로는 긍정적인 영향을 미칠 수 없었다. 또, 쓰기 태도에는 집단과 수준의 상호작용 효과에도 긍정적인 영향을 미칠 수 없음이 확인되었다. 추후 연구에서 앞에서 제기된 여러 가지 문제점을 충분히 고려하고 보완하여 좀더 치밀한 준비와 설계를 통하여 협동 작문에 대한 다양한 연구를 진척시켜야 할 것이다.

그러면 양적 연구의 미진한 부분을 다음의 질적 연구 부분에서 피험자들의 설문과 면담 그리고 초고와 교정본 원고지 등을 통해 구체적인 양상과 변화의 정도를 파악해 보도록 하겠다.

3. 협동 작문 설문 조사 분석

본 협동 작문 활동에 참여한 학생들에게 설문조사를 통해 수행평가 방법에 관한 반응을 조사하였다. 설문조사는 <부록 2>의 설문지를 토대로 하여 내용을 수정하여 사용하였다. 학생들의 협동 작문에 대한 생각과 태도를 알아보기 위해 실험 집단 34명 가운데 32명(전출 1, 결석 1)에게 설문지를 작성하게 하였다.

평가는 5점 평정척으로 '매우 그렇다' 5점, '대체로 그렇다' 4점, '보통이다' 3점, '별로 그렇지 않다' 2점, '전혀 그렇지 않다' 1점으로 하여 각 문항 당 평균(M)을 산출하여 제시하였다. 따라서 평균 점수가 3점 이상이면 긍정적인 평가로, 3점 이하이면 부정적인 평가로 볼 수 있다. 설문 조사의 내용과 학생들의 반응을 분석한 결과는 다음의 <표 V-5>와 같다.

〈표 V-5〉 협동 작문에 대한 학생들의 반응 결과.

문항	설 문 내 용	N (사례수)	M (평균)
1	개별 작문보다 협동 작문이 더 좋다.	32	3.69
2	협동 작문 후 보다 잘 쓸 수 있게 되었다.	32	3.81
3	협동 작문 후 쓰기에 대한 관심, 흥미가 좋아졌다.	32	3.43
4	동료 협의는 쓰기 능력과 태도에 도움이 되었다.	32	3.94
5	동료 평가는 쓰기 능력과 태도에 도움이 되었다.	32	4.17
6	전체 작품 공유하기는 쓰기에 도움이 되었다.	32	3.78
7	선생님의 첨삭 지도와 해설은 쓰기에 도움이 되었다.	32	3.83
8	협동 작문에 만족하는 점은?	질문식	
9	협동 작문에 불만족하는 점은?	질문식	
10	협동 작문에 건의하는 사항은?	질문식	

<표 V-5>로 볼 때, 협동 작문에 대한 반응은 대체로 긍정적인 것으로 나타났다. 1번부터 7번 항목에 걸쳐 긍정적인 대답을 보였고, 전체적으로 보았을 때 3.81의 평균값을 보였고, 이것을 통해 긍정적인 영향을 주었음을 알 수 있다.

그런데 1번과 3번 항목에서는 평균에 못 미치거나 평균과 근접한 각각 3.69와과 3.43을 보이고 있다. 이것은 협동 작문에 대한 쓰기 과제의 부담으로 상대적으로 평균점보다 낮게 점수가 나온 것으로 추측할 수 있다. 그런 반면 5번 '동료평가는 쓰기 능력과 태도에 도움이 되었다'라는 답변은 평균 점수가 가장 높게 나왔다. 이는 동료들의 초고와 고쳐쓰기를 평가하면서 자기가 쓴 초고를 반성하고 능숙하거나 미숙한 필자의 글을 평가함으로써 쓰기에 대한 태도가 긍정적으로 바뀌었음을 추측할 수 있다

따라서 교사는 학생들에게 지나친 쓰기 과제를 지양하여 학생들에게 긍정적인 쓰기 태도를 심어 주어야 할 것이다. 더불어, 쓰기에서 동료평가의 절차와 방법에 대한 보다 정교한 전략을 개발해야 할 필요성을 제기할 수 있다.

나머지 질문식으로 물어본 8, 9, 10번 항목에 대한 답변은 다음과 같다.

8번 항목의 협동 작문에 대한 만족은
- 여럿이서 해결 할 수 있어서 쉽고 편했다.
- 모둠원이 힘을 합해 문제 해결력을 기를 수 있었다.
- 친구들의 다양한 생각과 가치관을 알 수 있어서 좋았다.
- 집단 동료끼리 친근하게 되었고 협동 정신을 길러 주었다.
- 다른 사람이 쓴 글을 읽고 어떻게 써야 할지 알 수 있었다.
- 동료 평가를 통해 능동적으로 다른 사람을 직접 평가해 볼 수 있었다.
- 수업에 더욱 더 흥미를 가지게 되었고, 수업 시간이 지루하지 않았다.

9번 항목의 협동 작문에 대한 불만족은
- 시험공부를 어떻게 해야 할지 모르겠다.
- 쓰기 시간이 충분하지 않아 많이 힘들었다.
- 동료들이 토의한 결과를 신뢰할 수 없어 불안하다.
- 공부를 잘 하는 사람에게만 의존하는 경향이 있었다.
- 동일한 쓰기 과제를 반복하여 고쳐쓰기를 하니 지루했다.
- 매 시간마다 책상을 옮겨 자리를 정하고 바꾸는 일이 번거롭다.

10번 항목의 협동 작문에 건의하고 싶은 사항으로는
- 쓰기 활동을 더 강화하자.
- 실제 쓸 수 있는 시간을 더 늘리자.
- 친구들이 장난으로 평가하지 못하도록 해주세요
- 자리를 옮기지 말고 제 자리에서 그냥 쓰는 것이 좋다.
- 앞으로 계속 이런 수업을 좀더 늘려 대입 논술에 대비하자.
- 친구들의 평가와 발표도 좋지만 선생님께서 직접 첨삭을 더 해주세요

설문조사 분석 결과, 학생들은 전반적으로 협동 작문에 대해 긍정적인 태도를 취하고 있음을 확인할 수 있었다. 동료 협의와 공유하기, 그리고 교사의 첨삭 지도 등이 평균보다 높은 점수를 얻었으며, 이로 인해 협동 작문 후 보다 잘 쓸 수 있게 되었다든가 동료 평가와 동료 협의가 쓰기 능력과 태도에 도움이 되었다는 답변을 통해 쓰기에 대한 긍정적 인식이 형성되었음을 확인할 수 있었다. 특이한 점은 양적 연구의 쓰기 태도 검사는 쓰기 능력 검사 후 바로 실시하여 학생들이 성의없이 답변을 하여 협동 작문이 쓰기 태도에 미치는 효과가 미미하게 나왔는데 설문지에서는 긍정적인 결과가 나온 것이다. 추후에 진전되는 연구에서는 이러한 오차를 최소화할 수 있는 방안을 좀더 치밀하게 준비하여야 할 것이다.

학생들의 학습 양상과 반응은 그들의 적성, 흥미, 동기, 태도 등이 서로 다르기 때문에 다양하게 나타난다. 이러한 다양한 학생들의 실험 결과를 양적인 측면에서만 다루는 것은 한계를 지닐 수밖에 없다. 따라서 본 연구에서는 학생들의 학습 과정을 종료한 후 협동 작문에 관한 설문 조사와 실험에 참가한 학생들을 면담, 초고와 교정본의 분석을 통하여 양적 연구의 한계를 극복하고자 했다.

4. 학생들에 대한 면담 분석

가. 면담 대상자

학생들과의 질문을 통한 면담은 협동 작문이 실시되기 전·중·후 모두 세 차례(2006.10.13~11.25)에 걸쳐 점심시간과 방과 후 시간을 이용하여 학교 도서관 휴게실에서 한 사람당 약 20분씩 하루 2명을 선정하여 진행하였다.

<표 Ⅴ-6> 면담 대상자의 개인별 현황과 특징

모둠	학생	역할	수준	국어석차	쓰기 능력		특징
					사전	사후	
C	S1	모둠장	상	3	86	88	■ 특징 : 현재 학급의 부회장, 성실하며 책임감이 강함, 논술 학원에서 논술 쓰기 교육 수강함. ■ 관찰 : 협동 작문 수업 시 주도적으로 활동을 이끌어 나가며, 리더로서 역할 수행함.
	S2	도우미	중	14	66	75	■ 특징 : 평소 과묵하나 자기에게 주어진 일은 성실히 수행하려함. ■ 관찰 : 수업 시 소극적인 자세로 자기에게 주어진 임무와 역할만 수동적으로 실행.
	S3	부모둠장	하	19	56	60	■ 특징 : 중학교 때 학급 회장, 부회장 역할, 활달 명랑하며 자신의 생각을 정확히 전달함. ■ 관찰 : 수업과 직접적으로 관련 되지 않는 내용을 자주 언급함.
D	S5	모둠장	상	4	80	84	■ 특징 : 현재 학급 학습부장으로 착실하며 온순함, 맡은 일을 성실히 수행함. ■ 관찰 : 평소 소극적이나 모둠 활동엔 리더로 주도적이고 적극적으로 자기에게 주어진 임무와 역할을 수행함.
	S6	부도우미	중	13	68	70	■ 특징 : 성적은 중위권으로 농구를 특히 좋아하고, 글쓰는 일에 관심이 많다함. ■ 관찰 : 글쓰는데 자신 있어 하고 작문 활동을 스스로 수행함.
	S7	부모둠장	하	20	40	44	■ 특징 : 다소 소극적이고 다른 사람들 앞에 나서기를 꺼리며 남을 도와주려함. ■ 관찰 : 수업 시 소극적인 자세로 일관하며 글씨는 단정하나 쓰는 것을 싫어함.

<상위권 : 90, 중위권 : 70, 하위권 : 평균 50점 내외>

면담 대상자는 5명이 모여 있는 모둠을 제외시키고, 연구자가 무작위로 실험 집단의 2개 모둠을 선정하여 각각 성적이 상ㆍ중ㆍ하위권 학생 1명씩 총 6명을 대상으로 하였다. 관찰과 면담 대상자는 위의 <표 Ⅴ-6>과 같다.

나. 쓰기의 인식에 대한 답변

먼저 앞의 것은 '글을 쓸 때 부족하다고 생각하는 점'에 대한 답변이고, 뒤의 것은 '자신의 쓰기 능력이 향상되었다고 생각하는가'에 대한 답변이다. 이러한 면담에 대한 학생들의 답변을 성적별로 살펴보면 다음과 <장면 10>과 같다.

<장면 10> (성적 '상')

S1 : (전) 논설문 같은 것 쓸 때, 그 1,000자 내외로 쓰는데 너무 빡빡할 때가 많았어요.. 그래서 그 배경지식이 없어 힘들었어요(C : 061018-I).

☞ (후) 이것도 결국 시간이 부족했다고 생각해요. 많이 나아졌다고는 생각하지 않고, 15시간 밖에 되지 않아 쓰기 능력이 특별히 좋아졌다고 생각하지는 않아요(C : 061123-I).

S5 : (전) 부족하다고 생각하는 점은 글을 쓰는 방향에 대해서 약간 다른 방향으로 빠진다거나 한 방향으로 통일이 잘 안되는 것이요(D : 061018-I).

☞ (후) 얼마 많이 하지 않았지만 (쓰기 능력이) 향상되었는지는 확실하게 모르겠는데, 그래도 어느 정도 부족한 부분이 정확하게 잡혀서 …음…커다란 맥락은 잡을 수 있었어요(D : 061123-I).

위의 <장면 10>에서 S1 학생은 모둠에서 리더로 모둠장의 역할을 수행하였으며, 1학기 국어 석차가 3등으로 쓰기 능력 사전 검사의 점수가 86점에서 쓰기 능력 사후 검사의 점수는 88점으로 2점이 상승하였다. 이 학생은 협동 작문이 쓰기 능력 향상에 별 도움을 주지 못했다고 답변하였으며, 그 이유를 한정된 기간 안에 쓰기 능력이 향상될 수 없다고 하였다. S5 학생은 마찬가지로 모둠장으로 1학기 국어 성차가 4등으로 쓰기 능력 사전 점수는 80점이고 쓰기 능력 사후 점수는 84점 이었다. 협동 작문이 어느 정도 부족한 부분을 잡을 수 있게 되었고, 쓰기의 커다란 맥을 잡을 수 있었다고 답변하였다. 이러한 답변의 차이는 S1학생은 학원에서 기초

논술 수업을 하였었고, S2학생은 그런 경험이 없었다는 것으로 판단할 수 있다.

<장면 11> (성적 '중')

S2 : (전) 내용을 쓰다가 일관되게 써야 하는데 다른 방향으로 흘러가는 것이요(C : 061019-I).

☞ (후) (쓰기 능력이) 향상되었다고 생각해요 글에 요소요소를 다 갖추는 정도를 할 수 있었고, 필요한 내용을 구성하는 데 자신감을 가지게 되었어요(C : 061124-I).

S6 : (전) 표현도 미숙하고 개요도 어디 부분에서 어떻게 해야 할 지 잘 모르겠어요 배경지식도 부족한 것 같아요(D : 061019-I).

☞ (후) 처음 썼을 때 보다 나중에 썼을 때 쓰기의 속도가 처음보다 빨라졌으며, 쓰는 데 불편함이 줄어들었어요(C : 061124-I).

위의 <장면 11>에서 S2 학생은 모둠에서 도우미로 1학기 국어 석차가 14등이고, 쓰기 능력 사전 검사 점수는 66점, 사후 검사 점수는 75점 이었다. 이 학생은 글의 요소를 다 갖추는 정도를 할 수 있었고, 필요한 내용을 구성하는 데 자신감을 가지게 되면서 협동 작문이 쓰기 능력 향상에 도움을 주었다고 답변하였다. S6 학생은 모둠에서 부도우미로 1학기 국어 석차가 13등이고, 쓰기 능력 사전 검사 점수는 68점, 사후 검사 점수는 70점 이었다. 이 학생은 프로그램 시작 전 '글의 표현과 구조, 개요' 등을 잡는 데 어려움을 호소하였지만 활동 종료 후 '쓰기 속도가 빨라졌고, 쓰는 데 불편함이 줄었다'는 긍정적인 답변을 하였다.

<장면 12> (성적 '하')

S3 : (전) 처음 시작할 때 어떻게 어디서부터 써야 할지 잘 모르겠어요 배경지식도 부족한 것 같아요(C : 061020-I).

☞ (후) 처음에 쓸 때 조금 버겁고 그랬는데 쓰다가 아이들 것도 보고, 하다보니

까 개요같은 것도 금방금방 짜지고, 또 무엇이 잘못 되었는지도 쉽게 보여요.
쓰는 것을 싫어해서 힘들었는데 나중에는 이것도 약 80%정도 좋아졌어요(C:
061125-I).

S7 : (전) 거의 비슷한 데요 머릿속에 생각한 것과 실제 글로 쓸 때 달라요. 머리
속에 생각은 있는 데 그것을 글을 나타내는 데 힘들어요(D : 061020-I).
☞ (후) 여기서 잘 쓴 학생들의 글을 보면서 또, 선생님이 고쳐 주실 때 보면서
아 저렇게 해야 되겠구나 등을 생각했어요 그러면서 자꾸 쓰다보니 어느 정
도 쓰는 요령이 생긴 것 같아요. 쓰기 능력이 처음보다 좋아진 것 같아요(D
: 061125-I).

위의 <장면 12>에서 S3 학생은 모둠에서 부모둠장으로 1학기 국어 석
차는 19등, 쓰기 능력 사전 점수는 56점, 사후 검사 점수는 60점이었다. 이
학생은 이전에는 '어디서부터 시작해서 써야할지, 머리 속의 내용을 표현
하는 데 어려워하였는데', 활동 후 '무엇이 잘못되었는지 쉽게 보이고, 나
중에 약 80% 정도 좋아졌다'는 답변을 하였다. S7 학생은 모둠에서 부모둠
장으로 1학기 국어 석차는 20등, 쓰기 능력 사전 점수는 40점, 사후 검사
점수는 44점 이었다. 이 학생은 '자꾸 쓰다 보니 어느 정도 쓰는 요령이 생
겨, 쓰기 능력이 처음보다 좋아진 것 같다'는 긍정적인 답변을 하였다.
이처럼 학생들의 면담 결과 쓰기에 대한 개인적인 신념과 자신감, 효능
감이 이전보다 긍정적으로 변화되어 나타나는 것을 확인할 수 있다. 특히
상위권 학생들보다 중·하위권 학생들에게 더 많이 긍정적인 답변을 받았
다. 상위권 학생도 일부를 제외하고 긍정적인 인식을 하였으며, 중·하위
권 학생들은 긍정적인 측면이 보다 강하게 나타났다. 이것은 협동 작문이
상위권 학생보다는 중·하위권 학생들에게 더 효율적인 방법이 될 수 있
다는 것을 시사해 준다. 상위권 학생들은 동료들의 도움이 없어도 충분히
쓰기 과제를 해결해 나갈 수 있음에 반해, 중·하위권 학생들은 동료의
도움으로 쓰기 과제를 더 잘 해결할 수 있기 때문이다.

다. 쓰기의 태도에 대한 답변

다음으로, 학생들이 쓰기에 대한 태도의 변화를 면담을 통해 살펴보았
다. 앞의 것은 '쓰기를 좋아하는가? 왜 그런가?'에 대한 답변이고, 뒤의 것
은 '쓰기에 대한 자신의 태도가 달라졌는가' 에 대한 답변이다. 이에 대해
나눈 면담 내용은 다음 <장면 13>과 같다.

<장면 13> (성적 '상')
S1 : (전)평상시 쓰기가요 논설문 같은 것을 쓸 때는 너무 생각해야 할 것도 많고,
어려워 별로 좋아하는 편이 아니었어요(C : 061018-I).
☞ (후)싫어하는 학생도 있었는데 꽤 유익했어요 아까 말 한데로 기간이 너무
짧았고 더 길었으면 좋겠어요 자신의 태도가 달라졌다고는 생각하지 않아요
(C : 061123-I).

S5 : (전)쓰기를 좋아하는 편이에요 왜 그런가 하면 평소에 그냥 요즘 따라 책을
좀 많이 읽기 시작하게 되었는데요 그에 따라 많이 생각하게 되고, 그걸 제
생각에 따라 정리하다 보니까 쓰기를 좋아하게 되었어요(D : 061018-I).
☞ (후)쓰기를 더 좋아하게 되었어요 처음에 생각했을 때 보다 더 구체적으로
잡힌 것 같고, 확실하게 글을 더 잘 쓸 수 있게 되었다는 자신감이 생겼어요
(D : 061123-I).

위의 <장면 13>에서 성적이 상위권인 학생은 협동 작문 활동을 통해
쓰기에 대한 태도가 좋아졌다는 학생과 별다른 변화가 없다는 학생으로
나뉘었다. 전자가 '이전보다 쓰기를 좋아하게 되었고, 쓰기에 대한 자신감
이 생겼다'는 것인데 반해, 후자는 '태도가 달라졌다고는 생각하지 않는
다'는 답변을 하였다.

<장면 14> (성적 '중')
S2 : (전) 쓰기를 평소에 좋아하지는 않는데, 자기가 좋아하고 관심 있는 부분은

자주 써요. 개인적인 내용 같은 거요(C : 061019-I).

☞ (후) 쓰는데 두려움이나 막연함이 없어졌고, 쓰는 데 자유스러워 졌어요. 그 전보다 30% 정도 쓰기의 태도가 긍정적으로 바뀐 것 같아요(C : 061124-I).

S6 : (전) 저는 쓰기를 좋아해요. 왜냐하면 쓰면서 생각을 다시하고 또, 그걸 읽으면서 다시 생각을 하고 저 자신에 대해 많은 생각을 하기 때문에 쓰기를 좋아해요. 이 활동 전부터 쓰기를 좋아하는 편이었어요(D : 061019-I).

☞ (후) 한 번씩 글을 써보면서 이 활동을 하면서 쓰는 능력이 많이 향상 되었고, 글쓰는 것은 좋은 것이었어요. 그래서 긍정적인 미래를 위해서 좋은 경험이었어요(D : 061124-I).

앞의 <장면 14>에서 성적이 중위권인 학생은 협동 작문 활동을 통해 쓰기에 대한 태도가 긍정적으로 좋아졌다는 답변을 하였다. 답변의 요지는 '이전보다 쓰는데 자유스러워 졌고, 30% 정도 태도가 긍정적으로 바뀌었으며, 긍정적인 미래를 위해 좋은 경험이었다'는 것이었다.

<장면 15> (성적 '하')

S3 : (전) 저는 쓰기를 그다지 좋아하지 않아요. 왜냐하면 저는 활동적인 사람이기 때문에요. 성격이 활달해서 진득하니 않아서 긴 글을 쓰는 것을 잘 못하고요. 번득번득 생각이 날 때, 아이디어가 생겨날 때 짧은 것을 쓰는 것은 잘하지만 주제를 주고 쓰는 것은 잘 못해요(C : 061020-I).

☞ (후) 처음에 저 혼자 쓸려다 보니 너무 제 안의 틀 즉, 고정관념에 사로잡혀 있었는데, 아이들과 참여하면서 쓰기에 대한 태도가 많이 긍정적으로 바뀌었어요(C : 061125-I).

S7 : (전) 쓰기는 그렇게 좋아하는 편은 아니에요. 응. 일단 쓰기 시작하면요 시간이 너무 오래 걸리고 쓰기가 힘들어 그렇게 좋아하지 않아요(D : 061020-I).

☞ (후) 처음 보다는 쓰기를 좋아하게 되었어요. 자신감이 생겼다고 할까요. 완전히 만족하지는 않지만, %로 따지면 약 70% 정도 태도가 좋아진 것 같아요(D : 061125-I).

위의 <장면 15>에서 성적이 하위권인 학생은 마찬가지로 협동 작문 활동을 통해 쓰기에 대한 태도가 이전보다 훨씬 좋아졌다는 긍정적인 답변을 하였다. '아이들과 참여하면서 쓰기에 대한 태도가 많이 긍정적으로 바뀌었으며, 약 70% 정도 (쓰기에 대한) 태도가 좋아졌다'는 것이다. 하위권 학생은 중위권 학생보다 협동 작문의 긍정적 측면을 더 강조하여 이야기를 하였다. 이는 평소 개별 작문으로 쓰기를 할 때 문제를 해결하지 못했던 경우가 많았음을 추측해 볼 수 있다.

한 가지 특이한 사항은 S1 학생의 답변이 일관되었다. 이 학생은 학급의 임원으로 상위권 성적을 유지하고 있으며 적극적으로 활동에 참여하였다. 그러나 쓰기에 대한 능력과 태도가 이전과 별로 달라지지 않았다는 반응을 보였다. 그 이유는 학원에서 이와 유사한 교육을 받았고, 학생 중심 활동보다는 교사의 직접적인 개인의 원고지 첨삭을 더 원한다는 것이었다.

<장면 16>
S1 : 저도 그 개요는 항상 썼어요, 저 논술 학원에서 해주는 것이 있었어요. 그 때도 개요 쓴 다음에 개요를 제대로 했는가 평가해 보았어요 (…중략…)학원에서는 개요쓰기가 통과되고 나면 그것을 바탕으로 자신이 직접 글을 쓴 다음 퇴고를 해줘요(C : 061025-I).

위 <장면 16>에서 보면, 논술 학원에서 선수 학습을 하였기 때문에 모둠원과의 동료 협의 등 협동보다는 교사의 직접적인 첨삭 지도를 더 원하고 있었다. 이미 선수 학습으로 학원에서 배워 온 학생들은 전혀 쓰기에 대한 기본적인 자세와 최소요구 수준도 준비되지 않은 학생들이 함께 배우고 공유하는 것을 꺼려하고, 교사의 직접적인 지도를 요구하고 있었다.

현재 고등학교 교실에는 다양한 수준과 능력 그리고 문식적(文識的) 환경에 놓인 학생들이 함께 공부하고 있다. 쓰기 수준이 높은 필자와 그렇지 못한 필자, 쓰기 능력이 뛰어난 필자와 그렇지 못한 필자, 그리고 가정의 문식적 환경이 좋은 필자와 그렇지 못한 필자가 한 교실에 공존하고 있다. 따라서 보다 정교하고 세밀하며 치밀한 협동 작문 프로그램 구성에 대한 지속적인 연구와 실천이 뒤따라야 할 것이다.

이상 학생들과의 면담과 설문지의 내용을 종합해 보면, 두 가지 측면에서 판단해 볼 수 있다. 첫째, 쓰기 능력에 대한 인식 면에서 학생들은 쓰기에 대한 개인적인 신념과 자신감, 효능감이 이전보다 긍정적으로 바뀌었다는 것을 확인할 수 있었다. 둘째, 쓰기 태도에 대한 반응 면에서 학생들은 이전 보다 잘 쓸 수 있다는 자신감과 쓰기를 좋아하게 되었다는 반응, 그리고 쓰기 태도가 좋아졌다는 답변을 하였다. 이는 협동 작문이 개별 작문보다 학생들의 쓰기에 대한 태도에 보다 긍정적인 효과를 미치는 것으로 판단을 할 수 있다.

5. 학생들 쓰기 결과물 분석

실제로 학생들의 쓰기 결과물인 초고와 교정본을 비교해 보도록 한다. 학생들이 협동(동료 협의와 동료 평가)의 과정을 거치면서 글의 내용이 어떻게 변하였고, 글의 조직이 어떤 짜임새를 보였는지 확인해 보겠다. 비교 대상은 쓰기 주제였던 '영어공용화', '환경이냐 개발이냐', '인터넷 실명제'에 대한 초고와 교정본 모두를 하여 달라진 모습을 <부록 15>(Pp.260~280)에 실었고, 보다 자세한 분석은 '영어공용화'에 한정하여 제시하도록 한다.

가. 초고쓰기와 고쳐쓰기의 개요 짜기 분석

국어 성적별로 '상 · 중 · 하' 세 그룹으로 나누어 학생들의 개요 짜기가 초고쓰기와 고쳐쓰기에서 어떻게 달라졌는지 실험 집단 6명과 통제 집단 6명의 개요 짜기를 분석하여 살펴보았다. 결과물의 비교 분석에서 정확성을 기하기 위해 실험 집단과 통제 집단 가운데 동일한 1학기 국어 성적 대상자를 선정하였다. 선정된 대상자는 아래 <표 V-7>과 같다.

〈표 V-7〉 개요 짜기 분석 대상자

	실험 집단						통제 집단					
학생	S1	S2	S3	S5	S6	S7	S8	S9	S10	S11	S12	S13
수준	상	중	하	상	중	하	상	중	하	상	중	하
1학기 국어석차	3	14	19	4	13	20	3	14	19	4	13	20

결과적으로 실험 집단과 통제 집단의 개요 짜기를 비교 분석하여 보았을 때, 수준별로 차이는 있지만 대체적으로 실험 집단은 초고쓰기의 개요 짜기보다 고쳐쓰기의 개요 짜기를 더 많이 수정하고 보완하여 다시 작성을 하는 경우가 많았다. 이에 비해 통제 집단은 초고쓰기의 개요 짜기와 고쳐쓰기의 개요 짜기가 별로 달라진 것이 없이 그대로 옮겨 적는 경우가 많았다. 이는 협동을 통한 동료 협의 개요 짜기는 학습자들의 상호작용을 촉진하고 자기 반성을 유도하여 보다 원활한 쓰기 활동을 수행 할 수 있도록 해주었다고 판단할 수 있다.

다음에서 보다 구체적인 결과를 살펴보도록 하겠다.

(1) 성적 상위 집단

실험 집단에서 국어 성적이 '상'위권인 S1, S5 학생의 개요는 다음과 같다.

S1의 개요는 초고쓰기의 서론에서 문제 제기를 시작하였고(㉠), 본론에서 반대 이유를 주체성과 실질적 이득이 없다고 주장하였으며(㉡, ㉢), 결론에서 여러 악영향으로 반대한다고(㉣) 개요를 조직해 놓았다. 본론의 ㉢부

* S1의 개요

논제	영어 공용화를 반대 한다.	
	초고쓰기	고쳐쓰기
서론	㉠ 영어권 나라 중심의 세계화 추세로 영어 공용화 주장이 제기	· 영어권 나라 중심의 세계화 추세로 영어 공용화 주장이 제기
본론	· 영어 공용화에 반대 ㉡-언어와 정서의 상관관계 때문→ 주체성 ㉢-영어 공용화는 너무 비약적인 사고방식→ 현재 영어공용화를 하더라도 실질적인 이득을 바랄 수 없음	· 영어 공용화에 반대 - 언어와 정서의 상관관계 ㉤-현실적인 어려움7) ㉥-국가 단결력 깨뜨림
결론	㉣· 영어 공용화는 여러 악영향을 가져 올 것이기에 반대	· 영어 공용화는 여러 악영향을 가져 올 것이기에 반대

분이 너무 추상적이고 모호하지만 전반적으로 짜임새 있는 모습을 보였다. 고쳐쓰기는 초고쓰기를 많이 수정하지 않고, 부분 수정하여 본론에서 반대 이유를 '현실적 어려움'과 '국가 단결력 깨뜨림'(㉤, ㉥)으로 보다 구체적으로 접근하였다.

* S5의 개요

논제	영어 공용화를 반대 한다.	
	초고쓰기	고쳐쓰기
서론	· 영어 공용화의 추세와 우리말의 중요성 ㉠-영어 공용화 반대 주장	· 영어 공용화의 추세와 우리말의 중요성 → 영어 공용화 반대 주장
본론	· 우리말과 영어(영어공용화를 찬성할 수 없는 이유) ㉡-우리민족의 정신과도 같은 '한글'을 하루 아침에 바꿀 수 없다. ㉢-영어를 따르는 것은 추세를 따르는 모방일 뿐, 우리말 전통을 해침	· 영어공용화를 찬성할 수 없는 이유 ㉤-우리민족의 정신과도 같은 '우리말'을 포기할 수 없다. -영어를 따르는 것은 추세를 따르는 모방일 뿐, 우리말 전통을 해침
결론	· 본론 요약 · 영어 공용화 반대 입장 강조 ㉣· 우리 민족의 태도	· 본론 요약 · 영어 공용화 반대 주장

---

7) 개요에서의 '㉠, ㉡, ㉢ ……'은 연구자가 설명을 위해 표시한 것으로 학생의 개요표에는 없는 것이다. 또한 진한 부분과 밑줄은 초고와 고쳐쓰기의 개요표에서 초고쓰기와 달라진 부분을 나타낸 것이고, 마찬가지로 학생의 개요표에는 없는 것이다.

S5의 개요는 S1의 개요에 비해 조금 어설프다. 초고쓰기의 서론에서 본론에 나와야 할 부분(㉠)을 넣었고, 본론에서 '한글=우리말'의 기본 개념을 혼동하고 있으며(㉡), 추상적 진술(㉢)로 일관하였으며, 결론에서 마찬가지로 불필요한 부분(㉣) 넣었다. 그래서 전반적으로 긴밀한 조직이 되지 못하였고, 엉성한 짜임새를 보였다. 그러나 고쳐쓰기에서 ㉡ 부분을 수정하여 좀더 자연스럽게 교체하였고, 불필요한 부분(㉣)을 삭제하여 보다 자연스럽게 접근하여 이전보다 조금 매끄러운 짜임새를 보였다.

통제 집단에서 국어 성적이 '상'위권인 S8, S11 학생의 개요는 다음과 같다.

* S8의 개요

논제	영어 공용화를 반대 한다.	
	초고쓰기	고쳐쓰기
서론	㉠ · 영어공용화 논란	· 영어공용화 논란
본론	㉡ · 근본적 경쟁력이 강해야 한다. ㉢ · 합리주의가 아니라 예속이다. ㉣ · 민족을 희생한 대가에 비해 이익이 적다.	· 근본적 경쟁력 강화 ㉅ · 언어 특성 차이 ㉆ · 우리 문화의 중요성
결론	㉤ · 영어공용화는 비약이다.	· 영어공용화는 무리다.

S8의 개요는 초고쓰기의 서론에서 영어공용화 논란의 문제를 제기하였고(㉠), 본론에서 반대 이유를 근본적 경쟁력, 예속, 이익이 적다고 주장하였으며(㉡, ㉢, ㉣), 결론에서 영어공용화는 비약이라고(㉤) 개요를 조직해 놓았다. 결론의 ㉤ 부분이 너무 추상적이고 모호하게 끝맺고 있다. 고쳐쓰기는 초고쓰기를 많이 수정하지 않고, 본론의 두 부분을 수정하여 반대 이유를 '언어 특성 차이'와 '우리 문화의 중요성'(㉅, ㉆)으로 수정하였다.

S11의 개요는 초고쓰기의 서론에서 영어공용화 실시에 대한 논쟁으로 문제 제기를 시작하였고, 본론에서 반대 이류를, 나라의 주체성을 잃는 행위, 미국의 지배욕, 독재의 단일성(㉠~㉢)로 제시하였으며, 결론에서 세계화는 주체적으로 받아들여야 한다로 마무리 하고 있다. 그러나 고쳐쓰기에서는 초고쓰기의 내용을 전혀 수정하거나 변경하지 않았고 그대로 사용

하였다. 이는 실험 집단보다 적극적인 자기 점검을 통한 자기 반성이 활성화되지 않은 결과로 판단할 수 있다.

* S11의 개요

논제	영어 공용화를 반대 한다.	
	초고쓰기	고쳐쓰기
서론	·세계화의 바람 — 영어공용화 실시에 대한 논쟁 ·나의 입장 — 반대	·세계화의 바람 — 영어공용화 실시에 대한 논쟁 ·나의 입장- 반대
본론	·영어공용화를 반대하는 이유 ㉠ ① 그 나라 언어 대신 영어를 씀 — 나라의 주체성을 잃는 행위 ㉡ ② 영어공용화 — 강대국, 미국의 지배욕 ㉢ ③ 영어공용화 세계화 → 단일국가의 출현 → 독재의 가능성	·영어공용화를 반대하는 이유 ① 그 나라 언어 대신 영어를 씀 나라의 주체성을 잃는 행위 ② 영어공용화 — 강대국, 미국의 지배욕 ③ 영어공용화 — 세계화 → 단일국가의 출현 → 독재의 가능성
결론	·영어공용화에는 반대하지만 세계화는 주체석으로 받아들여야 한다.	·영어공용화에는 반대하지만 세계화는 수체적으로 받아들여야 한다.

국어 성적이 '상'인 실험 집단과 통제 집단의 초고쓰기와 고쳐쓰기의 개요를 비교해 본 결과, 실험 집단에서는 초고쓰기에서 고쳐쓰기의 변화가 보다 활성화되어 수정과 보완이 많이 이루어졌다. 반면에 통제 집단에서는 초고쓰기에서 고쳐쓰기의 변화가 비활성화되어 미숙한 모습을 보였다.

(2) 성적 중위 집단

먼저, 실험 집단에서 국어 성적이 '중'인 S2, S6 학생의 개요는 다음과 같다.

S2의 개요는 초고쓰기의 서론에서 문제 제기를 시작하였으나 내용이 모호하고(㉠, ㉡), 본론에서 반대 이유를 '한글 사용의 필요성'(㉢)이라는 영어공용화와 다소 거리가 있는 항목으로 설정하였으며, 결론에서도 막연한 주장으로(㉣) 조직해 놓았다. 전반적으로 너무 추상적이고 상위 항목과 하위 항목의 연결이 자연스럽지 못한 모습을 보였다. 중·하위권 학생들에게서 자주 목격되는 부분으로 기본적인 개요짜기 연습을 충분히 해야 할

필요성이 제기된다. 고쳐쓰기에서 부분 수정하여 서론 부분을 명확히 제
시하였으며(ⓜ, ⓗ), 본론에서 하위 항목을 하나 더 추가시켰다. 초고쓰기의
개요부분보다 전반적으로 약간 다듬어진 모습을 보였다.

* S2의 개요

논제	영어 공용화를 반대 한다.	
	초고쓰기	고쳐쓰기
서론	·문제 제기 ㉠-우리말과 영어를 쓰는 것중 우리말이 더 중요하다. ㉡-한글의 전통성	·문제 제기 ⓜ-한글과 영어 공용화에 대한 논쟁 ⓗ-한글 사용의 중요성
본론	㉢·한글 사용의 필요성 -문화가 없어진다. -주체성을 잃어버리고 만다.	·한글 사용의 필요성 -주체성을 읽어버리고 만다. -문화가 없어진다. ⓢ-각각의 언어가 있는 것은 필연적인 것
결론	·영어 공용화에 반대한다 ㉣-우리 나름대로의 민족성을 가지며 살아가면 된다.	·영어 공용화에 반대 -우리 방식대로 창조하면서 살아가면 되는 것

* S6의 개요

논제	영어 공용화를 반대 한다.	
	초고쓰기	고쳐쓰기
서론	㉠·영어공용화 문제제기 -영어 공용화의 찬반에 대한 논쟁 우리말의 중요성	·영어공용화 문제제기 -영어 공용화의 찬반에 대한 논쟁 ②영어 공용화 반대 주장
본론	·우리말, 우리글 속에 담겨있는 민족성과 얼 -우리민족만이 표현할 수 있는 언어 ㉡·굳이 공용화하지 않아도 뒤쳐지지 않는 국력 ㉢-영어못하는 민족으로 유명한 일본의 강한 국력 ㉣-과학기술의 발달로 극복할 수 있는 영어능력	·우리말과 글에는 민족성과 얼담겨있다. -우리민족만이 표현할 수 있는 언어 ⓗ·우리말과 글에는 우리 문화가 담겨있다. ⓢ-민족 고유의 주체성
결론	·정리 및 태도 -본론 요약　-주장 강조 ⓜ-세계화에 대한 우리의 올바른 태도	·정리 및 태도 -본론 요약 -세계화에 대한 우리의 올바른 태도 -주장 강조

S6의 개요는 초고쓰기의 서론에서 문제 제기를 적절하게 시작하였으나
(㉠), 본론에서 반대의 주장이 논점과 다소 거리가 있으며(㉡, ㉢, ㉣), 결론에
서도 '세계화에 대한 우리의 올바른 태도'라는 항목으로 다소 엉뚱하게(㉤)
마무리 짓고 있다. 그러나, 고쳐쓰기에서 초고쓰기 본론의 다소 엉뚱했던
부분을 수정하여 자연스런 연결이 되도록 새롭게(㉥, ㉦) 바꾸었다. 그리고
결론 부분은 순서만 바뀌었을 뿐 전체 내용은 그대로였다.

다음, 통제 집단에서 국어 성적이 '중'인 S9, S12학생의 개요는 다음과
같다.

* S9의 개요

논제	영어 공용화를 반대 한다.	
	초고쓰기	고쳐쓰기
서론	㉠·세계화가 가속되고 있는 가운데 영어공용화론이 일부지식인들 사이에 퍼지고 있다.	·세계회가 기속되고 있는 기운데 영이공용화론이 일부지식인들 사이에 퍼지고 있다.
본론	·영어공용화를 반대하는 이유 ㉡① 우리말에는 우리 민족의 혼이 담겨 있다. ㉢② 외국어를 국어로한 국가는 이제껏 없다. ㉣③ 언어를 시작으로 우리의 주제성을 서서히 잃어갈 수 있다.	·영어공용화를 반대하는 이유 ① 우리말에는 우리 민족의 혼이 담겨있다. ② 외국어를 국어로한 국가는 이제껏 없다. ③ 언어를 시작으로 우리의 주제성을 서서히 잃어갈 수 있다.
결론	㉤·영어 공용화에 반대한다!	·영어 공용화에 반대한다!

S9의 개요는 초고쓰기의 서론에서 문제 제기를 시작하였고(㉠), 본론에
서 반대 이유를 '민족의 혼, 주체성 상실'(㉡, ㉣)이라는 항목으로 설정하였
으나 '공용어=국어'라는 다소 거리가 있는 항목(㉢)을 구성하였으며, 결론
에서는 영어공용화 반대로 포괄적인 주장으로(㉣) 조직해 놓았다. 고쳐쓰
기에서는 마찬가지로 자기 점검과 자기 성찰의 모습이 전형 보이지 않았
고 초고쓰기의 개요를 그대로 옮겨 놓았다.

* S12의 개요

논제	영어 공용화를 반대 한다.	
	초고쓰기	고쳐쓰기
서론	㉠ · 영어의 발전과 세계화에 따른 영어 사용증가	· 영어의 발전과 세계화에 따른 영어사용 증가
본론	· 영어공용화를 반대한다. ㉡ · ① 프랑스의 예 ㉢ · ② 자국어를 배우지 않고 영어를 먼저 배우는 어린이들 ㉣ · ③ 한국의 정체성 사라질 수 있음	· 영어공용화를 반대한다. · ① 프랑스의 예 · ② 자국어를 배우지 않고 영어를 먼저 배우는 어린이들 · ③ 한국의 정체성 사라질 수 있음
결론	㉤ · 영어공용화를 다시한번 생각해 보자.	· 영어공용화를 다시한번 생각해 보자.

S12의 개요는 초고쓰기의 서론에서 문제 제기를 적절하게 시작하였으나(㉠), 본론에서 반대의 주장으로 정체성을 제기(㉣)하였으나, ㉡, ㉢은 근거라기보다는 예시에 더 가까운 것으로 이 논점과 다소 거리가 있다. 결론에서는 영어공용화의 재인식으로 구성하였다. 다소 엉뚱하게(㉤) 마무리 짓고 있다. 그리고, 고쳐쓰기에서도 앞의 학생과 동일하게 자기 점검과 자기 성찰의 모습이 전형 보이지 않았고, 초고쓰기의 개요를 그대로 옮겨 놓았다.

국어 성적이 '중'인 실험 집단과 통제 집단의 초고쓰기와 고쳐쓰기의 개요를 비교해 본 결과, 실험 집단에서는 초고쓰기에서 고쳐쓰기의 변화가 보다 활성화되어 수정과 보완이 많이 이루어졌다. 이는 다른 모둠원의 글을 통해 자신을 반성하고 쓰기의 방향을 새롭게 설정한 것으로 판단된다. 반면에 통제 집단에서는 초고쓰기에서 고쳐쓰기의 변화 없이 그대로 옮겨 놓은 모습을 보였다. 이는 다른 모둠원의 개요와 쓰기를 참고하여 본인의 것을 수정하고 보완해야 하는데 그런 기회가 주어지지 않은 결과로 판단된다.

(3) 성적 하위 집단

실험 집단에서 국어 성적이 '하'인 S3, S7 학생의 개요는 다음과 같다.

* S3의 개요

논제	영어 공용화를 반대 한다.	
	초고쓰기	고쳐쓰기
서론	㉠·영어에 대한 우리나라의 생각을 말한다. ㉡ 공용화가 나타나게 된 배경	·영어에 대한 우리나라의 생각을 말한다. ·공용화가 나타나게 된 배경
본론	·영어 공용화에 반대 이유 ㉢-언어는 그 나라 문화를 나타냄	·영어 공용화에 반대 이유 -언어는 그 나라 문화를 나타냄 ㉣-언어는 민족의 정신을 나타냄
결론	㉣·영어 공용화의 반대를 주장 ·우리 민족 의식을 확립할 필요가 있다고 주장	·영어 공용화의 반대를 주장 ·우리 민족 의식을 확립할 필요가 있다고 주장

S3의 개요는 다소 짜임새가 부족하였다. 초고쓰기의 서론에서 문제 제기를 적시작하였으나(㉠, ㉡), 정확하지 못하였고, 본론에서 반대의 주장을 하나 밖에 제시하지 못하였으며(㉢), 결론에서도 본론의 내용을 다시 반복하여 제시(㉣) 하였다. 고쳐쓰기에서 초고쓰기 본론의 내용을 하나 더 추가하였을 뿐(㉤)으로 수정한 모습이 보이지 않았다. 이런 학생들에게는 개요 짜기의 중요성과 필요성 그리고 수정하는 방법에 대한 보충교육이 더 절실하게 요구된다.

S7의 개요는 초고쓰기의 서론과 결론에서 일반적인 논설문의 틀을 적절하게 제시하였으나(㉠, ㉤), 본론에서 반대의 주장에서 다소 거리를 벗어났다(㉡, ㉢, ㉣). 고쳐쓰기에서 개요짜기의 본론 부분을 수정하여 초고의 ㉡ 부분을 삭제하였고, 공용화 반대 이유로 '우리말의 우수성'과 '의사소통 불편'을 새롭게 추가(㉥~㉧) 제시하였다.

* S7의 개요

논제	영어 공용화를 반대 한다.	
	초고쓰기	고쳐쓰기
서론	㉠ · 영어공용화의 반대를 주장 -문제점 제시	· 영어공용화의 반대를 주장 -문제점 제시
본론	㉡ · 영어 공용화가 이루어지게 된 원인 ㉢ · 우리나라의 현실 - 조기 유학 - 부모님들의 생각 ㉣ · 다른 나라 영어공용화에 대한 입장	· 우리나라의 현실 - 조기 유학 - 부모님들의 생각 ㉴ · 영어공용화에 반대 ㉵ -우리말의 우수성 ㉶ -의사소통 불편
결론	㉤ · 본론 요약 · 주장 강조	· 본론 요약 · 주장 강조

통제 집단에서 국어 성적이 '하'인 S10, S13 학생의 개요는 다음과 같다.

* S10의 개요

논제	영어 공용화를 찬성 한다.	
	초고쓰기	고쳐쓰기
서론	㉠① 영어공용화란? ㉡② 찬성하는 이유	① 영어공용화란? ② 찬성하는 이유
본론	㉢① 영어공용화의 필요성 ㉣② 영어공용화를 한 타국의 사례	① 영어공용화의 필요성 ② 영어공용화를 한 타국의 사례
결론	㉤① 영어공용화에 대한 성격 규정 ㉥② 영어공용화의 방향 : 영어 공용화에 찬성 이유	① 영어공용화에 대한 성격 규정 ② 영어공용화의 방향 : 영어 공용화에 찬성 이유

S10의 개요는 다소 짜임새가 부족하였다. 초고쓰기의 서론에서 문제 제기를 하지 않고 개념과 이유로부터 시작였으며(㉠, ㉡), 본론에서 찬성의 주장을 필요성과 타국의 사례로 제시하였으며(㉢, ㉣), 결론에서도 서론에 나와야 할 내용(㉤)을 제시(㉣) 하였고, 찬성 이유(㉥)보다는 강조로 해야 더 적절하다. 고쳐쓰기에서 고쳐쓰기에서는 앞의 통제 집단과 동일하게 자기 점검과 자기 성찰의 모습이 전형 보이지 않았고, 초고쓰기의 개요를 그대

로 옮겨 놓았다.

논제	영어 공용화를 반대 한다.	
	초고쓰기	고쳐쓰기
서론	㉠ · 영어의 사용을 들면서 문제 제기 · 세계화로 인해서 모든 사람들이 공용 언어로 영어를 사용해야된다고 제기되 오고 있다. 이 시점에서 공용화는 과연 올바른 것인가?	· 영어의 사용을 들면서 문제 제기 · 세계화로 인한 영어 공용화는 과연 올바른 것인가?
본론	㉡ · ① 영어를 공용화하면 미국을 강대국 으로 인정하는 것이다. ㉢ · ② 우리말의 주체성 상실 ㉣ · ③ 영어를 먼저 배우는 우리나라 아 이들의 실태	① 영어를 공용화하면 미국을 강대국으 로 인정하는 것이다. ② 우리말의 주체성 상실 ③ 영어를 먼저 배우는 우리나라 아이들 의 실태
결론	㉤ · 영어는 공용화하지 말고 우리나라를 발전시켜 우리나라말을 공용화시킨다. 또는 주체성은 큰 권리에서 공용화를 한다.	· 영어공용화에 반대한다.

  S13의 개요는 초고쓰기의 서론에서 일반적인 논쟁의 쟁점을 적절하게 제시(㉠)하였으나, 본론에서 반대의 주장으로 우리말의 주체성 상실(㉢)은 적절하였으나, 미국 강대국 인정이나 아이들의 실태는 다소 근거로 부적절(㉡, ㉣)하게 제시되었다. 고쳐쓰기에서는 서론과 결론 부분을 좀더 간략하게 제시하였으나, 본론은 마찬가지로 고쳐쓰기에서는 앞의 통제 집단과 동일하게 자기 점검과 자기 성찰의 모습이 전형 보이지 않았고, 초고쓰기의 개요를 그대로 옮겨 놓았다.

  이상의 비교 결과를 정리하면 다음과 같다. 실험 집단에서는 첫째, 초고쓰기의 개요보다 고쳐쓰기의 개요가 정교화되고 다듬어져 충실하고 적절한 짜임새를 갖추었다. 초고쓰기에서는 주제와 관련되지 않은 내용이 들어있거나 상위항목과 하위 항목간의 위계가 맞지 않은 부분들이 보였으나 고쳐쓰기에서는 이를 다듬고 수정하여 이전보다 자연스럽게 개요가 조직될 수 있었다. 둘째, 상위권 학생은 개요 짜기에 대한 기본적인 개념이 충실하여 대체로 무리없이 개요짜기를 진행할 수 있었으나, 중·하위권 학생들은 개요 짜기를 하는 데 어려움을 보여 긴밀하지 못하고 짜임새가 부족하였다. 특히 하위권 학생들은 초고쓰기의 개요를 약간만 수정하고 고쳐쓰기에 옮겨 적는 경우도 있었다.

통제 집단에서는 첫째, 초고쓰기의 개요와 고쳐쓰기의 개요를 비교 했을 때, 새롭게 달라지거나 추가되어 수정된 부분이 별로 나타나지 않았다. 초고쓰기에서는 주제와 관련되지 않은 내용이 들어있거나 상위항목과 하위 항목간의 위계가 맞지 않은 부분들이 보였으나 고쳐쓰기에서도 이를 다듬고 수정하여 보완하려는 노력이 별로 나타나지 않았다. 둘째, 상위권 학생은 초고쓰기의 개요를 좀더 다듬고 수정하여 고쳐쓰기의 개요를 완성하려 하였으나, 앞의 실험 집단에 비해 그 정도가 미비하였다. 반면, 중·하위권 학생들은 개요 짜기를 하는 데 어려움을 보여 긴밀하지 못하였고 대부분 초고쓰기의 개요를 수정하지 않고, 고쳐쓰기에 그대로 옮겨 적었다. 이것은 다른 모둠원의 개요와 쓰기를 참고하여 본인의 것을 수정하고 보완해야 하는데, 그런 기회가 주어지지 않았고, 더불어 자기 점검과 자기 평가의 활동이 별로 나타나지 않은 것으로 판단된다. 이러한 현상은 통제 집단 학생들 대부분에서 보이는 공통적인 현상이었다.

나. 초고쓰기와 고쳐쓰기의 비교 분석

쓰기에 대한 학생들의 쓰기 결과물이 어느 정도 어떻게 변화되었는가를 실험 집단과 통제 집단 학생들의 결과물인 초고쓰기와 고쳐쓰기를 가지고 살펴보도록 한다. 전체 학생들의 원고지를 수합하여 초고쓰기에서 고쳐쓰기를 수행했을 때 고쳐쓴 글의 요소가 어떤 부분에 중점을 두고 고쳐졌는가를 먼저, 양적인 방법으로 분석하여 전체와 각 영역별 빈도수를 조사하였고, 다음으로 질적인 방법으로 초고쓰기에서 고쳐쓰기에서 실제 어떠한 양상을 보이고 있는가를 살펴보았다. 고쳐 쓴 글의 요소는 내용, 조직, 표현, 기타로 구분하였다. 학생들의 원고지에서 내용은 주장과 근거 또는 논의에 대한 중심내용이나 세부내용이 추가나 삭제되어 글 수준에서 변경된 것이고, 조직은 문단의 순서와 흐름 등 글의 짜임새가 변경된 것 이며, 표현은 문장, 단어, 맞춤법, 띄어쓰기 수준에서 변경된 것이고, 기타 는 초고쓰기를 그대로 옮겨 제출하였거나, 고쳐쓰기를 제출하지 않았거나 제출하였더라도 50%이상 분량을 충족시키지 못한 경우에 해당한다. 요소 별 초고쓰기에서 고쳐쓰기로 글의 변동 정도를 나타내면 '내용>조직>표 현>기타'의 순이었다. 고쳐쓴 글의 요소는 아래의 <표 V-8>과 같다.

<표 V-8> 전체 수준에서 고쳐 쓴 글의 요소

	고쳐 쓴 글의 요소				총계 N (%)
	내용	조직	표현	기타	
실험 집단	40 (41.6)	24 (25.0)	25 (26.1)	7 (7.3)	96 (100.0)
통제 집단	19 (19.8)	17 (17.7)	43 (44.8)	17 (17.7)	96 (100.0)

위의 <표 V-8>에서 학생들이 제출한 주제인 '영어공용화', '환경이냐 개발이냐', '인터넷 실명제' 모두를 합한 전체 수준에서 실험 집단은 전체 96개의 원고지 가운데 내용 요소는 40개, 조직 요소는 24개, 표현 요소는 25개, 기타 7개였다. 이에 비해 통제 집단은 내용 요소 19개, 조직 요소 17 개, 표현 요소 43, 기타 17개였다. 실험 집단에서는 학생들이 글을 고칠 때 주장과 근거 또는 논의에 대한 중심내용이나 세부내용이 추가나 삭제 등 거시적 측면 수준에서 이루어지고 있으나, 통제 집단에서는 학생들이 글 을 고칠 때, 문장, 단어, 맞춤법, 띄어쓰기 등 미시적 측면 수준에서 이루

어지는 것을 나타낸다. 이는 실험 집단에서는 다른 모둠원의 글을 읽어보고 동료 평가를 통해 본인 글을 반성하고 잘못된 부분을 수정 보완하여 이루어지고 있으며, 통제 집단에서는 본인이 쓴 글을 자기가 점거하고 수정 보완하여 이루어지다보니 중·하위권 학생들은 스스로 잘못된 부분을 수정 보완하지 못한 결과로 판단된다. 특히, 학급 석차 30위 이하인 최하위권 학생들은 학습에 대한 의욕상실로 쓰기에 관심과 흥미를 잃어버리고, 과제를 제출하지 않거나 제출하더라도 초고를 그대로 옮겨적기까지 하였다. 결국 실험 집단은 통제 집단에 비해 고쳐쓰기가 보다 활발하고 원활하게 이루어졌다는 것을 알 수 있다.

다음으로 쓰기 과제별로 고쳐 쓴 글의 요소가 어떤 차이를 보이는가를 좀더 구체적으로 살펴보도록 하겠다.

<표 V-9> '영어공용화'에서 고쳐 쓴 글의 요소

	고쳐 쓴 글의 요소				총계 N (%)
	내용	조직	표현	기타	
실험 집단	13 (40.6)	9 (28.1)	8 (25.0)	2 (6.3)	32 (100.0)
통제 집단	6 (18.8)	4 (12.5)	15 (46.8)	7 (21.9)	32 (100.0)

위 <표 V-9>에서 실험 집단은 전체 96개의 원고지 가운데 내용 요소는 40개(41.6%), 조직 요소는 24개(25%), 표현 요소는 25개(26.1%), 기타 7개(7.3%)였다. 이에 비해 통제 집단은 내용 요소 19개(19.8%), 조직 요소 17개(17.7%), 표현 요소 43개(44.8%), 기타 17개(17.7%)였다. 실험 집단은 상위권 학생뿐만 아니라 중·하위권 학생들도, 통제 집단은 일부 중·상위권 학생들만 내용 요소에서 고쳐 쓴 양상을 보였으며 하위권 학생들은 맞춤법과 띄어쓰기 등 형식적으로 초고를 고쳐 썼다.

<표 V-10> '환경이냐 개발이냐'에서 고쳐 쓴 글의 요소

	고쳐쓴 글의 요소				총계 N (%)
	내용	조직	표현	기타	
실험 집단	11 (34.6)	8 (25.0)	10 (32.0)	3 (9.4)	32 (100.0)
통제 집단	5 (15.6)	7 (21.9)	14 (43.7)	6 (18.8)	32 (100.0)

위 <표 V-10>에서 실험 집단은 전체 32개의 원고지 가운데 내용 요소는 11개, 조직 요소는 8개, 표현 요소는 10개, 기타 3개였다. 이에 비해 통제 집단은 내용 요소 5개, 조직 요소 7개, 표현 요소 14개, 기타 6개였다. 앞의 '영어공용화'에 비해 실험 집단에서 내용 요소의 비율이 조금 감소했고, 표현 요소의 비율이 조금 상승했다. 마찬가지로 실험 집단은 상위권 학생뿐만 아니라 중·하위권 학생들도, 통제 집단은 일부 중·상위권 학생들만 내용 요소에서 고쳐 쓴 양상을 보였으며 하위권 학생들은 맞춤법과 띄어쓰기 등 형식적으로 초고를 고쳐 썼다[8].

<표 V-11> '인터넷 실명제'에서 고쳐 쓴 글의 요소

	고쳐쓴 글의 요소				총계
	내용	조직	표현	기타	
실험 집단	16 (50.0)	7 (21.9)	7 (21.9)	2 (6.3)	32 (100.0)
통제 집단	8 (25.0)	6 (18.8)	14 (43.7)	4 (12.5)	32 (100.0)

위 <표 V-11>에서 실험 집단은 전체 32개의 원고지 가운데 내용 요소는 16개, 조직 요소는 7개, 표현 요소는 7개, 기타 2개였다. 이에 비해 통제 집단은 내용 요소 8개, 조직 요소 6개, 표현 요소 14개, 기타 4개였다.

---

8) '환경이냐 개발이냐'에 대한 실험 집단과 통제 집단의 각각 3명씩 총 6명 분량의 초고와 교정본은 <부록 15>(pp.260-270)에 실었다.

앞의 두 주제에 비해 실험 집단과 통제 집단 모두 내용 요소의 비율이 조금 상승했고, 표현 요소의 비율이 조금 감소했다. 이는 '인터넷 실명제'라는 주제가 학생들에게 보다 친밀하고 접근이 쉬운 주제이기 때문에 가능하였으리라 판단된다.[9]

(1) 성적 상위 집단

다음은 학생들의 '영어 공용화'에 대한 초고와 교정본을 비교[10]한 것이다. 비교의 편의상 각 학생들을 성적별로 묶어 실험 집답은 상위(S1,S5), 중위(S2,S6), 하위(S3,S7)로 묶고, 통제 집단은 상위(S8,S11), 중위(S9,S12), 하위(S10,S13)로 묶어 집단별 특성을 비교 분석하였다.

먼저, 실험 집단의 국어 성적이 '상'인 S1의 초고와 교정본은 아래와 같다.

<S1 : 초고>

세계는 현재 미국이라는 초강대국을 중심으로 돌아가고 있다. 경제, 문화, 외교의 모든 방향이 영어권 중심이 되어 흘러가고 있는 추세 속에서 새삼스럽게 영어가 중요하다고 주장하는 사람은 없다. 그러나 영어의 중요성을 필요 이상으로 과대평가하여 영어 공용화를 주장하는 목소리까지 들리고 있다.

이러한 주장은 언어와 우리 정서의 관계를 전혀 고려하지 않은 것이다. 언어는 각 나라를 대표하는 형태없는 문화재이기도 하다. 그렇기에 세계에는 수백가지의 언어가 존재하고 있으며 다른 언어를 사용하는 사람들은 생활 습관도 가치관도 모두 다르다. 언어 속에는 우리의 정서와 문화가 담겨 있다. 가령, '파랗다'라는 표현은

---

9) '인터넷 실명제'에 대한 실험 집단과 통제 집단의 각각 3명씩 총 6명 분량의 초고와 교정본은 초고와 교정본은 <부록 15>(p.271-280)에 실었다.

10) 초고에서 굵은 글씨는 교정본에서 고쳐진 부분이며, 교정본에서 밑줄 친 부분은 초고와 달라진 부분이다. 이하 모든 학생의 초고와 교정본이 굵은 글씨와 밑줄 친 부분도 모두 같은 의미이다. 학생들의 글은 맞춤법, 띄어쓰기 등 어법은 수정하지 않았고, 원래 원고지에 쓴 그대로 옮겨 적었다.

영어에서는 '블루' 하나로 통일되고 있으나 우리 언어에서는 퍼렇다, 시퍼렇다, 새 파랗다 등 여러 가지로 표현되고 있다. 또한 높임말이라는 개념도 영어에서는 발달 하지 않은 것이다. 진지, 주무시다 등의 높임말은 우리 사회에서 어른과 아이의 대우 를 다르게 대접한다는 것을 보여준다. 그러나 영어에서는 어른들에게까지 자신과 동 급으로 나타내는 '유'라는 표현을 사용하고 있다. 이것은 우리의 예절문화를 파괴 시킬 수도 있다.

영어 공용화는 현실적으로 어려운 문제점을 지니고 있다. 현재 영어 공용화를 채택 한 필리핀이나 인도의 경우는 각기 미국이나 영국의 영향을 오랫동안 받아오며 영 어를 자연스럽게 받아들였다. 그러나 우리 나라의 경우는 교육 제도로써 영어는 중요 시되나 실생활에서는 영어를 잘 사용하지 못하고 있다. 실제도 영어를 가르칠 수 있지 도 않은 상황에서 영어 공용화는 너무 큰 낭비를 불러 올 것이다.

우리나라는 세계 어느 나라보다도 무의식적인 민족주의를 강하게 지니고 있다. 그 러나 영어 공용화를 통해 영어 사용 하는 사람을 우대하는 눈으로 보게되고 영어 를 쓰지 못하는 사람을 열등하게 바라본다면 우리의 동질성은 깨질 것이다.

이러한 영어 공용화의 악영향을 생각하면서도 영어 공용화를 주장한다는 것은 우리 의 주체성을 잃어버린 사상이다.

<S1 : 교정본>

세계는 미국이라는 강대국을 중심으로 돌아가고 있다. ①그러다보니 정치, 경제, 문화 어느 측면을 보더라도 영어는 절대적인 필요성을 지니고 있다. 이러한 상황 에서 새삼 영어가 중요하다고 주장하는 사람은 없다. 그러나 영어를 필요 이상으 로 과대평가하여 영어 공용화를 주장하는 목소리까지 들리고 있는데 이러한 주장 은 여러 가지 문제점을 생각하지 않은 것이다.

②우선 언어와 문화의 상관 관계를 고려 해야 한다. 언어는 나라를 대표하는 형 태없는 문화재이기도 하다. 세계에서는 이 서로 다른 문화재를 가지고 있는 집단 끼리는 생활 습관이나 가치관이 모두 다르다. ③그러다보니 우리말과 영어도 서로 다른점을 가지고 있다. 가령 '파랑다'라는 표현은 우리말에서는 '새파랗다', '퍼렇 다' 등 다양하게 표현하지만 영어에서는 '블루' 하나로 통일 된다. 또한 우리말에 서는 높임말이 매우 발달하였지만 영어에서는 어른들에게 조차 자신과 동급으로 나타내는 '유'라는 표현을 사용한다. 즉 ④영어 공용화는 우리의 풍부한 어휘와 예

를 존중하는 사상은 파괴시킬 우려가 있다.

또한 우리는 영어를 실생활에서 접하지 못하는 상황이다. 실제로 영어 사용 기회가 확산되지 않은 상황에서 영어 공용화는 큰 낭비를 불러올 것이다. 영어 공용화를 하는 인도나 필리핀의 경우 영국과 미국의 영향으로 영어가 충분히 퍼졌기 때문에 영어 공용화가 어렵지 않았다.

이처럼 영어가 실용화 단계가 되지 않은 상태에서 영어 공용화를 할 경우에는 국민의 단결성이 무너질 수도 있다. 우리나라는 세계 어느 나라보다도 민족간의 단결성이 강하지만 우리의 언어가 두개가 되어 우등 국민과 열등 국민이 생길 수 있다는 것이다.

⑤영어 공용화는 결코 우리나라를 발전시킬 수 없다. 세계화 시대에서 진정한 발전은 자신의 주체성을 갖고 있는 상황에서만 가능하다. 우리의 전통적인 정서를 지키기 위해서도 쓸모없는 국가적 낭비를 막기 위해서도 영어 공용화는 반드시 막아야만 하는 과제이다.

아래 <장면 17>에서 ⓐ와 ⓑ는 S1학생이 '쓰기 전 개요짜기를 위한 모둠 토의가 초고쓰기에 도움을 주는가'와 '고쳐쓰기를 하면서 가장 중점을 두는 사항은 무엇인가'에 대한 답변 내용이다.

<장면 17>

ⓐ 모둠 토의가 별로 제대로 이루어지지 않았어요. 자기가 자기 것 보고 썼어요 많은 토의를 했다기보다 자기가 쓴 글을 보고 다시 한번 쓰는 것에 그쳤어요.

ⓑ 초고쓰면서 제가 읽어보면 문장이 어색한 부분이 많은 것 같아가지고요 문장을 다시 잡고, 글의 순서라든지 일관성을 잡고 전체적인 내용이 바뀌는 것 같아요. 전체 커다란 흐름이 많이 바뀌는 것 같아요. (CS1 : 061027- I)

S1학생은 모둠 토의가 초고쓰기에 도움이 되었는가라는 물음에 '모둠 토의가 별로 제대로 이루어지지 않았다'는 부정적인 답변을 하였다. 또한, 고쳐쓰기에서 중점을 두는 사항으로 '문장을 다시 잡고, 글의 순서라든지 일관성, 전체적인 내용을 바뀌는 것' 같다는 답변을 하였다. 전반적으로 고쳐쓰기에서 많은 수정과 보완이 이루어졌다. 이 학생의 고쳐쓰기를 살

퍼보면 ①~⑤ 부분이 초고쓰기와 달라진 부분이다. 서론 부분의 ①에서 영어 공용화에 대한 문제 제기를 분명하게 제시하고 있다. 본론 부분의 ②,③에서 영어 공용화가 주체성을 상실한다는 것을 언급하고 있다. 또 본론의 ④부분에서 영어 공용화가 문화를 잃어버린다는 것을 강조하고 있는데, '정체성'도 함께 언급하고 있다. 결론 부분의 ⑤는 미숙하지만 본론의 내용을 요약하여 제시하고 있다. 전체적으로 보면 앞의 초고쓰기에 비해 '내용'과 '조직' 부분에서 좀더 명확하고 구체적으로 수정하였음을 확인할 수 있다. 그러나 '표현' 부분인 띄어쓰기나 맞춤법은 고쳐 쓴 흔적이 잘 나타나지는 않았다.

다음, 실험 집단의 국어 성적이 '상'인 S5의 초고와 교정본은 아래와 같다.

<S5 : 초고>

미국이 전세계를 주도하는 상황에 그 나라의 국어인 영어도 세계적으로 확산되어 가고 있다. 영어공용화가 추진되면서 우리나라도 예외없이 학부모들의 들끓는 학업욕심으로 자녀들에게 한글 보다도 영어를위해 어학연수, 이민까지 고려하는 실정이다. 하지만 우리나라에겐 고유언어인 '한글'이 존재하고, 이것은 우리민족과 반만년이상을 함께 지내온 동지이자, 정신이기 때문에 나는 영어공용화를 반대한다.

영어공용화를 반대하는 이유로는 다음과 같다. 첫째, 우리고유의 언어인 '한글'은 우리민족의정신을 대변하는 것으로 하루아침에 바꿀수가 없다. 세종대왕께서 만백성의 고통을 덜어주기위해, 대신들의 반대도 무릅쓰고 '훈민정음'을 창제해내셨고, 이것은 그시대에 대항한 창조적인 산물일 것이다. 그리고 우리나라를 대표하는 하나의 마스코트라고 할 수 있다.

이러한 '한글'을 떨치고 어느날부터 자리잡은 영어가, 이젠 공용화까지 된다면 이것은 우리나라의 전통을 끊고, 하나로 결속된 우리민족의 정신도 혼란상태를 겪게 될 것이다.

그리고 둘째, 영어를 따르는 것은 추세의영향으로 단지 모방에 지나지않을뿐, 우리전통사상에도 해를 끼칠 것이다.

영어를 공용화하는 것을 찬성하는 것이나 그대로 방치해 두는 것은 다른나라와

다름없이 미국의주도에 휘말려 그밑에 깔리는것과 마찬가지이다. 이렇게 미국아래
에 눌려 섞이게된다면,우리나라를 왜구,중국,그밖의 외세들로부터 목숨을 걸고 싸
운 수많은 위인앞에 서기 부끄럽지 않을까? 이것은 우리전통과 인연을 끊고 현대
의 대세를 따르는 '모방'의 수준에밖에 미치지 못할 것이다.

　위와같이 결과적으로 영어공용화를 통해선 우리나라에게는 그다지 밝은 전망을 가
져다주지 못할 것이다.

　본론에서 따져본 전통과의 단절과 '모방' 문제를 통해 영어공용화가 우리민족정
신을 해치고, 자주성을 잃게 만든다는 것을 알수있었다. 우리는 우리민족의 얼과사
상을 보수적이라고 수비게 넘겨선 안될 것이다. 우리나라가 간접적으로라도 다른
나라에 눌리는 것은 결코 주체성, 자주성에 용납되지 못하는일이다. 앞으로 우리민
족이 영어에 혼한을 겪어 민족정신을 팔아넘기는 실수는 없어야 할 것이다.

　<S5> 교정본
　①요즘 전세계적으로 영어공용화가 이루어지고 있다. 영어공용화가 추진되면서
우리나라도 예외없이 학부모들의 들끓는 학업욕으로 자녀들에게 한글보다도 영어
를 위해서 어학연수, 이민까지 바라보는 실정이다. ②그렇지만 우리나라에겐 고유
언어인 '한글'이 존재하고 이것은 우리민족과 반만년 이상을 함께 지내온 동지이
기 때문에, ③오랫동안 유지되어온 우리민족의 자랑을 외국어에 휩쓸려 내팽겨쳐
버릴순 없다. 그러므로 나는 영어공용화를 반대한다.

　영어공용화를 반대하는 이유로는 다음과 같다. 첫째, 우리고유의 언어인 '한글'
은 우리민족의 정신을 대변하는 것으로 하루아침에 바꿀수 없기 때문이다. 세종대
왕께선 만백성의 고통을 덜어주기 위해, 대신들의 반대도 무릅쓰고 '훈민정음'을
창제해 내셨고 이것은 그 시대에 대항한 창조적인 산물일 것이다.

　이러한 '한글'을 떨치고 어느날부터 자리잡은 영어가 이젠 공용화까지 된다면
이것은 우리나라의 전통을 끊고, 하나로 결속된 우리민족의 정신도 혼란상태를 겪
게될 것이다.

　그리고 둘째, 영어를 따르는 것은 추세의 영향으로, 단지 모방에 지나지 않을뿐
우리의 전통사상에도 해를 끼칠 것이다.

　영어를 공용화하는 것을 찬성하는것이나 그대로 방치해 두는 것은 다른나라와
다름없이 미국의 주도에 휘말려 그밑에 깔리는것과 마찬가지이다. 이렇게 미국아

래에 눌려 섞이게 된다면, 우리나라를 왜구, 중국, 그밖의 외세들로부터 목숨을 걸고 싸운 수많은 위인 앞에 서기 부끄럽지 않을까? 이것은 우리전통과 인연을 끊고 현대의 대세를 따르는 '모방'의 수준에밖에 미치지 못할 것이다.

　본론에서 따져본 전통과의 단절과 '모방' 문제를 통해 영어공용화가 우리민족이 정신을 해치고, 자주적인 성격을 잃게 만든다는 것을 알 수 있었다. 우리는 우리민족의 얼과 사상을 보수적이라고 쉽게 넘겨선 안될 것이다. 우리나라가 간접적으로라도 다른나라에 눌리는 것은 결코 주체성, 자주성에 용납되지 ④않는일이다. 앞으로 우리민족이 영어에 혼란을 겪어 민족정신을 팔아넘기는 실수는 없어야 할 것이다.

아래 <장면 18>의 ⓐ와 ⓑ는 면담에서 S5학생이 '쓰기 전 개요짜기를 위한 모둠 토의가 초고쓰기에 도움을 주는가'와 '고쳐쓰기를 하면서 가장 중점을 두는 사항은 무엇인가'에 대한 답변 내용이다.

<장면 18>
ⓐ 아무래도 저 혼자 생각하기에는 못 했던 측면 등을 보게 되고 해서 글 쓸 때 유리했어요. 모둠원들의 의견을 수렴해서 글을 쓰려고 했어요.
ⓑ 아이들이 제 글에 대해 안 좋다 생각하는 부분을 고쳐가면서 확실하게 방향을 제대로 잡는 쪽으로 고쳐나갔어요. 확실하게 안 될 때도 있긴 한데 대체적으로 문제가 있는 부분은 (아이들이)지적하였어요.(DS5 : 061027- I)

S5학생은 모둠 토의가 초고쓰기에 도움을 주는가라는 물음에 '아무래도 저 혼자 생각하기에는 못 했던 측면 등을 보게 되고 해서 글 쓸 때 유리했다'는 답변을 하였다. 또한, 고쳐쓰기에서 중점을 두는 사항으로 '아이들이 자기 글에 대해 안 좋다 생각하는 부분을 고쳐나갔다'는 답변을 하였다. 전반적으로 앞의 S1학생 보다는 고쳐쓰기에서 수정과 보완이 많이 이루어지지는 않았다. 고쳐쓰기를 보면 ①~④ 부분이 초고쓰기와 달라진 부분이고, 삭제한 부분이 3군데 있다. 서론 부분의 ①에서 영어 공용화가 확산되어가고 있는 문제 제기를 하고 있다. 서론의 ②와 결론의 ④에서 간단한 어미만을 바꾸어 고쳐 썼다. 앞의 S1 학생에 비해 고쳐쓰기를 많

이 하지는 않았고, 글의 내용, 조직 및 표현이 다소 어색한 부분이 조금 보인다. 또한 띄어쓰기를 제대로 지키지 않았으며, 설득하는 근거가 다소 부족하여 의미 전달이 명확하지 않았다.

통제 집단의 국어 성적이 '상'인 S8의 초고와 교정본은 아래와 같다.

요즘 세계는 지구촌의 시대로 접어들고 있다. 이러한 통합에서 절대적 우위를 가지고 있는 언어는 영어다. 가장 많은 나라가 쓰는 언어는 중국어지만, 가장 많은 나라가 쓰는 언어는 영어다. 영어가 세계어라고 해도 과언이 아닌 것이다. 하지만 그렇다고 해서 영어와 한글을 국어로 삼자는 영어 공용화 정책은 세계화보단 맹목에 가까운 사대라고 봐야 한다.

우선 세계화의 흐름에 우리를 맞춰가 주면, 그들의 모든 것을 베끼려면 하지 말고 우리의 발전을 먼저 이룩해야 한다. 우리의 경쟁력 없이 그저 언어만 따라 한다면 무슨 소용인가. 그저 우리의 문화와 혼을 헐값에 넘기는데 지나지 않을 것이다. 우리의 문화와 언어를 버리고 영어로 국가의 정점인 미국에 세뇌될 준비를 하는 것이다. 경쟁력을 갖추고 수용할 때 주체있는 세계화를 이룰 수 있는 것이다.

언어에는 그 각자의 특징이 있다. 우리의 한글과 영어는 그 특징이 아주 다르다. 주어 목적어 서술어 배치부터 표현의 범위까지 다르다. 이렇게 글의 기반부터 차이가 있는데, 이 두 언어를 공용어로 지정하면 역효과가 날 것이다. 아직 뇌의 언어체계가 완전하게 확정되지 못한 유년기의 아동이 느낄 혼란이 클 것이다.

우리의 민족 문화는 세계적으로 우수하다는 평가를 받고 있다. 우리가 지금 쓰고 있는 한글도 문맹률 최저의 과학적 언어이다. 과연 이러한 우수한 민족 문화를 반쯤 포기할 필요가 있을까? 가장 한국적인 것이 가장 세계적이라는 말은 세계화는 지역화라는 관점에서 쓰여졌다. 우리가 영어를 공용어로 삼자는 것은 오히려 이러한 세계화의 추세에 역효과는 아닐까?

이렇듯 우수한 민족 문화가 있는 우리나라의 우수한 한글은 반쪽짜리로 만들어 놓고 세계화를 지칭한다는 것은 무리가 있지 않나 싶다.

진정한 세계화는 주체적 수용에서 시작된다. 그리고 문화는 다른 문화에 예속할 수 없는 것이다.

<S8 : 교정본>

　요즘 세계는 지구촌의 시대로 접어들고 있다. 이러한 세계 통합에서 절대적 우위를 가지고 있는 언어는 영어다. 가장 많은 나라가 쓰는 언어는 중국어지만, 가장 많은 나라가 쓰는 언어는 영어다. 영어가 세계어라고 해도 과언이 아니다는 것이다. 그렇다고 해서 영어와 한글을 동시에 국어로 삼자는 영어 공용화 정책은 ①<u>충분히 준비되지 않은 당연한 행동이라 생각한다.</u>

　우선 세계화의 흐름에 우리를 맞춰가 주면, 그들의 모든 것을 베끼려면 하지 말고 우리의 발전을 먼저 이룩해야 한다. 우리의 경쟁력 없이 그저 언어만 따라 한다면 무슨 소용인가. 그저 우리의 문화와 혼을 헐값에 ②<u>팔아</u> 넘기는데 지나지 않을 것이다. 우리의 문화와 언어를 버리고 영어로 국가의 정점인 미국③<u>의</u> 속국이 될 준비를 하는 것이다. ④<u>우리의</u> 경쟁력을 갖추고 ⑤<u>외국의 문화를</u> 수용할 때 주체 있는 세계화를 이룰 수 있⑥<u>을</u> 것이다.

　언어에는 그 각자의 특징이 있다. 우리의 한글과 영어는 그 특징이 아주 다르다. 주어 목적어 서술어 배치부터 표현의 범위까지 다르다. 이렇게 글의 기반부터 차이가 있는데, 이 두 언어를 공용어로 지정하면 역효과가 날 것이다. 아직 뇌의 언어체계가 완전하게 확정되지 못한 유년기의 아동이 느낄 혼란이 클 것이다.

　우리의 민족 문화는 세계적으로 우수하다는 평가를 받고 있다. 우리가 지금 쓰고 있는 한글도 문맹률 최저의 과학적 언어이다. 과연 이러한 우수한 민족 문화를 세계화를 이유로 스스로 경시할 필요가 있을까? 가장 한국적인 것이 가장 세계적이라는 말이 있다. 세계화는 곧 우리의 개성에서 나온다는 말이다. 우리가 영어를 공용어로 삼자는 것은 오히려 이러한 가까운 진리를 무시하는 것은 아닐까?

　⑦<u>우리만의</u> 우수한 민족 문화가 있는 상황에서 ⑧<u>세계화로 우리 스스로를 천시하고 그것으로서 만족한다는 것은 자기 학대같다.</u>

　진정한 세계화는 주체적 수용에서 시작된다. 그리고 ⑨<u>문화에는 우열이 없다.</u>

　S8학생의 고쳐쓰기를 보면 ①~⑨ 부분이 초고쓰기와 달라진 부분이다. 문장수준에서 수정이 이루어진 부분은 ①, ⑧, ⑨이고, 단어 수준에서 수정이 이루어진 부분은 ②~⑦에 해당한다. 이는 학생의 자기 점검과 평가가 고쳐쓰기의 수정과 보완에 미치는 영향이 미미함을 보여주는 것이다.

　통제 집단의 국어 성적이 '상'인 S11의 초고와 교정본은 아래와 같다.

<S11 : 초고>

지금 우리는 세계화의 바람과 더불어 영어공용화 도입에 관해 찬성과 반대 여론이 맞서고 있다. 아무리 세계화라고는 하지만 나는 영어공용화에 반대한다. 영어를 공용어로 쓴다고 하지만 나중에는 한글보다 영어의 가치가 더 커질 것이다. 그렇게되면 한글의 입지는 **좁아지다** 어느 순간에는 한글이 쓰이지 않게 될 것이다.

영어공용화에 반대하는 이유는 첫째, 영어는 우리나라의 언어가 아니기 **때문에** 영어를 쓴다는 것은 그 나라, 그 민족의 주체성을 **잃는거와** 같다. 지금도 영어조기유학이니 뭐니 하는데 영어공용화가 된다면? 극성맞은 엄마들은 더욱더 영어교육에 **힘쓰게** 될 것이다. 한글교육은 경시한채……

둘째, 영어공용화는 강대국 즉, 미국의 야심이다. 현재 세계에서 가장 센 나라는 미국이다. 경제력, 국방력, 등…… 미국은 세계에서 이산화탄소 배출1위이다. 그런데 미국은 나라별 이산화탄소 배출을 금지시키는 도쿄회의에서 서명하지않았다. 이것이 미국이다. 또한 이라크 전쟁, 이 **전쟁은** 석유를 얻기 위해 가당치도 않은 명분으로 이라크를 침공하고 석유의 대부분을 미국으로 가져가고 있다. 우리나라조차 미국의 동맹국이라 하면서 정작 미국인이 우리나라에서 범죄를 일으키면 처벌을 제대로 하지 못한다. 그런데 영어를 쓰게된다면 미국은 우리나라를 다루기 쉬워질 것이다.

셋째, 영어공용화를 하게되고 세월이 흐르다보면 단일국가체재로 나갈 수있다. 여기서 문제되는 것은 독재이다. 단일국가들어서게 된다면, 독재가 출현할 가능성이 있다. 견제할 국가도 없고, 하나의 지구자체가 국가인셈이다. 이것을 좋게 볼 수도 있겠지만 절대 그렇지 않다. 역사상으로 좋게 끝을 맺은 독재자는 한명도 찾아볼 수가 없다.

그럼 어떻게 해야 할까? 내 생각은 이렇다. 세계화의 흐름은 거스를수가 없다. 세계화의 흐름을 타되 민족의 주체성을 흩트리게 하는 것은 주체적으로 **거슬러야** 할 것이다. 그것이 가장 올바른 세계화의 방향이라고 생각한다. 영어공용화 또한 마찬가지이다. 그렇기 때문에 영어공용화에 반대한다.

<S11> 교정본

지금 우리는 세계화의 바람과 더불어 영어공용화 도입에 관해 찬성과 반대 여론이 맞서고 있다. 아무리 세계화라고는 하지만 나는 영어공용화에 반대한다. 영어를 공용어로 ①<u>사용한다고</u> 하지만 나중에는 한글보다 영어의 가치가 더 커질 것이다.

그렇게되면 한글의 입지는 ②좁아지게 되고 어느 순간에는 한글이 쓰이지 않게 될 것이다.

영어공용화에 반대하는 이유는 첫째, 영어는 우리나라의 언어가 아니기 ③때문이다. 영어를 쓴다는 것은 그 나라, 그 민족의 주체성을 ④잃는 것과 같다. 지금도 영어조기유학이니 뭐니 하는데 영어공용화가 된다면? 극성맞은 엄마들은 더욱더 영어교육에 ⑤열을 올리게 될 것이다. 한글교육은 경시한채……

둘째, 영어공용화는 강대국 즉, 미국의 야심이다. 현재 세계에서 가장 센 나라는 미국이다. 경제력, 국방력, 등…… ⑥또한, 미국은 세계에서 이산화탄소 배출1위이다. 그런데 미국은 나라별 이산화탄소 배출을 금지시키는 도쿄회의에서 서명하지 않았다. 이것이 미국이다. 또한 이라크 전쟁, 이 전쟁은 석유를 얻기 위해 가당치도 않은 명분으로 이라크를 침공하고 석유의 대부분을 미국으로 가져가고 있다. 우리나라조차 미국의 동맹국이라 하면서 정작 미국인이 우리나라에서 범죄를 일으키면 처벌을 제대로 하지 못한다. 그런데 영어를 쓰게된다면 미국은 우리나라를 다루기 ⑦쉽게될 것이다. ⑧그런 우리 민족의 미래는 불보듯 뻔하다.

셋째, 영어공용화를 하게되고 세월이 흐르다보면 단일국가체재로 나갈 수있다. 여기서 문제되는 것은 ⑨실상 독재이다. 단일국가들어서게 된다면, 독재가 출현할 가능성이 있다. 견제할 국가도 없고, 하나의 지구자체가 국가인셈이다. 이것을 좋게 볼 수도 있겠지만 절대 그렇지 않다. 역사상으로 좋게 끝을 맺은 독재자는 한명도 찾아볼 수가 없다.

그럼 어떻게 해야 할까? 세계화의 흐름은 거스를수가 없다. 세계화의 흐름을 타되 민족의 주체성을 흩트리게 하는 것은 주체적으로 ⑩거부해야 할 것이다. 그것이 가장 올바른 세계화의 방향이라고 생각한다. 영어공용화 또한 마찬가지이다. 그렇기 때문에 영어공용화에 반대한다.

S11학생의 고쳐쓰기를 보면 ①~⑪ 부분이 초고쓰기와 달라진 부분이고, 삭제된 부분이 1군데 있고, 추가된 부분⑧이 1군데이다. 추가된 부분을 제외하면 이 학생은 고쳐쓰기가 단어 수준에서 이루어졌음을 알 수 있다. 실험 집단의 S1, S5 학생에 비해 고쳐쓰기를 제대로 하지 않았고, 글의 내용, 조직 및 표현이 다소 어색한 부분이 많이 보이지만 바르게 고쳐지

지 않았다.

상위 집단에서 실험 집단과 통제 집단의 초고쓰기와 고쳐쓰기를 비교해 보았을 때, 전반적으로 실험 집단은 내용과 조직 부분에서 다수의 수정과 보완이 이루어졌다. 본인 초고(S1)를 중심으로 하거나, 다른 사람이 지적(S5)해 준 것을 바탕으로 초고의 '내용'과 '조직'부분에서 불필요한 부분은 삭제하였고, 필요한 부분을 보충하여 수정하고 보완하였으나 어법 등의 '표현' 부분은 활발하게 이루어지지 않았다. 반면에 통제 집단은 고쳐쓰기가 글의 전체적인 '내용'이나 '조직'보다는 '표현'인 문장이나 단어 수준에서 이루어졌고 그 변화의 정도도 미미함을 알 수 있다.

(2) 성적 중위 집단

실험 집단의 국어 성적이 '중'인 S2의 초고와 교정본은 아래와 같다.

<S2 : 초고>

한글과 영어공용화 사이에 우리는 현재 갈등하고 있다. 영어는 우리나라가 세계에서 경쟁력있는 국가가 되기위한 조건이다. 한글은 우리 것을 쓰는 민족성을 뜻할것이다. 최근 민족주의와 현실성중 어떤 것을 선택해야 하는지 주장이 분분하다. 하지만 한글은 우리에게 중요한 수단이다. 옛 부터 내려온 우리의 소중한 보물이고 요즘 방송에서도 우리 글을 살리는 방송도 나오고 있다.

우리 한글을 사용하지 않으면 우리의 주체성을 잃어버린 것이나 다름없다. 한글에는 옛날부터 내려온 우리 조상들의 옛날사고방식과 언어가 그대로 보존되어있다. 그런 한글을 사용하지 않고 영어를 공용화한다는 것은 우리나라가 통째로 없어진다는 것이다.

영어를 모국어처럼 사용하면 우리의 문화도 없어질 뿐만 아니라 세계에 진출해도 자기 자신의 출신지를 어딘지 모르게 되고 정체성도 잃어버릴 것이다. 예를들어 우리나라 사람이 미국 같은곳에 진출했다고 가정해보면 눈색깔과 피부색도 다른데 자신은 어느나라 사람인지 망각하지 못할 것이다.

지금 이 시대는 각자의 생각과 주장을 중요시 해주는 다원화사회이다.

그러기 때문에 각각의 나라가 작자의 언어가 있다는 것은 아주 자연스럽고 당연한 결과일 것이다. 또 지금상태에서 갑자기 영어를 모국어로 선택해 버린다면 많은 문제와 이의가 있을 것이다. 지금은 영어라는 언어가 굉장히 중요하고 국가에 직결시 되는 언어이다.

아무래도 공통적인 언어이다 보니 엄청난 중요성을 띤다. 우리언어를 쓰지 않은다는 것은 나의 어머니, 아버지의 이름과 얼굴도 모르는 것과 다를것이 없다는 것이다. 우리나라는 학력주의가 굉장히 심해서 영어가 더욱 중요하게 되버린 현실이다.

하지만 우리는 영어공용화에 당연히 반대해야 한다.

우리는 우리나름대로의 방식과 민족성을 가지고 우리만의 언어를 쓰고 문화를 창조하면 되는 것이다. 그러므로 우리는 영어공용화를 반대하고 우리만의 것을 사용하면서 생활해야 할것이다.

<S2 : 교정본>

우리말사용과 영어공용화 사이에 우리는 현재 갈등하고 있다. 영어는 우리나라가 세계에서 경쟁력있는 국가가 되기위한 필요조건이다. ①무한경쟁시대에 살아남기 위해서는 영어가 필수적이기 때문이다. 그래서 영어공용화 문제가 대두되었다.

최근 민족주의와 현실성중 어떤 것을 선택해야 하는지 주장이 분분하다. 하지만 우리말은 우리에게 중요한 수단이다. 지금 현대사회는 각자의 생각과 주장을 중요시되는 다원화사회이다. 때문에 각각의 나라가 각자의 언어가 있다는 것은 아주 자연스럽고 당연한 결과일 것이다. 또 ②생활할 때 영어를 사용하지 않는 지금상태에서 갑자기 영어를 선택한다면 많은 문제점이 발생할 것이다. 지금은 영어라는 언어가 굉장히 중요하고, 국가에 빠질수 없는 언어이다.

③우리말을 사용하지 않으면 우리의 주체성을 잃어버리게 된다. 우리말에는 옛날부터 내려온 우리조상들의 옛날사고방식과 문화가 그대로 보존되어 있다. 그런 우리말을 사용하지 않고 ④영어공용화를 한다는 것은 우리의 정신을 말살하는 좋지 못한 것이 될 것이다.

⑤영어를 모국어처럼 사용하면 우리의 문화도 없어질뿐만 아니라 정체성도 잃어버릴 것이다. 수천년 갈고 닦아온 우리의 우수한 문화가 사라질 위기에 놓이게 된다.

아무래도 공통적인 언어이다보니 엄청난 중요성을 띤다. 우리나라는 학력주의가 굉장히 심해서 영어가 더욱 중요하게 되버렸다. 우리언어가 보란듯이 있는데 사용하지 않는 것은 자신의 어머니 아버지의 이름과 얼굴도 모르는것과 다를것이 없다.

⑥우리는 만반년 역사를 지닌 문화민족으로 우리 나름대로의 방식과 민족성을 가진 민족이다. 우리만의 언어를 쓰고 우리 문화를 창조하면 서 더욱 발전시켜야 되는 것이다. 그러므로 우리는 영어공용화에 당연히 반대해야 하고 우리만의 것을 사용하면서 살아가야 할 것이다.

아래 <장면 19>의 ⓐ와 ⓑ는 면담에서 S2학생이 '쓰기 전 개요짜기를 위한 모둠 토의가 초고쓰기에 도움을 주는가'와 '고쳐쓰기를 하면서 가장 중점을 두는 사항은 무엇인가'에 대한 답변 내용이다.

<장면 19>
ⓐ 친구들과 사전에 토의해보고 어떤 부분을 중점적으로 해야 되는지 계획을 세우고 해보니 쉽게 이루어졌어요.
ⓑ 친구들 것을 한 번씩 죽 돌려 읽고 마지막에 자기 것을 보았을 때 확실히 나의 부족한 부분을 알 수 있어요 아무래도 친구들이 지적해 준 것과. 친구들이 평가해 준 내용을 중심으로 고쳐쓰기를 하면서 중점을 두는데요(CS2 : 061028-I)

S2학생은 모둠 토의가 초고쓰기에 도움을 주는가라는 물음에 '친구들과 사전에 토의해보고 어떤 부분을 중점적으로 해야 되는지 계획을 세우고 해보니 쉽게 이루어졌다'는 답변을 하였다. 고쳐쓰기에서 중점을 두는 사항으로 '친구들이 지적해 준 것과 친구들이 평가해준 내용'이라는 답변을 하였다. 전반적으로 고쳐쓰기에서 많은 수정과 보완이 이루어졌다. S2학생의 고쳐쓰기를 보면 ①~⑥부분이 초고쓰기와 달라진 부분이다. 서론 부분의 ①에서 영어 공용화에 대한 문제 제기를 분명하게 제시하고 있다. 본론 부분의 ②~④에서 영어 공용화가 주체성을 상실한다는 것을 언급하고 있다. 또 본론의 ⑤부분에서 영어 공용화가 문화를 잃어버린다는 것을 강조하고 있는데, '정체성'도 함께 언급하고 있다. 결론 부분의 ⑥은 미숙하지만 본론의 내용을 요약하여 제시하고 있다. 전체적으로 보면 앞의 초

고쓰기에 비해 내용과 조직 부분에서 좀더 명확하고 구체적으로 수정하였음을 확인할 수 있다. 그러나 띄어쓰기나 맞춤법에서는 고쳐 쓴 흔적이 잘 나타나지 않았다.

실험 집단의 국어 성적이 '중'인 S6의 초고와 교정본은 아래와 같다.

<S6 : 초고>

이제 미국이 세계최고의 국력을 보유 하는 것을 부정할수 없고 부정하는 사람들도 없을 것이다. 그러면서 최근 영어를 공용화하자는 사람들이 나타나서 파장이 있었다. 세계강국인 미국을 중심으로 세계화가 되고 있는 현 시점에서 영어의 중요성이 부각되면서 이러한 주장이 나타나는 것이다. 또한 그래도 우리말을 버리는 것은 무모하다는 주장을 하여 반대하는 사람들도 많이 있다. 나 역시 그들처럼 반만년이란 오랜 세월동안 사용해온 우리말을 버리고 영어공용화를 하자는 의견에 반대한다.

우리말 우리글에는 우리민족만의 민족성과 얼이 담겨있다. 국어사전에 있는 단어들을 다시 영어사전으로 찾아보자. 보통은 비슷한 뜻을 지닌 영어단어가 나오지만 사실 그단어로 적절한 상황에서 쓰진못할 것이다. 즉 우리말도 우리민족만의 쓰이는 상황이 다르다. 우리말과 글에는 우리민족만이 표현할수있는 언어가있다.

굳이 공용화는 하여도 국력이 뒤쳐지지 않을 것이다. 일본은 영어를 못하는 민족이다. 그런데 일본의 국력은 매우 막강하다. 어떻게 그런것인가? 과학기술이 발전하면서 우리가 직접 해드셋을 끼고 통역가들의 언어통역을 동시 통역으로 들을수 있게 되었다. 즉 굳이 영어는 배우지 안아도 우리는 영어 언어수단을 할수 있는 것이다.

우리는 영어공용화가 필요없다. 우리나라의 민족성과 얼이 담겨있는 우리말이 있고 영어를 못하면서도 강력한 국력을 보유하고 있는 일본이 있으며 다른나라의 언어를 동시통역 할 수 있는 과학기술이 있다. 우리는 영어공용화가 절대필요하지 않다. 세계화가 되고 있는데 굳이 미국의 주도에 따른 세계화를 하기보다 우리나라가 주체가 되서 세계화해야 할 것이다.

<S6 : 교정본>

이제 미국이 세계최고의 국력을 보유 하는 것을 부정할수 없고, 부정하는 사람들도 없을 것이다. 그러면서 최근 영어를 공용화하자는 사람들이 나타나서 파장이 있었다. 세계 강국인 미국을 중심으로 세계화가 되고 있는 현 시점에서 영어의 중

요성이 부각 되면서 이러한 주장이 나타나는 것이다. 또한 그래도 우리말을 버리는 것은 무모하다는 주장을 하여 반대하는 사람도 많이 있다. 나 역시 그들처럼 반만년이란 오랜 세월동안 사용해온 우리말을 버리고 영어공용화를 하자는 의견에 반대한다.

우리말 우리글에는 우리민족만의 민족성과 얼이 담겨있다. 국어사전에 있는 단어들을 다시 영어사전으로 찾아보자. 보통은 비슷한 뜻을 지닌 단어가 나오겠지만, 사실 그 단어를 적절한 상황에서 쓰진 못할 것이다. 즉 우리말도 우리만이 사용하는 상황이 있다는 것이다. ①예를들어 우리는 '우리' 라는 말을 많이 사용한다. 하지만 영어를 사용하는 사람들은 '저희'라는 말을 많이 사용한다. 이 말은 사소한 언어에도 우리민족의 민족성이 숨어 있다는 것이다.

②다음으로, 굳이 공용화를 하지 않더라도 국력이 뒤쳐지지 않을 것이다. 일본은 지금은 영어를 추진하고 있지만 영어 못하는 나라로 유명하다. ③하지만 그들은 영어공용화를 추진하지 않았을 때도 국력은 매우 막강했다. 과학기술이 ④많이 발전하여 인하여 사람들이 말하는 것을 즉시 통역되어 들을수 있는 상황까지 발달 되었다. ⑤각국의 외교관들은 협상을 할 때, 서로 의사소통이 되지 않아도 해드셋을 끼고 통역을 들으며 협상한다. ⑥또한 그들은 단지 불편할 뿐 협상에 지장은 없다. 따라서 빠른 세계화가 진행되는 현재, 세계화에 맞추기 위해서 영어 공용화가 필요하다는 것도 모순이라는 것이다.

우리는 영어 공용화가 필요없다. 한반도의 민족성과 얼이 담겨있는 우리말이 있고, ⑦일본을 통해 영어 공용화가 세계화의 발판이 되지 않는다는 것도 알 수 있다. ⑧사실 진정으로 필요한 것은 미국이 주도하는 세계화에 영어공용화까지 해가면서 아부하기보다 우리가 주체가 되어 세계화를 해야겠다는 우리의 마음가짐이다.

아래 <장면 20>의 ⓐ와 ⓑ는 면담에서 S6학생이 '쓰기 전 개요짜기를 위한 모둠 토의가 초고쓰기에 도움을 주는가'와 '고쳐쓰기를 하면서 가장 중점을 두는 사항은 무엇인가'에 대한 답변 내용이다.

<장면 20>

ⓐ 모둠원끼리 서로 이야기를 하면서 서로의 생각을 나누고 나와 다른 사람의 의견도 들어보고 해서 초고쓰기에 도움이 되요.

ⓑ 글을 읽으면서 내용이 조금 틀린 점과 좀 말이 안 되는 것을 찾아 고치려고
해요. 다른 학생들의 글을 읽은 것을 생각하면서 제 자신도 반성하고 그것을 바탕으
로 고치려고 했어요.(DS2 : 061028- I)

S6학생은 모둠 토의가 초고쓰기에 도움을 주는가라는 물음에 '모둠원끼
리 서로 이야기를 하면서 서로의 생각을 나누고 나와 다른 사람의 의견도
들어보고 해서 초고쓰기에 도움이 된다'는 답변을 하였다. 한편, 고쳐쓰기
에서 중점을 두는 사항으로 '다른 학생들의 글을 읽은 것을 생각하면서
자기 자신도 반성하고 그것을 바탕으로 고치려고' 했다는 답변을 하였다.
전반적으로 고쳐쓰기에서 내용과 조직 부분의 많은 수정과 보완이 이루어
졌다. 이 학생의 고쳐쓰기를 보면 ①~⑨ 부분이 초고쓰기와 달라진 부분
이다. 다른 학생에 비해 고쳐쓰기가 활발히 이루어졌다고 볼 수 있다. 서
론 부분의 ①에서 민족성을 나타내는 예를 새롭게 제시하고 있다. 본론의
두 번째 부분을 초고와 달리 전면적으로 고쳐(②~⑥) 기술하고 있다. 결론
부분의 ⑦~⑨ 부분도 초고쓰기를 바탕으로 문장을 다듬어 고쳐쓰고 있다.
전체적으로 보면 앞의 초고쓰기에 비해 내용과 조직 부분에서 좀더 명확
하고 구체적으로 수정하였으나, 주장에 대한 근거 제시가 조금 약해 설득
력이 떨어진다.
통제 집단의 국어 성적이 '중'인 S9의 초고와 교정본은 다음과 같다.

<S9 : 초고>

　세계화가 빠르게 지속되고 있는 가운데 영어의 배움이 부각되고 있다. 일부 부
모들은 조기유학에 고액과외등 영어 교육에 지나칠 만큼 큰 투자를 하고 있다. 이
가운데 일부 지식인들은 세계화로 앞서가는 한국을 위해 영어와 우리말을 같이 국
어로 하자는 의견이 제시되고 있다. 영어 공용화론이 우리나라사람의 입으로부터
제시된건 참으로 어처구니가 없는 일이 아닐 수 없다. 나는 영어 공용화론에 반대
한다.
　우선 국어에는 그 나라의 얼이 담겨있다. 따라서 우리말에는 우리말을 사용해온

우리 조상들의 정신과 얼이 깃들어 있다고 할 수있다. 그런데 이런 자랑스런 국어를 영어와 함께쓰는 것은 말도 안된다. 국어에겐 영어를 밀어낼만한 강한 경쟁력이 없다. 따라서 공용화가 되면 우리말이 영어에게 밀려없어질 수도있고, 만약 그렇게 된다면 우리 조상들의 말과 피가 버리는 꼴이 된다.

또 외국어를 국어와 동등한 위치에 둔 나라는 없었다. 그리고 이는 참으로 부끄러운 일이 아닐 수 없다. 우리는 고도의 경제성장과 성공적인 올림픽, 월드컵유치 등 훌륭한 역사를 가진 국가이다. 그런데 영어공용화를 한다는건 이러한 훌륭한 역사에 먹칠을 하는 꼴이 될 것이다. 이는 국가의 이미지에도 영향을 끼쳐 경제적으로도 많은 손실을 가져올수있다.

마지막으로 언어의 손실후로 계속해서 우리것을 잃어버릴수도있다. 우리의 모습은 100년전과 확연히 다르다. 수많은 서구문물들이 들어왔기 때문이다. 그과정에서 잃은 것도 많았고 변질된것도 많았다. 이제 우리것을 보호하고 개발해야할 이 시점에서 영어공용화는 정말 말도안되는 헛소리이다.

영어공용화는 정말 쓸데없이 입만아픈 제일 터무니없는 주장이다. 지식인이란 자는 눈앞의 이익보다, 우리의 정체성과 주체의식을 되찾도록 집에서 반성해야 할 것이다.

<S9 : 교정본>

세계화가 빠르게 지속되고 있는 가운데 영어의 배움이 부각되고 있다. 일부 부모들은 조기유학에 고액과외등 영어 교육에 지나칠 만큼 큰 투자를 하고 있다. 이 가운데 일부 지식인들은 세계화로 앞서①나갈 한국을 위해 영어와 우리말을 같이 국어로 하자는 의견이 제시되고 ②한편으로 호응을 얻고 있다. 영어 공용화론이 ③우리나라 사람의 입으로부터 제시된건 참으로 어처구니가 없는 일이 아닐 수 없다. 나는 영어 공용화론에 반대한다.

우선 국어에는 그 나라의 얼이 담겨있다. 따라서 우리말에는 우리말을 사용해온 우리 조상들의 정신과 얼이 깃들어 있다고 할 수있다. 그런데 이런 자랑스런 국어를 영어와 함께쓰는 것은 말도 안된다. 국어에겐 영어를 밀어낼만한 강한 경쟁력이 없다. 따라서 공용화가 되면 우리말이 영어에게 ④밀려 없어질 수도있고, 만약 그렇게 된다면 우리 조상들의 말과 피⑤까지 버리는 꼴이 된다.

또 외국어를 국어와 동등한 위치에 둔 나라는 없었다. 그리고 이는 참으로 부끄러운 일이 아닐 수 없다. 우리는 고도의 경제성장과 성공적인 올림픽, 월드컵유치 등 훌륭한 역사를 ⑥지닌 국가이다. 그런데 영어공용화를 한다는건 이러한 훌륭한 역사에 먹칠을 하는 ⑦것과 같고, 이는 국가의 이미지에도 영향을 끼쳐 경제적으로도 많은 손실을 ⑧가져올 수 있다.

마지막으로 언어의 손실후로 계속해서 우리것을 ⑨잃어갈 수 도 있다. 우리의 모습은 100년전과 확연히 다르다. 수많은 서구문물들이 들어왔기 때문이다. 그과정에서 잃은 것도 많았고 변질된것도 많았다. 이제 우리것을 보호하고 ⑩개발해야 할 이 시점에서 영어공용화는 정말 ⑪말도 안되는 헛소리이다.

영어공용화는 정말 쓸데없이 입만아픈 제일 터무니없는 주장이다. 지식인이란 자는 눈앞의 이익보다, 우리의 정체성과 주체의식을 되찾도록 집에서 반성해야 할 것이다.

S9학생의 고쳐쓰기를 보면 ①~⑪ 부분이 초고쓰기와 달라진 부분이다. 이 학생도 앞의 학생과 마찬가지로 단어 수준에서 고쳐쓰기를 수행하였다. 본론 부분에서 영어공용화 반대의 이유를 '언어에 얼이 담겨있으며, 우리 것을 잃어갈 수도 있다'고 근거를 제시하고 있으나, '외국어를 국어와 동등한 위치에 둔 나라가 없다'는 다소 근거 제시가 부족하다. 결론 부분에서는 자기통제 없이 다소 엉뚱하게 감정적으로 마무리 하고 있는 문제점을 보여준다. 이런 문제점이 나타난 것은 동료 협의라든지 다른 사람이 쓴 글을 제대로 잃고 평가하지 않았기 때문에 생긴 결과로 판단된다.

통제 집단의 국어 성적이 '중'인 S12의 초고와 교정본은 다음과 같다.

<S12 : 초고>

세계화시대가 되어서 옛날보다 물건과 그 나라의 문화들이 전 세계에 널리 퍼져가고 있다. 우리나라도 세계여러나라와 교류를 하고 각나라의 문화를 수용하고 있다. 하지만 우리나라의 경우를 보면 약간 다른 생각이 든다. 간판과 설명서, 건물등에 우리나라와 함께 버젓이 영어라는 외국어가 함께있다. 어른부터 아이까지 A~Z까지 알파벳은 기본적으로 알고 있다. 하지만 우리나라 사람들의 한국어실력을 보면 말하는 것과 달리 쓸때에는 졸리게 쓰는 사람들이 많다. 지금 시대를 보면 미국

의 주도아래 모든것이 이루어지고 있다. 자유무역협상, APEC등 여러 가지등이 있다. 하지만 이런 현상들을 우리는 막아야 한다. 첫 번째 이유는 프랑스의 예이다. 프랑스는 자국어인 불어를 제외하고는 어느 나라의 언어로 공용어로 채택하지 않았다. 이것은 프랑스의 문화를 지킨다는 것으로 볼수 있다. 언어란것은 사람과 사람사이의 의사소통을 원활하게 해주는 대표적인 예이다. 만약 영어가 공용화가 되면 사람들이 한국어를 쓰다가 영어로 갖이 쓰게되고 그에따라 기업과 회사들도 영어를 쓰게되어 이런것들이 점점 퍼져나가게 되어 어느 물건에서나 지역어를 영어가 한국어와 함께 쓰여지는 것이다. 이것은 우리민족의 전통성을 잃는것과 다름이 없다.

두 번째 이유는 자국어를 먼저 배우지 않고 외국어를 배우는 아이들의 사례이다. 우리시대때만 보더라도 뛰어놀고 날러다니고 친구들과 재미있는 시절을 보냈다. 하지만 요 몇 년사이에 획 바꿔었다. 맘껏 뛰놀지 못하고 부모님 손에 이끌리어 영어를 배우고 밤낮 공부하는 시대가 와버렸다. 공부가 중요한 시기이고 대학교를 꼭 가야된다고 하는 말들이 많지만 공부는 초등학교때부터 열심히 하면된다. 아직 뇌가 발달하지 않은 아이에게 많은 것을 가르치게 되면 오히려 발달하지 않게된다. 잘못하면 우리나라의 미래가 바뀔수도 있다. 세 번째는 한국이 정체성이 사라질수도 있다는 것이다. 문화나 산업에서 우리 자국어를 보호하면 정체성만큼은 잃기가 어려울 것이다. 그러므로 먼저 자국어를 확실히 배워 우리나라어의 우수성을 인식한 다음에 외래문화를 수용해야 할 것이다.

<S12 : 교정본>

세계화시대가 되어서 옛날보다 ①양적 측면에서 물건과 그∨ 나라의 문화들이 전 세계에 널리 퍼져가고 있다. 우리나라는 세계 여러나라와 교류를 하고 각나라의 문화를 수용하고 있다. 하지만 우리나라의 경우를 보면 약간 다른 생각이 든다. 간판과 설명서, 건물등에 우리나라와 함께 버젓이 영어라는 외국어가 함께있다. 어른부터 아이까지 A~Z까지 알파벳은 기본적으로 ②모르는 사람들이 없을 정도이다. 하지만 우리나라 사람들의 한국어실력을 보면 말하는 것과 달리 쓸때에는 졸리게 쓰는 사람들이 ③의외로 많다. 지금 시대를 보면 미국의 주도아래 모든것이 이루어지고 있다. 자유무역협상, APEC등 여러 가지등이 있다. 하지만 이런 현상들을 우리는 막아야 한다.

첫 번째 이유는 프랑스의 예이다. 프랑스는 자국어인 불어를 제외하고는 어느 나라의 언어로 공용어로 채택하지 않았다. 이것은 프랑스의 문화를 지킨다는 것으로 볼수 있다. 언어란것은 사람과 사람사이의 의사소통을 원활하게 해주는 대표적인 예이다. 만약 영어가 공용화가 되면 사람들이 한국어를 쓰다가 영어로 갖이 쓰게되고 그에따라 기업과 회사들도 영어를 쓰게되어 이런것들이 점점 퍼져나가게 되어 어느 ④곳에서나 지역어를 영어가 한국어와 함께 쓰여지는 것이다. 이것은 우리민족의 전통성을 잃는것과 다름이 없다.

두 번째 이유는 자국어를 먼저 배우지 않고 외국어를 배우는 아이들의 사례이다. ⑤지금과 달리 10년전만 보더라도 뛰어놀고 날러다니고 친구들과 재미있는 시절을 보냈다. 하지만 ⑥요즘 몇 년사이에 획 ⑦바뀌고 있다. ⑧마음대로 뛰놀지 못하고 부모님 손에 이끌리어 영어를 배우고 밤낮 공부하는 시대가 와버렸다. 공부가 중요한 ⑨시대이고 대학교를 꼭 가야된다고 하는 말들이 많지만 공부는 초등학교때 부터 열심히 하면된다. 아직 뇌가 발달하지 않은 아이에게 많은 것을 가르치게 되면 오히려 발달하지 않게된다. 잘못하면 우리나라의 미래가 ⑩안좋은 쪽으로 흘러갈 수도 있다. 세 번째는 한국이 정체성이 사라질수도 있다는 것이다. 문화나 산업에서 우리 자국어를 보호하면 정체성만큼은 잃기가 어려울 것이다. 그러므로 먼저 자국어를 확실히 배워 우리나라어의 우수성을 인식한 다음에 외래문화를 수용해야할 것이다.

S12학생의 고쳐쓰기를 보면 ①~⑩ 부분이 초고쓰기와 달라진 부분이다. 이 학생도 앞의 학생과 마찬가지로 단어 수준에서 고쳐쓰기를 수행하였다. 본론 부분에서 영어공용화 반대의 이유를 '프랑스의 예, 자국어를 먼저 배우지 않고 외국어를 배우는 아이들의 사례' 등으로 부적절하게 제시하고 있다. 마지막에 '우리 정체성이 사라질 수 있다'고 근거를 적절하게 제시하고 있으나, 갑자기 외래문화를 수용해야 할 것이라고 마무리 짓고 있다. 또한 결론에서 마무리를 짓지 못하고 본론에서 끝나는 오류를 범하고 있다.

중위 집단에서 실험 집단과 통제 집단의 초고쓰기와 고쳐쓰기를 비교해 보았을 때, 실험 집단은 전반적으로 내용과 조직 부분에서 다수의 수정과 보완이 이루어졌다. 초고쓰기에 비해 고쳐쓰기의 전체적인 내용이 명확하고 구체적으로 변화되었으며 확연하게 드러나게 되었다. 그리고 맞춤법, 띄어쓰기 등의 '표현' 부분은 활발하게 이루어지지 않았다. 반면에 통제 집단은 내용과 조직 보다는 표현 부분에서 다수의 수정과 보완이 이루어 졌으며 본론과 결론의 연결이 자연스럽지 못해 엉뚱하게 마무리하는 경향을 보였다. 이는 다른 모둠원의 글을 살펴볼 기회가 없었고 자신의 글을 반성하고 평가하는 활동도 활성화되지 않았기 때문이다.

(3) 성적 하위 집단

실험 집단의 국어 성적이 '하'인 S3의 초고와 교정본은 다음과 같다.

<S3 : 초고>
　요즘 영어의 대한 우리나라의 교육열이 대단하다. 명문대학들은 영어점수를 높게 사고 영어를 못하면 취직을 못할정도이다. 이런 사회적 이유 때문에 영어공용화가 나타나지 않았을까? 영어를 쓰는 국가, 대표적으로 미국이다. 미국은 강대국이므로 세계적인 초점이 맞춰진다. 그러므로 영어공용화는 자연스러운 것으로 생각하는 사람들이 있다. 영어 공용화가 갖는 의미를 살펴보자.
　첫째, 언어는 그 나라의 문화와 얼을 나타낸다. 우리나라의 자랑스러운 한글 세계적으로 우수성이 알려졌다. 한글은 우리나라가 한자문화권에서 벗어나기 위해 세종대왕께서 편찬하신 우리나라의 보물이다. 이처럼 우리나라의 한글은 오랜 옛날 조상들이 써오면서 발전해 왔다. 그러나 세계화가 시작되고 우리 한글이 점차 흐릿해지고 외래어가 사용되었다. 만약에 영어 공용화가 사용된다면 외래어의 만용은 물론 한글은 아예 사라지게 될 것이다. 국어책 에서는 황소개구리가 토종개구리인 참개구리를 쫓아낸 격이라고 표현했다. 그러나 TV프로그램에서도 우리말을 알자고 만들었고 사회적으로도 많이 노력을 하고 있다. 우리 시민의 의식이 확립될때까지 계속되어야 할 것이다.
　둘째, 영어공용화의 주장은 너무비약적인사고방식이다. 너무 섣부르다고 생각한다. 그이유는 아직 우리나라의 발전이 계속되고 있고 미국이 선진국이 될지 우리나라가 선진국이될지 모른다. 만약 나중에 중국이 선진국이 된다면 그때는 또 중국어를 공용화 할것인가? 아직은 너무 이르고 생각되고 지금까지는 제2외국어로 설정하는 것까지만 옳다고 생각한다.

우리는 지금세계화가 시작되었다. 우리는 세계에 발맞출 필요가 있지만 그것은 발맞출 뿐이고 한 몸이 되지는 말아야한다. 영어는 지금 중요하지만 우리나라의 문화를 없앨정도로 중요하지 않다. 그러므로 우리는 우리언어를 중요시 해야할것이고 우리나라의 우수성을 널리알려 세계적으로 알려서 우리나라가 우수하다는 것을 시민들이 알게 하여서 한글이 이 땅에 서게 해야할 것이다.

<S3 : 교정본>

요즘 영어의 대한 우리나라의 교육열이 대단하다. 명문대학들은 ①입시제도를 제 2외국어로서가 아닌 마치 우리의 글 대우를 해주고 있다. 이런 사회적 ②요인이 영어 공용화를 가능하게 도와주는 것 같다. 세계도 미국이 중심으로 발전하다 보니 어쩔 수 없이 그들의 문화도 들어오게 되면서 자연스레 한글이 흐릿해지는 현상이다. 많은 사람들이 아무런 생각도 없이 쓰는 외래어와 외국어, 그것들이 갖고 있는 의미와 우리에게 무슨 영향을 주는지 생각해 보자.

첫째, 언어는 그 나라의 문화와 얼을 나타낸다. 우리나라의 자랑스러운 한글, ③ 그것은 세계적으로 우수한 것이 정해져있다. 한자문화권에서 벗어나기 위해 세종대왕께서 편찬하신 우리나라의 보물이다. 이처럼 우리나라의 한글은 오랜 옛날 조상들이 써오면서 발전해 왔다. 그러나 세계화가 시작되고 우리 한글이 점차 흐릿해지고 외래어가 사용되었다. 외래어의 만용은 물론 한글은 아예 사라지게 될 것이다. 국어책 에서는 황소개구리가 토종개구리인 참개구리를 쫓아낸 격이라고 표현했다. 그러나 TV프로그램에서도 우리말을 알자고 만들었고 사회적으로도 많이 노력 하고 있다. 우리 시민의 의식이 확립 될 때까지 계속되어야 할 것이다.

둘째, 영어공용화의 주장은 너무 비약적인 사고이다. 너무 섣부르다고 생각한다. 그이유는 아직 우리나라의 발전이 계속되고 있고 ④미국이 선진국일지 아닐지는 모르기 때문이다. 만약 나중에 중국이 선진국이 되면 ⑤그땐 중국어를 공용화 하자고 할 것인가 아직은 너무 이르고 ⑥제2외국어를 적용하는것만으로 괜찮다고 생각한다.

우리는 지금세계화가 시작되었다. 우리는 ⑦<u>세계에 발맞출 필요가 있지만 그것</u>
<u>은 세계를 맞출뿐 한몸이 되지는 말자는 것이다.</u> 영어는 지금 중요하지만 우리나
라의 문화를 없앨정도로 중요하지 않다. 그러므로 ⑧<u>우리는 우리말을 지켜야 하고</u>
<u>우리나라의 말의 우수성을 널리알려 세계적으로 알려서 우리나라를 세계에 알려야</u>
<u>한다.</u>

아래 <장면 21>의 ⓐ와 ⓑ는 면담에서 S3학생이 '쓰기 전 개요짜기를
위한 모둠 토의가 초고쓰기에 도움을 주는가'와 '고쳐쓰기를 하면서 가장
중점을 두는 사항은 무엇인가'에 대한 답변 내용이다.

<장면 21>
ⓐ 저는 도움이 돼죠. 한 번씩 전체 아웃라인을 정해 놓고 쓰는 타입이어서 한번
  겪어보고 나서 친구들과 이야기를 나눈 것이 도움이 되었어요.
ⓑ 대부분 아이들이 평가해준 글을 보면요 칭찬을 해 주는 서론, 본론, 결론 등
  이 잘 되어 있다고 이야기해 줘요 그것보다는 제가 배경지식이 부족해서 관
  련 읽기자료를 중심으로 배경지식과 관련된 부분을 다시 한번 고려하면서
  또, 친구들 글을 읽어본 내용을 떠 올리면서 이 부분을 중점적으로 수정해
  요.(CS3 : 061028- I)

S3학생은 모둠 토의가 초고쓰기에 도움을 주는가라는 물음에 '한 번씩
전체 아웃라인을 정해 놓고 쓰는 타입이어서 한번 겪어보고 나서 친구들
과 이야기를 나눈 것이 도움이 되었다'는 답변을 하였다. 한편, 고쳐쓰기
에서 중점을 두는 사항으로 '친구들 글을 읽어본 내용을 떠올리면서 이
부분을 중점적으로 수정'한다는 답변을 하였다. 전반적으로 고쳐쓰기에서
많은 수정과 보완이 이루어졌다. 이 학생의 고쳐쓰기를 보면 ①~⑧ 부분
이 초고쓰기와 달라진 부분이다. 서론 부분에서 앞의 초고쓰기를 대부분
고쳐 수정(①, ②)한 것을 볼 수 있다. 영어공용화의 배경과 원인에 대해 자
연스럽게 접근하여 문제를 제기하고 있다. 본론 1에서는 문장 1개(③)를 보
충했다. 본론 2에서는 문장을 매끄럽게 수정(④~⑥)하였지만, 내용상 공용
화와 자연스럽게 연결시키긴 무리가 있다. 결론 부분도 수정의 흔적(⑦~⑨)

이 많이 보이고 문맥이 보다 자연스러워 졌다. 초고쓰기와 비교해 조직 부분에서 고쳐쓴 흔적이 보이지만, 전체적인 내용은 아직 미숙한 점이 많아 보인다.

실험 집단의 국어 성적이 '하'인 S7의 초고와 교정본은 다음과 같다.

<S7 : 초고>

지금 전 세계에는 영어를 공용화한다 하여 영어열풍이 불고 있다. 나는 이런 영어공용화에대해서 반대하는 입장이다. 영어공영화는 선진국의 영향일 뿐이지 그 이상도 그 이하도 아니다. 그런데 선진국에서 공용화를 영어로 하겠다라고 하자마자 우리나라에서는 아이들을 조기유학을 보내는가 하면 어떤 회사에서는 영어를 기본으로 하여 모든 회의를 영어로 하는 그런 시대이다.

이렇게 영어를 쓰게 된 원인이 무엇일까? 단지 다른 나라 사람과 대화를 하기위해서 시작한 것인데 이것을 우리나라에 적용시켜 우리말을 없앤다는 것은 아무리 봐도 옳은 생각이 아닌듯하다. 조기유학은 우리나라의 언어를 없애는 행위나 다름없다. 우리나라 사람이 우리나라 말을 모른다는 것은 말도 안되는 일이다. 하지만 모든 부모의 생각이 그러하듯 자신의 아이는 꼭 성공하기를 원한다. 하지만 이런 생각 때문에 우리나라의 언어 즉 한글이 사라지는 것이다. 또 다른 것은 바로 다른 나라의 영어공용화에 대한 입장이다. 특히 중국이 그 대표적인 예이다. 중국은 자신의 나라에 오려면 꼭 중국어를 배워서 오라고 말했다. 그런데 우리나라의 입장은 어떤가? 우리나라에서는 직원들에게 영어를 가르치고 영어를 쓰는 외국인에게 영어를 쓰라는 말을 한적 있다. 이것을 봐도 선진국을 따라가는 우리나라를 볼 수 있다. 이렇게 따라가기만 하면 우리의 언어 한글은 사라질 것이다. 이런 불행을 없앨려면 어떻게 해야 할까? 바로 우리나라의 언어를 자주쓰고 영어보다는 한글을 외국에서 자주 사용하여 외국에도 한글의 우수성을 알리고 우리민족의 자주성을 보여줄 수 있는 좋은 기회이다.

따라서 우리는 이렇게 영어만을 고집하지 말고 반만년 역사의 우리의 자주성을 드러내는 것이 중요할 것이다. 그리고 조기유학 보다는 한글을 더 배우게 하고 문화를 다른 나라에 내세울수 있는 그런 나라가 그런 사람이 되어야 할 것 같다. 세종대왕은 우리 백성을 위해서 한글을 창제 했다. 이런 조상의 노력에 답하듯이 우리는 우리의 자존심을 갖아야 할 것이다.

<S7 : 교정본>

　지금 전 세계에는 영어를 공용화한다 하여 영어열풍이 불고 있다. 나는 이런 영어공용화에 대해서 반대하는 입장이다. 영어공영화는 ①세계화의 필수조건이지 그 이상도 그 이하도 아니다. 그런데 일부 나라에서 영어를 공용화 하겠다라고 하자마자 ②우리는 여기에 뒤질세라 영어를 공용화하고 있다. 우리나라에서는 아이들을 조기유학을 보내는가 하면 어떤 회사에서는 영어를 기본으로 하여 모든 회의를 영어로 하는 그런 시대이다.

　③영어공용화한다고 하여 우리말을 없앤다는 것은 아무리 봐도 옳은 생각이 아닌듯하다. ④우리 나라에서 영어공용화로 많은 문제점이 나타나고 있다. 조기유학은 우리나라의 언어를 없애는 행위나 다름없다. 우리나라 사람이 우리나라 말을 모른다는 것은 말도 안되는 일이다. 또, 모든 부모의 생각은 자신의 아이는 꼭 성공하기를 원한다. 하지만 이런 생각 때문에 우리나라의 언어 즉 한글이 사라지는 것이다.

　⑤영어공용화에 대해 반대한다. 왜냐하면 우리말이 우수하기 때문이다. 세종대왕께서 창조하신 우리의 '한글'은 전 세계에서 그 흔적을 찾아볼 수 없을 만큼 우수하지 않은가? 외국인 남녀노소 누구나 배우기 쉽고 쓰기 쉽다. 그래서 유네스코에서 문맹퇴치에 공헌한 사람에게 주는 상이 '세종대왕상'이다.

　⑥다음으로 영어공용화를 하면 의사소통이 매우 불편하다. 이런 불행을 없앨려면 어떻게 해야할까? 바로 우리나라의 언어를 자주쓰고 영어보다는 한글을 외국에서 자주 사용하여 외국에도 한글의 우수성을 알리고 우리민족의 자주성을 보여줄 수 있는 좋은 기회이다.

　따라서 우리는 이렇게 영어만을 고집하지 말고 반만년 역사의 우리의 자주성을 드러내는 것이 중요할 것이다. 그리고 조기유학 보다는 한글을 더 배우게 하고 문화를 다른 나라에 내세울수 있는 그런 나라가 그런 사람이 되어야 할 것 같다. 세종대왕은 우리 백성을 위해서 한글을 창제 했다. 이런 조상의 노력에 답하듯이 우리는 우리의 자존심을 갖아야 할 것이다.

　다음 <장면 22>의 ⓐ와 ⓑ는 면담에서 S7학생이 '쓰기 전 개요짜기를 위한 모둠 토의가 초고쓰기에 도움을 주는가'와 '고쳐쓰기를 하면서 가장 중점을 두는 사항은 무엇인가'에 대한 답변 내용이다.

<장면 22>

ⓐ 개요없이 그냥 하면 머리 속에만 맴맴 돌고 바로 써지지도 않아요. 아이들과 어떻게 할 것인가 이야기를 통해 무엇을 어떻게 개요를 짜고 쓸 것인가에 도움을 받아요.

ⓑ 아이들이 지적해 준 부분, 그 부분을 더하거나 없애서 어떻게 고쳐야 되는 지 중점을 두어요. 반영할 것은 반영하고 새로운 부분은 넣고 해서 자신의 생각을 전개시켜 나가요. (DS7 : 061028- I)

S7학생은 모둠 토의가 초고쓰기에 도움을 주는가라는 물음에 '아이들과 어떻게 할 것인가 이야기를 통해 무엇을 어떻게 개요를 짜고 쓸 것인가에 도움을 받았다'는 답변을 하였다. 한편, 고쳐쓰기에서 중점을 두는 사항으로 '아이들이 지적해 준 부분, 그 부분을 더하거나 없애서 어떻게 고쳐야 되는지 중점을 둔다'는 답변을 하였다. 전반적으로 고쳐쓰기에서 많은 수정과 보완이 이루어졌다. 이 학생의 고쳐쓰기를 보면 ①~⑥ 부분이 초고쓰기와 달라진 부분이다. 서론 부분에서는 단어 일부(①, ③)와 문장 2개(②, ④)를 수정하였다. 본론 부분에서 공용화 반대 이유를 '한글의 우수성'과 '의사소통 불편'으로 내용을 새롭게 추가하였고, 반대하는 자신의 견해를 분명히 밝히고(⑤, ⑥) 있다. 초고쓰기에서 엉성했던 내용이 고쳐쓰기에서 아주 명확해진 것을 볼 수 있다. 조직 부분도 영어공용화에 대한 전체적인 흐름이 자연스럽게 전개되고 있다.

통제 집단의 국어 성적이 '하'인 S10의 초고와 교정본은 다음과 같다.

<S10 : 초고>

영어공용화란 세계에 언어를 영어로 공유화하는 것이다. 즉 세계사가 영어로 기록되고 각국의 대표들이 모여 토론을 할 때에도 영어를 사용한다는 것이다. 그리고 우리 나라의 국어 또한 많이 사라질 수도 있다.

하지만 나는 영어공용화를 반대한다. 우리나라에 국어를 두고 외국어를 쓰는 말도 안되는 일이 어디있겠는가? 또한 영어를 사용한다면 영어로 모국어로 두고있는 강대국들이 더욱더 활개를 칠 것이다.

하지만 나의 이 의견을 반대하는 이들은 그 필요성을 이와같이 말한다. 세계는 현재영어를 알지 못하거나 사용할 줄 모르면 고립이 된다. 또한 영어가 속해있지 않은 곳이 없다. 화학식, 그리고 전자제품이름까지 안쓰이는 곳이 없다.

필리핀같은 경우에도 영어공유화를 선포한 나라이다. 그 곳은 현재 대화에서 도시 이름까지 영어를 사용중이다. 그결과 많은 외국인들이 찾아오고 유학까지 오는 실정이다. 하지만 이런 장점에 튼 단점도 있다. 국민의 자주성과 국민의식이 크게 떨어졌다.

그 외에 대부분의 국가들이 좋은 것을 얻은 반면에 더 큰 것을 잃었다.

나는 앞에서 말했듯이 영어 공유화에 반대하는 입장이다. 위의 사례들 또한 나에 반대사유이며 또한 국어 즉 한글까지 버리면서 영어를 받아들일만한 가치가 있다 싶어서이다.

물론 많이 있겠지만 그래도 지금의 것들은 잃어가면서까지 가치는 없다고 생각된다.

그렇다고 영어에 대해 배타적인 것은 아니다. 우리가 세계화에 뒤쳐지지 않기 위해서라도 영어란 버릴 수 없는 존재이다. 그러므로 우리는 영어도 받아들이면서 우리의 국어에 자주성을 지키는 현명하고 합리적인 방안을 택해야 할 것이다. 그러하기 위해서도 더욱더 많은 의견 토론이 필요하다.

<S10 : 교정본>

영어공용화란 세계에 언어를 영어로 공유화하는 것이다. 즉 세계사가 영어로 기록되고 각국의 대표들이 모여 토론을 할 때에도 영어를 사용한다는 것이다. 그리고 ①각나라의 모국어가 사라지고 영어로 대체한다는 것이다.

하지만 나는 영어공용화를 반대한다. 우리나라에 국어를 두고 외국어를 쓰는 말도 안되는 일이 어디있겠는가? 또한 영어를 사용한다면 영어로 모국어로 두고있는 강대국들이 더욱더 ②유리한 입장에 설 것이다.

하지만 나의 이 의견을 반대하는 이들은 그 필요성을 이와같이 말한다. 세계는 현재영어를 알지 못하거나 사용할 줄 모르면 고립이 된다. 또한 영어가 ③관련되어 있지 않은 곳이 없다. 화학식, 그리고 전자제품이름까지 ④모든 곳이 영어가 쓰이고 있다.

필리핀같은 경우에도 영어공유화를 선포한 나라이다. 그 곳은 현재 대화에서 도
시 이름까지 영어를 사용중이다. 그결과 많은 외국인들이 찾아오고 유학까지 ⑤오
고 있다. 하지만 이런 장점속에 큰 단점도 있다. 국민의 자주성과 국민의식이 크게
떨어졌다. ⑥그리고 국민들이 통치가 불가능할 정도로 혼란스럽고 도시와 지방의
언어가 다르다.
　이처럼 ⑦영어공용화를 택한 국가들⑧도 좋은 것을 얻은 반면에 더 큰 것을 잃
었다. (…중략(초고와 내용 동일)…)
　물론 ⑨그렇지 않을 것이다. 그러므로 지금의 것들은 잃어가면서까지 가치는 없
다고 생각된다.(…중략(초고와 내용 동일)…)그러하기 위해서도 더욱더 많은 의견
토론이 필요⑩할 것이다.

S10학생의 고쳐쓰기를 보면 ①~⑩ 부분이 초고쓰기와 달라진 부분이
다. 문장수준에서 수정이 이루어진 부분은 ①, ⑥이고, 단어 수준에서 수
정이 이루어진 부분은 ②~⑤, ⑦~⑩에 해당한다. 이 학생은 영어공용화
를 반대한다면서 찬성하는 측면의 이유를 '세계화의 필요성과 필리핀의
예'로 들고 있으며, 반대의 근거는 명확히 제시하지 않고 있다. 결론에서
'영어도 받아들이면서 우리 국어의 자주성을 지켜야 한다'며 주장이 명확
하지 않고 논제에서 크게 벗어나고 있다.
　통제 집단의 국어 성적이 '하'인 S13의 초고와 교정본은 다음과 같다.

<S13 : 초고>
　영어는 각국의 언어를 사라지게 하고 있다. 영어는 세계어로써 자리잡아 가고
있다. 영어가 세계어로 자리잡아 감에 따라 아시아에서도 영어를 공용화하자는 주
장이 일어나고 있다. 공용화를 하면 세계화를 보다 진전시킬 수 있고 또한 세계인
이 같은 언어를 쓸 수 있어 좋을 것이라고 한다. 하지만 공용화를 함으로써 생기는
문제점 안 짚고 넘어갈 수없다.
　영어공용화는 곧 영어가 모국어인 미국에게 강대국이라고 인정하는 것이다. 비
록 강대국이 아니지만 공용화까지 해서 세계화를 하고 싶지 않다. 또 영어공용화
를 하였을 때 우리나라에게도 치명적인 일이 생길 수 있다. 아이들이 모국어인 한

국어보다. 외국어인 영어를 먼저 배우는 우리나라에 우리말이라는 한글이 사라질수 있다. 말그대로 주체성이 사라지는 것이다. 우리말의 주체성이 사라진다는 것은 곧 나라하나가 미국화가 되거나 마찬가지이다. 우리나라는 지금 그런 위기에 처해 있는 것이다. 또한 외국어를 먼저 접한 아이들은 부모에 의해 배우고 또한 수술을 통해 상처를 받는다. 이런 문제를 해결하기 위해서 미국을 강대국이라 인정하거나 우리나라를 더욱 발전시켜서 우리나라 말을 세계의 언어로 만들면 된다고 보고 나머지 문제는 부모의 생각을 한번더 하고, 그것이 과연 아이에게 상처가 될지 않될지 생각하라고 충고하면 해결될 문제라고 분다. 이것말고 모든 문제를 해결할 수 있는 것으로 각국의 나라 모국어의 기틀을 다시 잡고 튼튼하게 한 후 영어를 공용화를 하면 될 수도 있지만 시간이 오래 걸린다. 따라서 영어공용화는 할 수 없다.

영어가 다 좋은 것은 아니다. 우리나라에서는 영어를 할 줄 알아야 취업이 가능하기 때문에 배우는 것이라고 본다. 영어를 싫지만 배우는 사람들에게는또하나의 문제거리이다. 다가오는 세계회에 발 맞추어 나가려면 공용화를 하지말고 우선 국가언어 주체성을 세우고 해도 늦지 않는다고 본다.

<S13 : 교정본>

영어는 각국의 언어를 사라지게 하고 있다. 영어는 세계어로써 자리잡아 가고 있다. (…중략(초고와 내용 동일)…) 또 영어공용화를 하였을 때 우리나라에게도 치명적인 일이 ①발생할 수 있다. 아이들이 모국어인 한국어보다. 외국어인 영어를 먼저 배우는 우리나라에 우리말이라는 한글이 ②사라져 주체성을 잃을 것이다. 우리말의 주체성이 사라진다는 것은 곧 나라 하나가 미국화가 되거나 마찬가지이다. 우리나라는 지금 그런 위기에 처해 있는 것이다. 또한 외국어를 먼저 접한 ③대부분의 어린 아이들은 부모에 의해 배우고 또한 수술을 통해 상처를 ④주기까지 한다. 이런 문제를 해결하기 위해서 미국을 강대국이라 인정⑤하고 우리나라를 더욱 발전시켜서 우리나라 말을 세계의 언어로 만들면 된다고 보고 나머지 문제는 부모의 생각을 한번더 ⑥고려해보게 하고, 그것이 과연 아이에게 상처가 될지 않될지 ⑦깨우침을 일깨워주고 충고하면 해결될 문제라고 분다. 이것말고 모든 문제를 해결할 수 있는 것으로 각국의 나라 모국어의 기틀을 다시 ⑧다잡고 튼튼하게 한 후 영어를 공용화를 ⑨한다면 좋겠지만 시간이 오래 걸린다. 따라서 영어공용화는 할 수 없다.

영어가 다 좋은 것은 아니다. 우리나라에서는 영어를 할 줄 알아야 취업이 가능

S13학생의 고쳐쓰기를 보면 ①~⑫ 부분이 초고쓰기와 달라진 부분이다. 이 학생도 앞의 학생과 마찬가지로 단어 수준에서 고쳐쓰기를 수행하였다. 본론 부분에서 영어공용화 반대의 이유를 본론에서 '우리말의 주체성 상실은 적절하나, 미국 강대국 인정이나 아이들의 실태'는 다소 근거가 부적절하게 제시되었다. 본론의 단락을 구분하지 않아 내용이 불분명하고, 의미 전달이 제대로 이루어지지 않았다. 또한 결론에서 본론의 내용을 강조하고 단정적으로 마무리를 지어야 하는데, 그렇지 못하고 감정적으로 끝맺는 오류를 범하고 있다.

하위 집단에서 실험 집단과 통제 집단의 초고쓰기와 고쳐쓰기를 비교해 보았을 때, 실험 집단은 전반적으로 내용과 조직 부분에서 다수의 수정과 보완이 이루어졌다. 초고의 '내용'과 '조직'부분에서 불필요한 부분은 삭제하였고, 필요한 부분을 보충하여 수정하고 보완하였다. 반면에 통제 집단은 앞에서와 마찬가지로 전반적으로 고쳐쓰기가 문장이나 단어 수준에서 이루진 것을 확인할 수 있었다. 글의 내용이나 조직 등 거시적인 측면이 아니라, 문장이나 단어 또 어법 등 미시적인 측면에서 글을 고쳐 썼다. 논제에서 크게 벗어나 엉뚱한 방향으로 글을 전개시켰다. 그런데도 잘못과 오류를 스스로 지적할 수도 없었고, 다른 능숙한 필자들에게서 도움도 받지 못하여 전체적인 흐름과 전개가 잘못되어 가고 있었다.

지금까지 분석 결과를 정리하면 다음과 같다. 실험 집단에서는 학생들이 글을 고칠 때 주장과 근거 또는 논의에 대한 중심내용이나 세부내용의 추가나 삭제 등 거시적 측면에서 이루어지는 비율이 높았으나, 통제 집단에서는 학생들이 글을 고칠 때, 문장, 단어, 맞춤법, 띄어쓰기 등 미시적 측면 수준에서 이루어지는 비율이 높은 것으로 나타났다. 이는 실험 집단에서는 다른 모둠원의 글을 읽어보고 동료 평가를 통해 본인 글을 반성하고 잘못된 부분을 수정 보완하려는 경향으로 상·중·하위 집단에서 전반적으로 고쳐쓰기 활동이 원활히 이루어졌다. 그러나, 통제 집단에서는 본인이 쓴 글을 자기가 점거하고 수정 보완하여 이루어지다보니 상위권 학생들은 자기주도적으로 전체 내용위주로 고쳐쓰기를 실시하였으나, 중·하위권 학생들은 스스로 잘못된 부분을 수정 보완하지 못한 결과로 판단된다.

V

협동 작문 연구의 활성화를 위한 제언

1. 연구 요약 및 의의

본 연구는 협동을 통한 의미 구성과 창조 과정으로서의 협동 작문 교수
-학습의 단계와 절차를 모형화하고, 이를 실제 고등학교 교실 현장에 적
용함으로써, 협동 작문이 쓰기 능력과 쓰기 태도에 미치는 효과를 탐색하
는 데 그 목적을 둔다. 이러한 목적에는 의미 구성과 창조 과정으로 협동
작문을 설계하는 것이 중요한 의의가 있다는 점, 협동 작문 교수-학습의
단계와 절차를 모형화하고 협동 작문 전략의 구안이 필요하다는 점 등이
전제되어 있다. 따라서 본 연구는 크게 이론적 탐색과 실제적 적용의 두
부분으로 연구가 진행되었다. 이론적 탐색은 쓰기 능력과 쓰기 태도에 대
한 기존의 문헌 연구와 협동 학습과 협동 작문의 이론을 중심으로 협동
작문 교수-학습 프로그램을 구안하고, 이를 고등학교 교실 현장에서 실제
적용하여 협동 작문이 쓰기 능력과 쓰기 태도에 미치는 효과를 양적 연구
방법과 질적 연구 방법을 혼용하여 탐색하고 고찰하였다.

본 연구에서 다루었던 각 장의 구체적 연구 내용과 이를 바탕으로 실제 적용하였던 연구 방법은 다음과 같다.

Ⅱ장에서는 협동 작문에 대한 전반적인 이론적 검토가 이루어졌다. 먼저, 쓰기 능력과 쓰기 태도에 대한 이론적 검토를 하였다. 쓰기 능력의 개념과 특성, 쓰기 능력을 구성하는 요소에 대해 구체적으로 살펴보았다. 또한 쓰기 태도의 개념과 쓰기 태도에 영향을 미치는 요인을 그리고, 사회 심리학에서 논의하고 있는 태도 연구를 시작으로 읽기 태도 연구를 살펴보았다. 이를 통해 쓰기 태도에 주는 시사점을 찾아보았다.

협동 학습과 협동 작문에 대한 이론적 검토가 이루어졌다. 먼저, 문헌 연구를 통해 협동 학습의 개념과 특징, 필요성, 모형 등 협동 학습의 전반적인 것을 살펴보았다. 이를 바탕으로 협동 작문 개념과 특징, 유형 등 협동 작문의 이론적 기초를 정립하였다. 이러한 이론적 기반을 근거로 협동 작문의 단계와 절차 그리고 교수-학습 모형을 수립하였다. 또한 선행 연구에서 미흡했던 부분을 수정하고 보완하여 이론과 실제를 아우를 수 있는 방법을 모색하였다.

Ⅲ장에서는 고등학교 교실에 적용할 협동 작문 프로그램을 구안하고 적용였다. 연구의 대상과 기간, 연구의 설계와 과정에 대한 정교하고 상세한 설계를 통해 협동 작문의 의의와 방법을 탐색하였다. 또, 협동 작문이 쓰기 능력과 쓰기 태도에 어떤 효과를 미치는지 검증할 검사 도구를 마련하였다. 준비된 프로그램을 예비 단계와 본 단계를 거쳐 적용하였다. 학생들이 실제 교수-학습 활동의 구체적인 과정과 절차를 참여관찰 하였고, 활동의 결과물을 수집하고 정리하였다.

Ⅳ장에서는 실제 고등학교 교실 현장에 적용한 협동 작문이 고등학교 학생들의 쓰기 능력 성취와 쓰기 태도 습득에 미치는 효과를 분할구획요인분석설계(SPFp.q design) 분석을 통해 양적 통계자료로 검증하였고, 관찰과 면담 그리고 학생들의 결과물을 통해 질적으로 분석하고 해석하였다.

양적 연구의 결과는 쓰기 능력과 쓰기 태도의 효과를 살펴보았다. 먼저,

쓰기 능력에서는 실험 집단과 통제 집단의 상·중·하 수준 집단별로 2회에 걸친 검사 결과를 Split-Plot Factorial p.qr(SPF2.3-2) 디자인에 의한 변량 분석을 한 결과, 두 집단 간에는 p<.05 수준에서 집단별로 유의미한 차이를 보이지 않았으나, 수준별로는 유의미한 차이를 보였다. 쓰기 태도에서는 두 집단 간에는 p<.05 수준에실험 집단에 사용한 지도 방법과 통제 집단에 사용한 지도 방법 사이에 통계적으로 유의미한 차이가 없는 것으로 드러났다.

질적 연구의 결과, 협동 작문이 종료된 후 참여한 실험 집단 학생들에게 설문지를 받아 프로그램에 대한 평가를 하여 의의 있는 답변을 받았다. 면담은 실험에 참여한 2개 모둠을 무선표집하여 국어 성적 상·중·하위 2명씩 모두 6명의 학생을 대상으로 실시되었다. 이들에게 협동 작문이 진행되는 동안 구조화된 질문지를 통해, 면담이 이루어져 협동 작문에 대한 긍정적인 답변을 받았다. 연구가 진행되는 동안 학생들이 제출한 학습 활동지와 쓰기 결과물인 원고지, 쓰기 평가표 등을 수합하였다. 특히 실험 집단과 통제 집단의 원고지를 살펴본 결과 실험 집단에서는 고쳐쓴 글의 요소가 내용과 조직 등 거시적인 측면에서 보다 활발하게 이루어졌으며, 통제 집단에서는 단어, 어법 등 표현의 미시적인 측면에서 활발하게 이루어졌다.

이러한 내용을 중심으로 하여 수행된 본 연구는 작문교육과 관련하여 다음과 같은 의의를 지닌다.

첫째, 본 연구는 협동 작문을 통한 작문 교육의 구체적인 실천 방법을 제시했다는 점에서 의의가 있다. 국어과에서 협동 작문에 대한 논의가 제7차 교육과정에 제시되어 있지만 이를 체계화하지 못했다. 협동 작문의 단계와 절차에 대한 이론과 모형을 탐색하고, 이의 지도를 위한 구체적인 절차와 전략을 제안한 후속 연구의 진행이 미약하였다. 본 연구는 협동 작문 교수-학습의 단계와 절차를 체계화하고 이론화하였다고 할 수 있다.

둘째, 본 연구는 협동 작문의 과정과 절차를 고등학교 교실 현장에 직접 적용하였다는 점에서 의의가 있다. 협동 작문에 대한 논의와 접근이 초등학교를 중심으로 활발히 진행되고 있다. 그러나 고등학교에서 쓰기 교육은 시간과 여건상의 이유로 소홀히 다루어져 왔다. 또한 개인별 글쓰기에 치중하였다. 능숙한 필자와 미숙한 필자가 한 교실에서 혼재하고 있는 상황이고 교사가 모든 학생들을 직접 지도하기 힘든 상황에서 협동 작문은 학생-학생, 교사-학생 사이의 상호작용을 통해 문제를 해결해 가는 대안이 될 수 있다. 따라서 단위학교에서 쓰기 교육의 문제를 해결할 수 있는 하나의 방안을 탐색했다는 데서 그 의의를 찾을 수 있다.

셋째, 읽기와 쓰기의 통합적인 측면을 모색하고 그 가운데 협동 작문 교수-학습 모형의 독자성을 강조했다는 점에서 의의를 찾을 수 있다. 읽기와 쓰기는 인간의 언어활동의 중요한 부분으로 각각 분리된 독자적 영역이 아니라 상호보완적이고 통합적 영역이다. 본 연구는 협동 작문을 주제로 하고 있지만 쓰기 한 영역만을 대상으로 한 것이 아니라 쓰기를 바탕으로 하여 읽기와 쓰기를 통합하고, 새로운 통합의 가능성을 탐색하였다고 볼 수 있다.

넷째, 협동 작문은 최근 대학별 고사의 하나인 논술 교육과의 연결점을 찾을 수 있다는 점에서 의의를 찾을 수 있다. 논술 교육은 단순히 쓰기 교육을 강조하는 것이 아니라 읽기와 쓰기를 바탕으로 학습자의 종합적이고 통합적 사고력을 측정하는 방향으로 나가고 있다. 그러나, 단위학교에서 통합논술에 대한 해법을 찾기 위해 심혈을 기울이고 있지만, 여러 가지 상황과 여건을 이유로 어려움에 부딪히고 있다. 따라서 협동 작문의 방법을 보다 적절히 구조화하고 정교화 시킨다면 국어교과 내에서 하나의 해결방안으로 제시될 수 있을 것이다.

이상의 연구 결과와 논의를 종합하여 볼 때, 협동 작문에 대한 다양한 학교 급, 쓰기 과제, 남녀 성별, 학교 계열별로 보다 치밀하고 정교하며, 체계적인 후속연구가 이루어져야 한다. 이를 통해 쓰기 교육에서 협동 작문의 의의와 방법에 에 대한 풍성한 논의와 결과를 얻을 수 있을 것이다.

2. 후속 연구를 위한 제언

앞으로 협동 작문에 관한 후속 연구는 다음의 방향으로 더욱 진행될 수 있다.

첫째, 협동 작문의 유형을 달리하여 정교화 시키고 체계화 하여 이론으로 정립하고, 이를 실제 학교 현장에 적용시킬 수 있는 연구를 할 수 있다. 예를 들면, 본 연구에서는 쓰기 전·중·후 각 단계에서 모두 협동의 모습이 보이고 실제 쓰는 활동은 각 개인이 하였는데, 차후의 연구에서는 실제 쓰는 활동도 모둠원이 같이 하였을 경우 어떠한 차이가 있는지 결과를 밝히는 연구도 진행될 수 있겠다. 이러한 연구는 협동 작문에 대한 보다 객관적이고 실증적인 연구로 발전될 수 있으며, 풍성하고 다양한 논의로 진행될 수 있을 것이다.

둘째, 학교급과 학년을 달리하여 협동 작문의 다양한 방법과 전략을 수립할 수 있는 연구를 할 수 있다. 예를 들면, 초등학교에서 보다 효율적이고 효과적인 방법이 있을 수 있으며, 중등학교에서 적용하기 적절하고 용이한 방법이 있을 수 있겠다. 또한 같은 학교 급이라도 학년을 달리하여 적용하였을 경우 연구의 과정과 절차 그리고 결과가 달라질 수도 있다. 이러한 연구는 이론을 위한 연구가 아니라 이론과 실천의 조화를 위한 연구가 되어야 할 것이다. 최근 교사가 자기반성을 통해 교실 현장의 문제점과 대안을 찾으려는 현장 연구가 주목을 받은 것도 같은 맥락으로 이해할 수 있을 것이다.

셋째, 쓰기의 목적과 주제를 달리하는 유형의 쓰기에서 협동 작문을 적용하는 연구를 할 수 있다. 본 연구는 설득적 쓰기에서 협동 작문의 단계와 절차 그리고 교수-학습 방법을 모색하였다. 설득적 쓰기의 특성상 개인의 주장을 펼쳐야 하기 때문에 그리고 최종적으로 쓰는 것은 개인별로 글을 썼다. 그런데 정서 표현의 글쓰기, 친교의 글쓰기, 설명적 글쓰기에

서 적용하였을 경우에는 본 연구와 달리 의견을 조절하여 함께 쓰는 방법
도 마련할 수 있다. 또한 공동 창작시, 공동 소설 쓰기 등 문학 창작 교육
에서도 협동 작문의 절차와 방법을 학교의 상황과 여건을 달리 적용하여
적절하고 효율적으로 변용할 수 있을 것이다.

이러한 제안은 쓰기 교육에서 협동 작문에 대한 이론적 배경을 더욱 튼
튼히 할 것이며, 이를 토대로 실제적으로 적용되어 연구 결과가 검증될
때, 협동 작문에 대한 다양하고 풍성한 논의를 보다 확고히 할 수 있을 것
이다.

1. 단행본

교육부(1998), 『국어과 교육과정』, 대한교과서(주).

______(2001), 『고등학교 국어과 교육과정 해설』, 대한교과서(주).

교육인적자원부(2007), 『국어과 교육과정』, 대한교과서(주).

교육학대사전편찬위원회(1992), 『최신교육학대사전』, 교육과학사.

김용래(2002), 『효과적인 수업을 위한 교육심리학』, 도서출판 문음사.

김윤옥·김성혜·신경숙·신경일·정명화·허승희·황희숙(1996), 『교육 연구를 위한 질적 연구방법과 설계』, 문음사.

김희수(2003), 『신교육심리학』, 한올출판사.

노명완(1992), 『국어교육론』, 한샘.

노명완·박영목·권경안(1988), 『국어과교육론』, 갑을출판사.

노명완·이차숙(2006), 『문식성 연구』, 박이정.

박영목·한철우·윤희원(1997a), 『국어과 교수 학습 방법 탐구』, 교학사.

__________________(1997b), 『국어교육학 원론』, 교학사.

__________________(2001), 『국어과 교수 학습론』(재판), (주)교학사.

__________________(2003), 『국어교육학 원론』(제2판), 박이정.

배호순(2000), 『수행평가의 이론적 기초』, 학지사.

박영민(2003), 『과정중심 비평문 쓰기』, 교학사.

서울대학교국어교육연구소(1999), 『국어교육학 사전』, 대교출판.

서울특별시교육연구원(2005), 『읽기에서 논술까지』, 서교연 2006.23, 삼영.

서울특별시교육청(2007), 『2007학년도 중등장학계획』, 공문자료.

성태제(2004), 『현대 기초통계학의 이해와 적용』, 교육과학사.

______(2007), 『SPSS와 AMOS를 이용한 알기쉬운 통계분석』, 학지사.

손충기·백영균·박정환(2004), 『내가하는 통계분석 SPSS』, 학지사.

신헌재·이경화(2003), 『국어과 협동학습 방안』, 박이정.

우수명(2005), 『마우스로 잡는 SPSS 12.0』, 인간과복지.

이관규·김라연·윤정민·서수현·김지연(2004), 『문법을 어떻게 가르칠 것인가』, 한국문화사.

임인재(1993), 『교육·심리·사회연구를 위한 통계방법』, 박영사.

이훈구(1995), 『사회심리학』, 법문사.

정문성(2006), 『협동 학습의 이해와 실천』, 교육과학사.

최현섭·박태호·이정숙(2000), 『구성주의 작문 교수 학습론』, 박이정.

최현섭·최명환·노명완·신헌재·박인기·김창원·최영환(1999), 『국어교육학개론』, 삼지원.

한국교육과정평가원(2003), 「고등학교 1학년 국어 학업성취도평가문항」, 인터넷 자료 (http://www.kice.re.kr/)

한국교육과정평가원(2005), 『논술의 실제』 Ⅰ·Ⅱ·Ⅲ, 대수능CAT 2005.11.2, 화신문화(주).

한국독서학회(2003), 『21세기 사회와 독서지도』, 박이정.

한규석(2004), 『사회심리학의 이해』, 학지사.

한철우·김명순·박영민(2001), 『문학중심 독서지도』, 대한교과서.

한철우·박진용·김명순·박영민(2001), 『과정중심 독서지도』, 교학사.

황정규(2002), 『학교학습과 교육평가』(개정판), 교육과학사.

2. 논문 및 자료

김라연(2006), 「모둠 독서 활동에서의 독서 행동 변화 양상 연구」, 박사논문, 고려대.

김명순(2000), 「협동 학습의 국어교육적 의의」, 『한국어문교육』 9, 121~145. 한국교원대.

______(2003), 「쓰기 교육과 장르 중심 쓰기 지도」, 『국어교과교육연구』 5, 119~151. 부산대.

김미정(2007), 「학습자의 자기평가 피드백 유형이 쓰기 능력과 쓰기 태도에 미치는 영향」, 석사논문, 한국교원대.

김민성(2004), 「자기평가 및 동료평가가 쓰기 학습 능력과 태도에 미치는 효과」, 석사논문, 고려대.

김성일(2000), 「태도변화의 원리에 의한 가치관 교육」, 『현대 교육심리학의 쟁점과 전망』(황정규 편), 379~442, 교육과학사.

김정자(2001), 「필자의 표현 태도 연구」, 박사논문, 서울대.

______(2006), 「쓰기 '과정'의 초점화를 통한 쓰기 지도 방안」, 『국어교육학연구』 26, 129~160, 도서출판 역락.

김철영(2001), 「과정 중심의 고등학교 작문 지도 방안」, 석사논문, 대구대.

김현희(2007), 「상호평가적 협의가 쓰기 능력에 미치는 효과」, 석사논문, 고려대.

노명완(2006), 「미래사회에서의 전문 활동과 국어능력」, 『국어교육』 122, 1~22, 한국
      어교육학회.
노명완·이차숙(1999), 「문식성의 개념, 발달, 그리고 사회적 요구에 관한 연구」, 한
      국교원대 교과교육공동연구소
문혜경(2000), 「협동학습을 통한 작문지도 방법 연구」, 석사논문, 서울교대.
박영목(1999), 「쓰기지도의 개선 방향 탐색」, 서울시 중등 국어과 1급 정교사 자격 연
      수교재, 서울대 사범대학 국어과.
______(2001), 「作文活動 過程에서의 社會認知的 意味 協商」, 『敎育學硏究論叢』
      18, 157~183, 弘益大學校附設敎育硏究所.
______(2002), 「協商을 통한 意味 構成과 協同 作文」, 『국어교육』 107, 101~134, 한
      국어교육학회.
______(2006), 「중등학교 글쓰기 교육의 새로운 방향」, 제6회 한국작문학회 연구발표
      회자료. 5~16.
박영민(2000), 「쓰기 수행평가 준거 설정에 관한 연구」, 석사논문, 한국교원대.
______(2003), 「비평문 쓰기를 통한 작문 지도 방법 연구」, 박사논문, 한국교원대.
______(2006), 「중학생의 쓰기 동기에 영향을 미치는 요인」, 『국어교육학연구』 26,
      337~369, 국어교육학회, 도서출판 역락.
______(2007), 「예비국어교사의 쓰기 동기에 영향을 미치는 요인」, 『새국어교육』 75,
      163~192, 한국국어교육학회.
박정진(2006), 「국어 수업의 질문활동 양상 연구」, 박사논문, 고려대.
박중휘(2005), 「디지털 포트폴리오 평가 시스템이 시각장애학생의 점자 쓰기 능력과
      태도에 미치는 효과」, 박사논문, 대구대.
박태호(1997), 「돌려읽기」, 『초등국어교육학회회보』 7, 초등국어교육학회.
______(2000a), 『장르중심 작문 교수 학습론』, 박이정.
______(2000b), 「장르중심 작문교육의 내용 체계와 교수·학습 원리 연구」, 박사논문,
      한국교원대.
배은경(2003), 「독서를 통한 진로집단상담 프로그램이 여고생의 진로결정 자기효능
      감과 진로태도 성숙에 미치는 효과」, 석사논문, 계명대.
백정운(2005), 「내용 생성을 위한 동료 협의가 쓰기에 미치는 영향 연구」, 석사논문,
      고려대.
성미영(1997), 「협동적 과정 중심 작문 지도의 효과 분석 연구」, 석사논문, 고려대.

성숙자(2003), 「협동 학습과 독창적 논증문 쓰기 지도」, 『국어교과교육연구』 5, 153~174. 부산대.

심선희(2002), 「동료 협의를 통한 생활문 쓰기가 쓰기 능력 및 쓰기 태도에 미치는 효과」, 석사논문, 이화여대.

오택환(2007a), 「고등학교 작문교육의 현황과 전망」, 『작문연구』 4, 57~84, 한국작문학회, 도서출판 역락.

______(2007b), 「협동 작문의 단계와 절차 탐색」, 『국어교육학연구』 29, 229~250, 국어교육학회, 도서출판 역락.

______(2007c), 「제7차 고등학교 작문교과서의 '협동 작문' 내용에 대한 비판적 분석」, 『작문연구』 5, 241~266, 한국작문학회, 도서출판 역락.

______(2008), 「고등학교 국어 교과서 쓰기 영역 '함께하기' 학습 활동의 비판적 검토」, 『새국어교육』 78, 257~270, 한국국어교육학회.

옥정인(1997), 「읽기 태도 형성에 영향을 미치는 요인 연구」, 석사논문, 한국교원대.

원진숙·윤준채·전아영(2002), 「SSR 활동이 학습자의 읽기 태도 및 읽기 이해에 미치는 영향」, 『국어교육』 108, 173~200. 한국어교육학회, 박이정.

윤준채(2007), 「독자의 정의적 영역 발달」, 『독서연구』 17, 229~259, 한국독서학회, (주)사회평론.

이성은·심선희(2002), 「동료 협의를 통한 생활문 쓰기가 쓰기 능력 및 쓰기 태도에 미치는 효과」, 『열린교육연구』, 12(1), 169~189.

이성은·윤연희(2004), 「협동적 읽기·쓰기 통합(CIRC) 프로그램이 초등학생의 읽기 능력 및 쓰기 능력에 미치는 효과」, 『열린교육연구』 10(1), 57~74.

이영호(2005), 「다면적 피드백 중심 쓰기 워크숍을 통한 쓰기 태도 신장 방안 연구」, 『초등국어교육』 14, 161~200. 서울교대.

이영희(1999), 「협동학습을 통한 고쳐쓰기 지도 방안 연구」, 석사논문, 한국교원대.

이재기(1997), 「작문 학습에서의 동료평가활동 과정 분석」, 석사논문, 한국교원대.

______(1999), 「소집단 협동적 작문활동에 관한 고찰」, 『청람어문학』 17, 263~312, 청람어문교육학회.

이재승(2005), 「작문 교육의 현황과 발전 과제」, 한국작문학회 창립연구발표회자료, 38~50.

이재승·신헌재·임천택·전제응(2006), 「초등학생용 쓰기 동기 검사 도구 개발과 활용 방안」, 『청람어문교육』 34, 129~159. 청람어문교육학회.

이천희(2005), 「국어 능력의 개념 정립을 위한 시론」, 『국어교육』 118, 5~30, 한국어
　　　교육학회.

이호관(1999), 「교정하기 전략 학습이 쓰기 능력 신장에 미치는 효과」, 석사논문, 한
　　　국교원대.

인혜련(1998), 「쓰기 학습 과정에 대한 질적 연구」, 석사논문, 서울대.

임천택(2002), 「하이퍼텍스트 기반의 작문 교수·학습 모형에 관한 연구」, 박사논문,
　　　한국교원대.

임칠성(2003), 「협상을 통한 읽고 쓰기 협동 수업」, 『국어교과교육연구』 5, 25~58, 국
　　　어교과교육학회.

전제응(2005), 「쓰기 동기에 관한 시론」, 『작문연구』 창간호, 255~287, 한국작문학회,
　　　도서출판 역락.

＿＿＿(2007), 「초등학생의 쓰기 동기에 관한 연구」, 『청람어문교육』 35, 83~107. 청
　　　람어문교육학회.

정미현(2003), 「협의 중심의 과정 중심 글쓰기의 효율성」, 『국어교육』 112, 95~130,
　　　한국어교육학회.

정진교(2002), 「협상하기 전략을 활용한 쓰기 지도 방법」, 석사논문, 한국교원대.

조성현(2005), 「개념도를 적용한 개별점검과 협동점검 학습이 논증적 글쓰기에 미치
　　　는 영향」, 석사논문, 한국교원대.

조은수(1997), 「쓰기 능력 발달에 영향을 미치는 요인 연구」, 석사논문, 한국교원대.

천경록(1995), 「기능, 전략, 능력의 개념 비교」, 『청람어문학』 13, 316~330, 청람어문
　　　학회.

한철우(1999), 「토의 및 협력학습을 통한 시조문학 교육」, 『한국시조작가론』, 947~
　　　951, 국학자료원.

홍기찬(2000), 「쓰기 능력에 따른 쓰기 수행 과정 연구」, 석사논문, 한국교원대.

황경희(1994), 「아동의 제재 흥미와 생활문 짓기 능력과의 관계」, 박사논문, 이화여대.

황희숙(1996), 「질적 연구의 성격」, 『교육 연구를 위한 질적 연구방법과 설계』, 7~23,
　　　문음사.

3. 외국 논저 및 번역서

Alexander, P. A., Schaller, D.L. & Hare, V. C.(1991), Coming to Terms : How Researchers in Learning and Literacy Talk about Knowledge, *Review of Educational Research*, 61(3), 315-343.

Anson, C.(1989), *Writing and response.* IL : NCTE.

Applebee, A.N. (2000). Alternative models of writing development. In Roselmina Indrisano & James R. Squire (Eds.) *Perspectives on writing*(pp. 90-110). Delaware : IRA.

ASHE-ERIC(2001a), Forming Groups, Training Students to Be Effective Collaborators, and Managing Collaborative Groups. *Higher Education Report*, 28(6), 51-93.

__________(2001b), Pedagogical Support for Classroom Collaborative Writing Assignments. *Higher Education Report*, 28(6), 1-22.

__________(2001c), The Range of Collaborative Writing Opportunities. *Higher Education Report*, 28(6), 23-36.

Bereiter, C.(1980), Developement in writing, *Cognitive process in writing.* In Gregg, L. W. & Steinberg. E. R. (Eds), Hillsdale : Lawrence Erlbaum Associations.

Brock, C, H, & Raphael, T, E,.(2003), Guiding Three Middle School Students in Learning Written Academic Discourse, *The Elementary School Journal*, 103(5), 481-502.

Carolyn, W, K,.(1996), Writing collaborative laboratory in ninth grade science : Three Case Studies of Social Interactions, *School Science and Mathematics*, Apr, 96(4), 178-186.

Dale, Helen(1992), *Collaborative writing : A singular we.* Ph D. dissertation, Ma : The University of Wisconsin.

__________(1994a), Collaborative research on collaborative writing, *English Journal,* 83(1), 66-70.

Dale, Helen(1994b), Collaborative writing interactions in one ninth-grade classroom. *Journal of Educational Research,* 87(6), 334-344.

Emig, J. & King, B.(1979), *Emig-King Attitude Scale for Students.* ERIC Document Reproduction Service No, ED 236 630.

Faigley, L. & Skinner, A.(1982), *Writer's process and writer's knowledge.* A review research, Technical report No.6. Ausitin : Texas University,

Francis, M. & McCutchen, D.(1994), *Strategy Difference in Revising between Skilled and Less Skilled*

Writers. ERIC Document Reproduction Service No, ED 373 347.

Fishbein, M., & Ajzen, I.(1980). *Understanding attitudes and predicting social behavior*. Englewood Cliffs, NJ : Prentice Hall.

Fitzgerald, T. & Stamm, C.(1993), Effect of group conferences on first graders' revision in writing, *Written Communication*, 7, 96-135

Fletcher, R. Portalupi, J.(1993). *Writing Workshop*. NH : Heinemann Portsmouth.

Flower, L.(1993). *Problem-Solving Strategies for Writing*(원진숙, 황정현 옮김, 1998, 글쓰기의 문제해결전략, 동문선). Harcourt Brace & Company.

Flynn, T. King, M.(1993), *Dynamics of the Writing conference*. IL : NCTE.

Frarnkel, J. & Wallen, N.(2003), *How to Design and Evaluate Research in Education*, NY : McGraw-Hill Co.

Gray, V.(1993), Just of paradise : Collaborative writing in middle school, *English Journal*. Urbana : Nov 1993. Vol. 82, (7), 58-60.

Gunning, T.(2000), *Creating Literacy Instruction for All Children*, MA : Allyn & Bacon.

Hayes(2000), A New Framework for Understanding Cognition and Affect in Writing. In Roselmina Indrisano & James R. Squire (Eds.), *Perspectives On Writing*(pp. 6-44), Delaware : IRA.

Hidi, S., & Boscolo, P.(2006), "Motivation and Writing. In C. A. MaCrthur, S. Graham, & J. Fitzgerald(Eds.), *Handbook of Writing Research*(pp.144~157). New York : Guilford.

Hillock, G.(1995). *Teaching Writing as Reflective Practice*, Teachers College Press of Columbia University.

Hodges, C, G.(2002), Learning through collaborative writing, *Literacy and Language*, April, 4-10.

Ithel, Jones.(2002), Social Relationships, Peer Collaboration and Children's Oral Language, *Educationl Psychology*. 22(1), 63-73.

Johson, D. W.(1989), *Cooperation and Competion : theory and research*. Minnesota : Interact Book Co.

Johnson & Johnson(1999), *Learning togerher and alon : Cooperation, Competion, and individualization*, MA : Allyn & Bacon.

Jun-chae, Yoon(2002), *Effectiveness of sustained silent reading on reading attitude and reading comprehension of fourth-grade korean students*, Ph D. dissertation, Athens : The University of

Georgia.

Kear, D. J., Coffman, G. A., Mckenna, M. C. and Ambrosio, A. L.(2000), Measuring attitude toward writing : A new tool for teachers, *The Reading Teacher*, 54(1), 10-23.

Knudson, R. E.(1995). Writing Experience, Attitudes, and Achivement of First to Sixth Graders. *The Journal of Educational Research*, 89, 9-97.

Liska, A. E. (1984). A critical examination of the causal structure of the Fishbein / Ajzen attitude-behavior model. *Social Psychology Quarterly*, 47, 61-74.

Mathewson, G. C. (1994). Model of attitude influence upon reading and learning to read, In R. B. Ruddell, M. R. Ruddell, & H. Singer (Eds.) *Theoretical models and processes of reading*(pp.1131~1161). (4th ed). Newark, DE : International Reading Association.

Neman, B. S.(1995). *Teaching Students to Write*(2nd ed.), NY : Oxford University Press.

McKenna, M. C., Kear, D. J.(1990), Measuring attitude toward reading : A new tool for teachers, *The Reading Teacher*, 43, 626-639.

McKenna, M. C., Kear, D. J., & Ellsworth, R. A. (1995). Chidren's attitudes toward reading : A national survey. *Reading Research Quarterly* 30, 934-956.

Mosenthal, P.,Tamor, l., Walmsley, S,.(1983), *Research on writing*, New York : Lonman.

Mosenthal, P.(1983), On Defining Writing and Classroom Writing Competence. Peter Mosenthal(Eds.), *Research On Writing*(pp.26-71), New York : Longman Inc.

Nisbet, S. & Shucksmith, J,.(1986), *Learning Strategies*(이신동, 이경화 옮김, 2001, 학습전략과 교육, 교육과학사.

Pajares, F., & Valiante, G,.(2006), Self-efficacy beliefs and motivation in writing developement. In C. A. MaCrthur, S. Graham, & J. Fitzgerald(Eds.), *Handbook of Writing Research* (pp.158~170). New York : Guilford.

Park, Y. M.(1988). *The Influence of the Task upon Writing Performance*, Korea Seoul : Tower Press.

Porto, M.(2002). Implementing cooperative writing response groups and self-evalution in South America : Struggle and survival, *Journal of Adolescent & Adult Literacy* 45, 684-691.

Raphael, T. E. & Hiebert, E. H.(1996). *Creating an Integrated Approach to Literacy Instruction*, Harcourt Brace College Publishers.

Scardamalia, M., & Bereiter, C.(1986), Research on written composition. In M. C. Wittrock(Ed.), *Handbook of research on teaching*(3rd ed.). New York : Macmillian.

Slavin, R.(1989), *School and Classroom Organization*, Hillsdale, NJ : Lawrence Erlbaum Associates,

Publishers.

________(1995), *Cooperative learning*, Massachusetts : A Simon & Schuster Co.

________(2003), *Educational Psychology*(강갑원, 김정희, 김종백, 박희순, 이경화, 장인실 옮김, 2006, 교육심리학, 이론과 실제, (주)시그마프레스), MA : Allyn & Bacon.

Slavin, R., Madden, N., & Steven, R.(1995), Cooperative Integrated Reading and Composition (CIRC) : Applications for the Language Arts Classroom, In R. J. Stahl(Ed.), *Cooperative Learning in Language Arts*(pp.345-356). Addison-Wesley Publishing Company.

Smagorinsky, P.(2006), *Research on Composition : Multiple Perspectives on Two Decades of Change*, New York : Teachers College Press.

Soven, M.(1999), *Teaching Writing in Middle and Secondary Schools*, MA : Allyn & Bacon.

Swafford, J., & Bryan, J, K,.(2000), Instructional Strategies, *Reading & Writing Quarterly*, 16. 139-161.

Tomkins, G. E.(2000). *Teaching Writing : Balancing Process and Product*(3rd ed.), NJ : Prentice-Hall, Inc.

Vacca, R. T. & Linek, W. M.(1992). Writing to learn, In Judith W. Irwin & Mary Anne Doyle(1992), *Reading / Writing Connections*, DE : International Reading Association.

Vygotsky, L. S.(1978), *Mind in Society : the development of higher psychological processes*, Cambridge : Harvard University Press.

Williams, J.(1998), Models for Teaching Writing, *Preparing to Teach Writing*, NJ : Lawrence Erlbaum Associates.

Yarrow, F., & Topping, K. J.(2001), Collaborative writing : The effects of metacognitive prompting and structured peer interaction, *British Journal of Educational Psychology*. 71. 261-268.

쓰기 태도 검사지

다음은 쓰기에 관한 여러분의 생각을 알아보기 위한 질문입니다. 이에 대한 대답은 맞거나 틀리는 답이 없으며, 쓰기 성적과도 아무런 관계가 없습니다. 각 문항을 잘 읽고 여러분의 생각과 같은 번호에 표시해 주기 바랍니다.

학년   반

문항	내 용	5	4	3	2	1
1	글쓰기는 우리의 생활에 반드시 필요하다.					
2	글쓰기는 나의 생각을 표현하는데 중요한 방법이다.					
3	사람들은 서로 의사소통을 하기 위해 글을 쓴다.					
4	글쓰기는 나에 대하여 더 많은 것을 나타내게 한다.					
5	글쓰기는 나에 대해 많은 생각을 해보는 기회를 갖게 한다.					
6	쓴 글에 대해 친구들이나 선생님 등과 토의하는 것은 더 좋은 글을 쓰기 위해 꼭 필요하다.					
7	맞춤법, 띄어쓰기, 문장부호는 글을 잘 쓰기 위한 중요한 요소이다.					
8	쓰기 시간은 재미있으며, 쓰기 시간이 기다려 진다.					
9	나는 글쓰기를 즐거워하며 좋아한다.					
10	나는 글로 쓰고 싶은 이야기가 많다.					
11	글쓰기를 통해 내 생각과 감정을 표현하는 것은 즐거운 일이다.					
12	나는 내가 본 것, 들은 것, 느낀 것 등에 대하여 무엇이든 글로 쓸 수 있다.					
13	내가 쓴 글을 읽으면 마음에 든다.					
14	내가 쓴 글을 여러 사람들(선생님, 부모님, 친구들 등)이 읽어 봐 주는 것이 좋다.					
15	학교에서 글쓰는 시간이 더 많으면 좋겠다.					
16	나는 글을 더 잘 쓸 수 있으면 좋겠다.					
17	글쓰기 주제가 주어지면 생각을 정리한 후에 쓴다.					
18	글을 쓸 때 처음 시작하는 부분을 쓸 때가 어렵다.*					
19	쓰고 싶은 내용을 적절히 정리하는 것이 어렵다.*					
20	쓰고 싶은 내용을 적당하게 표현하는 것이 어렵다.*					
21	평소에 글을 쓰면서 예상독자에 대해 자주 생각한다.					
22	글을 잘 쓰기 위해 평소에 신문이나 추천 도서, 권장 도서 등을 즐겨 읽는다.					
23	글을 잘 쓰기 위해 겪은 일이나 떠오르는 생각이 있으면 항상 기록하는 습관을 가지고 있다.					
24	글을 쓰기 위해 집중하는 태도를 가진다.					
25	내가 쓴 글을 다시 읽고 고쳐 쓰려는 태도를 가진다.					

5 매우 그렇다, 4 그렇다, 3 보통이다, 2 그렇지 않다, 1 전혀 그렇지 않다

* 부정문항

협동 작문에 관한 설문조사서

다음 설문 내용은 그 동안 여러분이 학습해온 **협동 작문**에 관한 여러분의 의견을 묻는 것입니다. 기존의 개별 작문과 비교하여 이 설문에 답해 주기 바랍니다. 이 설문은 협동 작문에 관한 연구 자료로 활용할 것이므로 여러분의 개인적인 문제와는 아무 상관이 없습니다. 문항에 틀리고 맞는 정답은 없으며, 여러분이 생각할 때 가장 적절한 항목에 표시하면 됩니다. 정직하게 대답하여 연구에 도움을 주기 바랍니다.

1. 개별 작문보다 협동 작문이 더 좋다.
   ① 매우 그렇다　　　　② 그렇다　　　　③ 그저 그렇다
   ④ 별로 그렇지 못하다　⑤ 전혀 그렇지 못하다

2. 협동 작문 후 이전보다 잘 쓸 수 있게 되었다.
   ① 매우 그렇다　　　　② 그렇다　　　　③ 그저 그렇다
   ④ 별로 그렇지 못하다　⑤ 전혀 그렇지 못하다

3. 협동 작문 후 쓰기에 대한 관심, 흥미가 높아졌다.
   ① 매우 그렇다　　　　② 그렇다　　　　③ 그저 그렇다
   ④ 별로 그렇지 못하다　⑤ 전혀 그렇지 못하다

4. 동료 협의는 쓰기 능력 향상과 쓰기 태도 형성에 도움이 되었다.
   ① 매우 그렇다　　　　② 그렇다　　　　③ 그저 그렇다
   ④ 별로 그렇지 못하다　⑤ 전혀 그렇지 못하다

5. 동료 평가는 쓰기 능력 향상과 쓰기 태도 형성에 도움이 되었다.
   ① 매우 그렇다　　　　② 그렇다　　　　③ 그저 그렇다
   ④ 별로 그렇지 못하다　⑤ 전혀 그렇지 못하다

6. 전체 작품 공유하기는 쓰기에 도움이 되었다.
   ① 매우 그렇다   ② 그렇다   ③ 그저 그렇다
   ④ 별로 그렇지 못하다   ⑤ 전혀 그렇지 못하다

7. 선생님의 첨삭 지도와 해설은 쓰기에 도움이 되었다.
   ① 매우 그렇다   ② 그렇다   ③ 그저 그렇다
   ④ 별로 그렇지 못하다   ⑤ 전혀 그렇지 못하다

8. 협동 작문에 대해 만족하는 점은 무엇인지 구체적으로 쓰시오

9. 협동 작문에 대해 불만족한 점이 있다면 무엇인지 구체적으로 쓰시오

10. 지금까지의 협동 작문과 관련하여 건의하거나 하고 싶은 말이 있으면 자유롭게
    쓰시오

☞ 수고하였습니다.

쓰기 평가 기준표

(교사용)

구분	평가 항목	평가 요소	배점				합계
			A (10)	B (8)	C (6)	D (4)	
내용 (40점)	주제 설정과 결론 도출	- 주제 설정과 명확한 주장					
		- 중심내용과 세부 내용의 적절한 관련					
		- 구체적이고 독창적인 글의 내용					
		- 합리적인 결론 도출					
조직 (40점)	구성 조직 과 논리	- 일관되고, 단계적이며, 통일적인 논의 전개					
		- 체계적이고 조직적인 글 전체의 흐름					
		- 주장에 대한 적절하고 분명한 논거					
		- 적절하고 타당한 논거 제시					
			A (5)	B (4)	C (3)	D (2)	
표현 (20점)	표현의 적절성	- 매끄럽고 자연스러운 문장 표현					
		- 타당하고 효과적인 표현					
		- 적절한 단락 구성 및 어휘 사용					
		- 맞춤법, 띄어쓰기 등 원고지 사용법					
총계			100점 만점 :				

쓰기 평가 기준표

(학생용)

1학년   반   번   모둠

이름:

구분	평가 내용	발표자		
내용 (40점)	• 근거 설정과 중심내용 전개 - 주장에 대한 적절하고 분명한 논거 - 주장과 논거의 논리적 타당성 - 논제에 대한 분명한 견해 표현 - 중심내용과 세부 내용의 적절한 관련			
조직 (40점)	• 구성 조직 능력 - 전체 논의 전개에 일관성 유지 - 전체 논의 전개에 있어 논리적 비약 - 글 전체의 흐름이 체계적이고 조직적 - 글 전체의 긴밀성 유지			
표현 (20점)	• 표현의 적절성 - 매끄럽고 자연스러운 문장 표현 - 표현의 타당성과 효과성 - 단락구성 및 어휘 사용 - 맞춤법, 원고지 사용법			
총평				

오늘의 활동 평가지

제 1학년   반   모둠

번 호		이름	
소집단 명			
모둠원 명			

1. 영어 공용화를 (찬성 / 반대) 한다.

2. 1번과 같이 생각하는 근거를 두 가지 이상 말해보자.
  -

  -

3. 1번에 대해 나와 의견을 같이 하는 다른 친구의 근거 중 자기가 생각하지 못한 근거를 두 가지 이상 말해 보자.
  -

  -

4. 1번에 대해 나와 생각이 다른 친구가 내세우는 근거를 두 가지 말해 보자.
  -

  -

<개요짜기>
■ 논제 : 영어공용화에 대해 (찬성 / 반대) 한다.
-서론 :

-본론 :

-결론 :

오늘의 활동 평가지

제 1학년   반   모둠

번　　호		이름	
소집단 명			
모둠원 명			

1. 개발이 우선이라는 주장의 근거가 무엇인지 살펴보자.

2. 환경이 우선이라는 주장의 근거가 무엇인지 살펴보자.

3. 개발이 우선이냐 환경이 우선이냐에 대한 자신의 견해를 밝히고 논리적으로 전개해 보자.

<개요짜기>
■ 논제 : 환경과 개발 가운데 (환경 / 개발) 이 우선해야 한다.
─서론 :

─본론 :

─결론 :

오늘의 활동 평가지

제 1학년　　반　　모둠

번　　호		이름	
소집단 명			
모둠원 명			

1. 인터넷 실명제란 무엇인지 정리해 보자.

2. 인터넷 실명제가 필요하다고 생각하는 이유는 무엇인지 제시해 보자.

3. 인터넷 실명제를 반대하는 이유는 무엇인지 적절한 근거를 들어 써 보자.

4. 인터넷 실명제에 대해 찬성과 반대의 견해 중 하나를 택하여 그 근거를 들고 자신의 생각을 논리적으로 전개해 보자.

<개요짜기>
■논제 : 인터넷 실명제에 대해 (찬성 / 반대) 한다.
―서론 :

―본론 :

―결론 :

쓰기 능력 사전 검사지

▶ 논제 : 아래 제시문은 청소년기의 자아정체성과 관련된 개념과 필요성에 대한 진술이다. 이 글을 참고로 청소년기 바람직한 자아 정체성 형성을 위한 노력에 대해 1,000자 내외(±100자)로 논술하시오.

청소년기는 자아 정체성을 확립해야 하는 매우 중요한 시기이다. 청소년기는 부모와의 긴밀한 관계에서 벗어나 자기의 주관적인 세계에 대해 눈을 뜨기 시작하고, 독립적인 자아를 형성하게 되는 시기이다. 그러나 청소년들은 독자성을 추구하면서도, 아직은 부모로부터 완전히 독립하지 못하고 의존적인 성향을 보이기도 한다. 즉, 독립과 의존의 양면성을 띠게 되는 것이다. 따라서, 이 시기에 자아 정체성을 확고하게 형성하지 못한 사람은, 장차 성인이 되었을 때 자신의 역할 수행에 대해 혼란을 느끼고 비정상적인 행동을 하게 될 가능성이 있다.

그런데 자아 정체성은 자연적인 신체적 성숙의 결과로 얻어지는 것이 아니라, 개인의 지속적인 노력을 통하여 형성되는 것이다. 더 나아가, 자아 정체성의 형성은 사회나 국가의 조건이나 풍토에 따라 촉진되기도 하고 억제되기도 한다. 가족의 기능이 약화되고, 공동체의 전통이 소멸되며, 미래에 대한 예측이 어려워져 가는 오늘날에는 자아 정체성을 형성하는 데 많은 어려움이 따른다.

자아 정체성 형성은 일생의 모든 단계에서 이루어지는 과업이지만, 다음과 같은 이유로 청소년기에 중요시 된다.

첫째, 청소년기에는 급속한 신체적·정신적 성숙에 따라 내적 충동의 양적·질적 변화가 나타난다. 둘째, 청소년기에는 아동도 성인도 아닌 주변인으로서 독립성과 의존성의 상반된 사회적 요구를 경험한다. 사회는 청소년들이 부모로부터 독립적인 존재가 되기를 요구하면서도, 청소년들의 본격적인 사회적 관심과 참여에는 제한을 가한다. 셋째, 청소년기가 되면서 선택을 강요받는다. 특히, 진로 선택의 경우에는 그 결과에 대한 책임이 수반될 뿐 아니라 미래의 삶의 방향이 좌우될 수 있기 때문에, 청소년들은 그에 대해 불안감과 초조감을 갖게 된다. 넷째, 청소년기에는 지적 능력의 급속한 발달로 인해 자아에 대한 고민과 번민, 갈등이 증폭된다. 다섯째, 청소년기에는 동일시 대상이 변화한다.

쓰기 능력 사후 검사지

▶ 논제 : 아래 제시문은 청소년 문화의 특징에 대한 진술이다. 이 글을 참고로 바람직한 청소년 문화의 형성을 위한 노력에 대해 1,000자 내외(±100자)로 논술하시오.

청소년 문화는 청소년 세대 특유의 삶의 방식으로서, 청소년 집단 속에서 사회화를 통해 형성되고 전수되는 청소년 세대의 행동 방식과 정신적 지표를 말한다.

이러한 청소년 문화의 특징을 구체적으로 살펴보면 다음과 같다.

첫째, 우리 청소년 문화에서 가장 먼저 꼽을 수 있는 것은 입시 문화이다. 청소년은 하루 중 대부분의 시간을 상급 학교에 진학하기 위한 입시 공부에 매달리고, 시험과 성적의 압박을 받으면서 살아가고 있으며, 때로는 지나친 스트레스를 해소하기 위하여 일탈 행돌을 하기도 한다.

둘째, 일반적으로 청소년들이 경험하는 사회적·심리적 상태에 바탕을 둔 소외 문화를 들 수 있다. 청소년들이 지닌 수많은 욕구와 바람들이 모두 '공부'라는 과제하에 청소년기 이후의 성인기로 유예되고 있다. 이러한 상황에서 청소년들은 무력감과 소외감, 욕구 불만과 욕구 좌절, 상대적 박탈감 등을 느끼기 쉽다.

셋째, 청소년 문화는 사회 풍조를 반영하여 감각 지향적인 문화의 특징을 보여준다. 오늘날 사회 일각에서는 이성의 우월성을 강조하는 전통적인 관념을 비판하고, 인간의 감각적인 측면을 강조하기도 한다. 그런데 이러한 입장에 치우치다 보면, 감각적이고 즉각적인 것만을 추구하는 경향이 나타나게 된다. 그리하여 문화적 성숙도가 낮은 청소년들은, 이러한 흐름을 그대로 흡수하여 감각 지향적인 문화를 향유하려는 태도를 지니게 된다.

넷째, 오늘날의 청소년들은 정보화의 진전에 따라 '디지털(digital) 문화'를 향유하고 있어, 'N세대'라고 불리고 있다. 이들은 인터넷으로 대표되는 전자 네트워크를 삶의 중요한 한 측면으로 누리는 세대를 말한다. 이들은 개인용 컴퓨터와 인터넷과 같은 디지털 기기를 기반으로 하여 자라나는 세대이다. 이들은 컴퓨터와 인터넷을 통해 또래 집단과 끊임없이 대화를 하면서 사회성과 공동체 의식을 기르고 있으며, 학습법은 물론 놀이, 소비, 작업, 가정 문화 등 여러 측면에서 이전 세대와는 다른 특성을 보이고 있다.

이제까지 언급한 청소년 문화의 특징을 살펴보면 긍정적인 면도 있고 부정적인 면도 있다. 특히, 최근에는 성인 문화의 영향으로 긍정적인 면보다는 부정적인 면이 많이 나타난다는 데 그 심각성이 있다.

협동 작문 읽기 자료

<영어공용화>

아래 자료를 읽고 영어에 대해 필자가 보이는 관점과 자신의 관점을 비교해 보자.
또, 친구들과 어떤 태도를 가지는 것이 바람직한 지 토론한 후, 자신의 견해를 논리적
으로 전개해 보자.

세계화 위해 민족 버리자니…천박한 과잉 세계주의

요즘 사회가 민주화되면서 우리의 의식 구조도 상당히 다양해져 예 전에는 생각지
도 못했던 주장들이 제기되는 경우를 많이 본다. 그러나 최근 간행된 소설가 복거일
씨의 '국제어 시대의 민족어'에 실려 있는 주장들은 그런 부류의 하나로 보고 그냥 넘
기기에는 너무 심각한 독이 들어 있다.

이 책은 크게 두 부분으로 되어 있다. 첫 번째 부분에서는 '민족주의를 버릴 것'을
주장하고 있고, 두 번째 부분에서는 '민족어를 버릴 것'을 주장하고 있다. '지구 제국'
시대에는 민족주의나 민족어는 불필요하다는 생각에서인 것 같다. 그의 말대로 이는
대단히 '용감한 주장'이라고 할 수 있다.

먼저 그는 독도 영유권 분쟁이나 동해 표기 등의 문제가 터졌을 때 우리 사회에 나
타났던 여러 부정적인 민족주의 행태를 지적하면서 이 제는 민족주의를 버릴 때가 되
었다고 충고하고 있다.

"…일본과의 관계만 따진다 하더라도 둘 사이에서 약한 나라는, 그래서 둘 사이의
분쟁에서 훨씬 손해를 크게 입을 나라는 우리다. 아쉬 운 쪽은 일본이 아니다…"

그가 우리 사회에 민족주의를 버릴 것을 요구하는 이유는 우리가 상대적으로 약소
국이기 때문이라는 점을 쉽게 짐작케 하는 대목이다. 그렇다면 강대국의 민족주의에
대항할 수 있는 약소국의 대응전략은 무엇인가. 국제 사회에 호소하고 국제기구에 하
소연하는 것인가? 그가 주장한 우리 사회의 감정적인 민족주의의 위험성에 일면 동의
하면서도 그의 경제적 이익을 얻기 위한 '민족주의 죽이기'에 동의할 수 없는 이유가
여기에 있다.

그의 두 번째 주장은 '민족어를 버리고 영어를 모국어로 삼자'는 것이다. 그가 영어
를 모국어로 삼자고 주장하는 근거는 놀랍게도 단순하다. 지금은 미국을 지도국으로
하는 '지구 제국' 시대이고 이 시대에는 영어가 국제어로 자리잡고 있으므로 우리가

'지구 제국' 중심부에 들어가기 위해서는 영어를 잘 구사할 수 있어야 한다, 그러려면 영어를 처음부터 모국어로 배우는 것이 가장 낫다는 것이다. 다만 지금 당장은 민족주의자들의 맹렬한 반대로 그렇게 할 수 없으니 영어를 공용어로 채택하여 국어와 함께 사용하게 하자는 것이 그의 주장이다.

'지구 제국'이 어떤 나라인지 그가 밝히지 않았으니 알 수는 없으나 공용어인 영어만 잘하면 그 나라의 중심부에 들어갈 수 있다는 생각도 천박할 뿐만 아니라 영어를 공용어로 채택하면 모든 일이 술술 풀릴 것으로 보는 생각도 단순하고 위험하기는 그가 배척하고 있는 민족주의자들보다 더욱 심각한 수준이라고 해야 할 것이다.

한편 영어를 국제어로 보고 국어까지 내버릴 준비가 되어 있는 그가 어떻게 하여 국어 속에 들어와 있는 '쓰리, 와이로, 히야카시' 같은 일본어 찌꺼기를 되살려 쓰자고 주장하게 되었는지 궁금하기 짝이 없다. 일본어는 영어와 같은 반열에 있다고 생각해서 그랬을까, 아니 면 국어는 아무렇게나 의사소통을 쉽게 하는 방향으로 사용하면 되는 하급언어라고 생각해서 그랬을까. 1천년 전에 자기 정체성을 잃고 국어를 중국어의 하위 언어로 전락시켜 우리 문화와 민족의 자주성을 송두리째 짓뭉개버렸던 신라의 지식인이 21세기를 앞두고 환생한 것이 아닌지 착각하게 한다.

— 남영신(조선일보 1998.7.6.)

한국은 민족주의 과잉… 영어 공용화는 현실

이 글은 졸저 '국제어 시대의 민족어'를 비판한 남영신 씨의 '세계화 위해 민족 버리자고?'에 답하는 글이다. 남씨의 글을 읽으니, '민족주의와 민족어는 너무 예민한 주제들이어서 논의가 차분히 진행되기 어렵다는 사정'을 새삼 절감하게 된다.

민족주의와 민족어에 관한 내 생각은 지금 인류 사회들이 느슨하게나마 하나의 제국을 이루고 있다는 사실에 바탕을 두었다. 이제 이 세상에서 국경 안에서 끝나는 일은 드물다. 정치든, 경제든, 문화든, 또는 환경 문제 등. 이번 외환 위기가 우리에게 아프게 일러준 것이 바로 그것이다. 그리고 그런 사정을 반영해서, 영어가 실질적 국제어로 자리잡았다.

놀랍지 않게도, 이제 민족주의는 점점 현실에서 유리되고 비적응적으로 되어간다. 특히 다른 민족들과 민족국가들의 권리를 존중하고 함께 살기를 거부하는 '닫힌 민족주의'를 지닌 사람들은 둘레에 괴로움을 끼칠 뿐 아니라 스스로에게도 해를 입힌다.

민족주의적 열정은 불이다. 그것을 잘 다스리면, 사회에 활력이 넘치지만, 잘못 다스리면, 많은 것들을 잃는다. 우리는 민족주의적 열정을 잘 다스려서 '열린 민족주의'

로 다듬어내야 할 것이다. 남씨의 주장과는 달리, 나는 '민족주의를 버릴 때가 되었다'
고 한 적이 없다. 그렇게 버릴 수 있는 것이라면, 민족주의에 대해 무슨 걱정을 할 필
요가 있겠는가? 나의 논지는, 민족주의를 추구함에 있어서, 우리가 이해득실을 냉정하
게 계산해야 한다는 것이다. 몇 해 전 일본의 순시선이 독도 근해에 나타났을 때, 우
리 대통령이 군함을 보내 시위한 일이 있었다. 그것은 분명히 국내 정치를 겨냥한 과
잉 대응이었다. 그래서 우리는 외교적으로 큰 손해를 보았다. 우리가 외환 위기를 맞
자, 바로 그 대통령은 서둘러 경제 부총리를 일본에 보내 원조를 요청했다. 그나마 돈
도 빌리지 못했다. 나는 이런 공허한 민족주의를 경계하는 것이다.

　　국제어와 민족어에 관한 내 주장을 '민족어를 버리고 영어를 모국어로 삼자'로 요약
한 것은 지나친 단순화다. 국제어로 자리잡은 영어를 모국어로 배우지 않은 사람들이
입는 손해가 이미 너무 크고 앞으로는 더욱 커질 터이므로, 경제 논리는 사람들이 영어
를 모국어로 삼도록 만든다는 것이 내 주장의 바탕이다. 우리 사회에서도 이미 많은 사
람들에게 영어는 생존에 결정적인 기술이 되었고, 모두 영어를 배우는 데 큰 투자를 하
고 있다. 아직 모국어도 배우지 못한 아이를 영어 학원에 보내는 부모들부터 이어폰을
끼고 영어 회화를 배우는 중년들에 이르기까지. 안타깝게도, 그런 투자는 효율이 아주
낮다. 그래서 나는 일단 영어를 우리말과 함께 공용어로 삼을 것을 제안한 것이다.

　　나는 독자들에게 물었다. '만일 막 태어난 당신의 자식에게 영어와 조선어 가운데
하나를 모국어로 고를 기회가 주어진다면, 당신은 어느 것을 권하겠는가? 한쪽엔 영어
를 자연스럽게 써서 세상 사람들과 쉽게 어울리고 일상과 직장에서 아무런 불이익을
보지 않고 영어로 구체화된 많은 문화적 유산들과 첨단 정보들을 쉽게 얻는 삶이 있
다. 다른 쪽엔 조상들이 써온 조선어를 계속 쓰는 즐거움을 누리지만, 영어를 쓰는 것
이 힘들어서 다른 나라 사람들과 어울리는 것을 피하고 평생 갖가지 불이익을 보고
분초를 다투는 정보들을 뒤늦게 오역이 많은 번역으로 얻어서, 그것도 이용 가능한 정
보들의 몇십만 분의 일이나 몇백만 분의 일만 얻어서, 세상 사람들과 경쟁해야 하는
삶이 있다. 당신은 과연 어떤 삶을 자식에게 권하겠는가? 아예 그에게서 선택권을 앗
겠는가?'

— 복거일, 소설가(조선일보 98.7.7)

"지구제국"은 강대국 희망사항

강자와 약자가 서로 맞섰다고 가정할 때, 약자가 싸우지 않고 항복해 버리는 것은 일단 합리적인 선택이다. 질 것이 뻔한 싸움을 왜 하는가. 그러나 지고 나서 계속 강자만 섬긴다면 이미 노예다. 경제논리로 본다면 노예처럼 안정된 삶도 없다. 강한 주인을 만났으니 최소한의 삶은 보장된다. 또 주인을 흉내내다 보면 자기발전도 있다.

인간의 삶은 기본적으로 두 가지다. 노예로서 편안하게 사느냐, 경제 적으로 어렵더라도 주인노릇을 하면서 제멋으로 사느냐이다. 역사를 보면, 대다수의 인간은 후자의 길을 선택하면서 살아왔다. 그래서 사람은 합리적으로만 사는 것도 아니고, 빵으로만 사는 것도 아니라고 했는지 모른다.

우리 역사에서 경제논리와 극단적 합리주의가 나라를 망친 사례가 바로 대한제국의 멸망이다. 사실 친일파들은 스스로 매국노라고 생각해본 일이 없다. 경제와 기술을 발전시키려면 강하고 앞선 나라와 하나가 되는 것이 가장 빠른 지름길이라고 믿었다. 이보다 합리적인 판단이 어디 에 있는가. 문제는 대다수 사람들이 그것을 원하지 않은 데 있다. 그리 고 합리를 모르는, 어리석게 보이는 사람들이 목숨을 걸고 싸워서 광복에 이바지하였다. 그 덕에 오늘 우리가 있다.

요즘 IMF시대가 되면서 경제논리와 경제적 합리주의가 우리 사회의 지표가 된 듯한 느낌이다. 경제와 관련이 없는 분야까지도 경제논리와 경제적 합리주의가 우리 사회의 지표가 된 듯한 느낌이다. 경제와 관련이 없는 분야까지도 경제논리로 촌탁하고, 그 기준에 맞춰 시비가 결정되고 있다. 사실, 시장경제 원리보다 합리적인 것은 없다. 우수한 자만이 살아남는 사회가 되어야 발전이 있다.

하지만 인간사회는 발전만이 능사가 아니고, 합리주의만이 행복을 보장하는 것도 아니다. 합리주의와 관계없는 문학, 예술, 종교 따위는 왜 필요한가. 오히려 합리주의가 극단으로 가면 사회가 위태롭다는 것도 기억해 두어야 한다. 적자생존을 신봉하는 경쟁원리가 제국주의를 낳았고, 그것이 세계평화를 깨지 않았던가. 개체의 발전이 반드시 더 큰 공동체 의 안정을 보장하는 것은 아니기 때문이다.

시장경제는 무수한 약자의 희생을 전제로 한다. 여기에 문화전통이 다른 강자의 시장원리가 적용될 때에는 정서적 불안이 공동체를 급속도로 파괴할 수 있다.

지금 세계가 하나로 통일되고, '지구제국'이 올 것 같은 예언을 하는 것은 환상이다. 그것은 몇몇 강대국이 가진 희망사항일 뿐이다. 역사를 거시적으로 보면, 그렇게 되지도 않을 것이며, 또 그렇게 되는 것을 환영할 일도 아니다.

소설가 복거일 씨의 책 '국제어 시대의 민족어'는 각론 부분에서는 경청할 만한 대목이 많다. 지나친 배타적 민족주의를 비판하고 합리주의를 강조한 것도 기본적으로 옳다. 그러나 모든 사물을 경제논리로 보고, 인간이란 무엇인가, 한국인이란 무엇인가에 대한 성찰이 없는 것이 유감이다. 경제와 거리를 두어야 할 문학인의 시각이 그렇다는 것이 더욱 놀랍다.

(…중략…)

지금 우리 사회의 위기는 총체적이다. 따라서 그 진단과 처방도 총체적이어야 한다. 지엽을 가지고 본질인 것처럼 과대포장하면, 교각살우(矯角殺牛)의 우를 범할 수 있다. 비단 복거일 씨의 경우만이 아니다. 지금 두려운 것은 IMF 그 자체가 아니다. 오히려 이 체제의 단기적 처방에만 급급하고, 인류의 미래를 문명사적인 관점에서 거시적으로 설계하는 안목의 부족이 가장 두렵다.

– 한영우, 서울대 교수(조선일보, 1998.7.9)

영어공용화는 시기상조

지난 반세기 민족주의는 아무도 감히 건드릴 수 없는 절대적 권위를 갖게 되었다. 이러한 터부에 정면으로 도전한 복거일의 용기는 대담하다. 한 사람의 언어는 곧 그 사람과 구별될 수 없으며, 한 민족의 언어는 그 민족어와 분리될 수 없다. 그럼에도 영어 공용어화를 계획해야 한다는 그의 논지는 혁신적이며 이를 전개하는 방식은 통쾌하다.

세계화는 가속화하고 있고 그것은 돌이킬 수 없는 추세이다. 세계화는 다양한 문명권들이 '세계제국'으로 부를 수 있는 하나의 인류문명권으로의 통합과정이며 세계제국은 서구 특히 미국을 축으로 추진되고 있다. 이러한 현실에 싫건 좋건 참여하지 않고서는 어떤 민족이나 국가도 고립화, 주변화, 퇴화, 그리고 화석화를 면할 수 없다. 세계화에의 참여는 국내적 혹은 지역적 경계를 넘어서 국제적 차원에서의 밀접하고 신속한 정보 교환을 전제로 하며, 이러한 정보유통은 모든 민족과 사회가 공유할 수 있는 공동의 언어 즉, 국제어를 필요로 한다. 싫건 좋건, 부당하건 정당하건 상관없이 앞으로 몇 세대 아니 몇 세기 더 전개될 인류 공통 '모국어'가 영어가 될 것은 자명한 사실이다. 이런 상황에서 영어는 누구에게나 필수적인 생존조건의 하나이며, 영어의 능숙도는 세계화 속에서의 번영과 쇠퇴 정도를 상대적으로 가늠하는 필수조건의 하나이다.

세계사의 흐름, 그리고 그러한 맥락 속에서 한국의 위상에 대한 냉철한 인식, 새로운 인류문명을 창조하는 '세계제국'에의 적극적 참여, 그리고 그러한 참여를 위한 필수적 조건으로서의 영어 문제 등에 대해 우리는 가정적으로가 아니라 이성적으로, 냉정하게, 그리고 대담하게 혁명적으로 대처해야 한다.

(…중략…)

중세 유럽 지식인들이 학문과 문명화를 위해 지방어를 버리고 '라틴어'를 공용어로 택한 것은 현명한 일이며 또한 그들은 그런 선택을 할 수밖에 없었다. 그러나 우리 사정은 그와 똑같지 않다. 설사 공용어화가 바람직하다 해도 그것은 몇 세기 후 영어가 널리 자연적으로 보급된 상황에서만 가능하다. 더구나 그러한 공용어화가 가능해서라도 7천만이 반만년 동안 물려온 정신적 유산을 담은 민족어를 생판 외국어로 대치하는 것이 합리적 선택인가는 심각히 더 논의될 문제이다. 저자가 전제하고 있는 것처럼 언어는 도구만으로 존재하지 않는다. 복거일은 우리 주위에서 보기 드물게 합리적이다. 그러나 그의 영어공용어론의 합리성은 의심스럽다.

— 박이문, 포항공대 교수(조선일보 1998.7.17)

읽기 자료 2

<인터넷 실명제>

최근 인터넷 실명제 도입에 대한 찬반양론이 거세게 일고 있다. 정부는 사이버 폭력에 대처하기 위한 합리적인 법적, 제도적 장치를 마련할 계획이라고 한다. 인터넷 실명제에 대한 정확한 개념과 그에 따른 찬성과 반대의 의견을 들어보고, 자신의 관점을 정리해 보자.

익명성에 대한 세 가지 오해

인터넷 실명제 도입을 둘러싸고 사이버 공간에 또 한 차례 팽팽한 긴장감이 감돌고 있다. 지난 9월 21일 정통부가 인터넷 실명제 도입 입장을 공식적으로 발표한 이후 시민단체를 비롯하여 인터넷신문협회, 인터넷기자협회, 인터넷기업협회, IT산업노조 등 각계에서 잇달아 반대 성명이 발표되었다.

얼마 전 YMCA는 인터넷 실명제에 대한 시민들의 견해를 묻는 설문 조사 결과를 발표했다. 이 조사에 따르면 응답자의 72%가 실명제 도입에 찬성 입장을 취한 것으로 나타났다. 그러나 실명제 도입에 따른 프라이버시 침해에 대해서도 73%가 우려의 태도를 보였으며 56%의 응답자가 자유로운 정보 교류나 의견 교환이 어려워질 것이라고 답변했다고 한다. 사이버 폭력의 방지를 위해 실명제가 필요하다는 정통부의 입장과 그로부터 개인정보 유출 및 표현의 자유 침해 등 또 다른 부작용을 염두에 둔 시민단체의 반대 논리가 동시에 설득력을 얻고 있다는 이야기이다.

이렇듯 실명제를 둘러싼 논란은 확대되고 있지만 정작 문제의 발단이 된 인터넷의 익명성에 대해서는 진지하고 성찰적인 접근이 제대로 이루어지지 않고 있는 것 같아 유감스럽기 짝이 없다. 물론 정통부에서는 실명제 도입 결정에 앞서 '인터넷 익명성 연구반'이라는 것을 구성하여 심도 깊은 검토를 했다고 밝히고 있다. 하지만 이 조직이 최종적으로 제시한 권고문을 살펴보면 익명성 자체에 대한 연구보다는 오히려 실명제 도입을 위한 명분의 개발과 실명제 도입의 구체적인 방법론에 대한 연구에 치중한 것이 아닌가 하는 의심을 지울 수 없다.

실명제 도입을 주장하는 일련의 입장들 속에는 익명성에 대한 몇 가지 오해를 전제하고 있음을 읽을 수 있다. 그것은 첫째, 인터넷 익명의 공간이라는 오해이다. 인터넷은 이미 철저한 실명의 공간으로 구축되어 가고 있다. 대형 포털 사이트의 많은 서비

스들은 진작부터 실명 확인을 통한 로그인 절차를 밟아야만 이용할 수 있다. 설령 실명 확인 절차가 없다 하더라도 이용자의 IP 주소가 고스란히 남겨져 있기 때문에 필요하다면 얼마든지 이용자의 신원을 파악해낼 수 있는 구조이다. 지금의 인터넷은 결코 익명의 바다가 아니다.

둘째, 익명성이 사이버 폭력의 원인이기 때문에 실명제를 도입하면 사이버 폭력을 막을 수 있다는 오해이다. 물론 익명성이 만들어내는 탈억제 효과가 자극적이고 폭력적인 행동을 부추기는 측면은 분명 존재한다. 하지만 실명의 공간이라고 해서 사이버 폭력이 근절될 수 없다는 사실은 이미 여러 사례를 통해 확인된 바 있다. 지난달 시민단체인 '함께하는 시민 행동'의 조사에 따르면 실명제로 운영되고 있는 주요 언론사 게시판에도 여전히 사이버 폭력은 만연하고 있는 것으로 나타났다. 뿐만 아니라 완벽한 실명제 공간인 싸이월드 미니홈피에서도 사이버 폭력은 심각한 문제이다. 얼마 전 한 연예인이 미니홈피에서 벌어진 일부 네티즌의 사이버 폭력에서 보았듯이 실명제는 결코 궁극적 해결책이 되지 못한다.

셋째, 실명제 반대론자들이 익명성만 일방적으로 옹호한다는 오해이다. 사실 시민단체나 IT 관련 업계에서 지금 반대하고 있는 것은 인터넷의 '실명 운영' 그 자체가 아니라 제도로서 규제하고자 하는 '강제적인 실명제'이다. 사실 익명성과 실명성은 각기 나름대로의 장단점을 갖고 있는 것이기 때문에 어느 하나를 절대 선, 혹은 절대 악으로 간주할 일은 아니다. 익명성을 보장할 것인가 아니면 실명제로 운영할 것인가는 각각의 웹사이트 운영자가 선택하거나 이용자들 간의 합의를 통해서 결정하면 될 일이다. 이들이 진정 반대하고 있는 것은 자율적인 선택의 여지를 남겨두지 않은 채 모든 인터넷 공간을 실명제라는 획일적인 제도로 강제하려는 전체주의적 발상인 것이다.

— 민경배, 2005, 『디지털타임스』에서

정보통신부가 지난 9월12일 '제한적 실명제 의무화' 방침을 발표하고, 관련 법률을 정비해 올해 또는 내년에 입법화를 추진하고 있는 가운데, 시민단체, 한국인터넷기업협회 등은 반대 의견을 제시하고 있는 상황이다.

이에 국회 한나라당 진영 의원과 열린우리당 유승희 의원은 1일 국회 의원회관에서 '인터넷 제한적 실명 의무제 심층 진단 토론회'를 개최했다.

실명제 도입을 찬성한다

라봉하(정통부 과장)

2005년 들어 연예인 X파일 등 인터넷 역기능이 심각한 사회문제로 재부각 됨에 따라 민·관·학 공동으로 '인터넷 익명성 문제 연구반'을 구성해 연구한 결과, 인터넷 익명성이 만들어 내는 '탈(脫)억제 효과'가 '자기 책임성'에 대한 관념을 희석함에 따라 자극적이고 폭력적인 행동을 부추기는 측면이 있다는 데 주목하게 됐다. 따라서 실명제는 인터넷에서 행위에 대한 자기책임성 확보에 기여할 것으로 기대되며, 중장기적으로는 학습효과, 인식제고 등을 통해 인터넷상 행위에 있어서도 보다 신중을 기하도록 하는 효과도 가져올 것으로 전망되고 있다.

특히 전파성, 파급효과 등이 큰 대형사업자가 운영하는 게시판은 이미 매스미디어에 준하는 성격을 가졌다는 점에 주목하여, 그에 상응하는 사회적 규제가 필요하므로 본인확인 조치를 의무화하고, 그 밖의 소규모 사업자, 개인, 정당 및 사회단체, 공공기관 게시판 등은 익명이나 실명 여부를 자율적으로 결정하도록 하여, 익명의 공간을 충분히 허용함으로써 익명성과 실명성의 균형과 조화를 추구하는 게 '제한적 실명제'다. 또 이해 당사자의 문제 제기가 있었으나 위법성 판단이 애매한 게시물에 대하여 접근을 일시적으로 차단한 후 일정한 절차를 거쳐 재공개 여부를 결정하는, 사업자 자율에 의한 '인터넷 가처분 제도'를 도입하고, 이의 실효성을 확보하기 위해 자율적인 심의기구를 설립, 운영하는 근거를 마련하는 등 법제도 정비도 해야 한다. 제한적 실명제에 대한 여론조사를 보면 대부분의 조사에서 찬성이 70~80%다. 현재 정통부는 각계 전문가가 참여하여 법률안 작업을 진행하고 있으며, 폭넓게 의견을 수렴해 관련법 정비 방안을 마련할 예정이다.

실명제를 반대한다

1. "실명제는 헌법적으로 문제가 있다"

황성기(한림대 교수)

제한적 실명제 의무화방식은 헌법적으로 여러 문제가 있다. 우선 게시판 이용자의 익명 표현의 자유를 침해한다. 제한적 실명제 의무화 방식을 추진하려는 입법목적이 명예 훼손이나 언어 폭력, 개인정보 침해 등 익명성을 이용한 타인의 인격권 침해 행위에 대한 것이라면, 이는 기존의 민·형사수단에 의해서도 충분히 규율될 수 있다. 그럼에도 불구하고 이 제도를 도입하는 것은 표현의 자유를 과도하게 제한하는 결과를 낳는다. 또 이 제도는 사업자의 직업의 자유를 침해한다. 이 제도는 사업자에게 이용자의 본인 여부 확인 의무를 부과하고 있다. 이것은 결국 사업자의 직업수행의 자유

혹은 영업의 자유를 침해한다고 할 수 있다. 왜냐하면 회원가입 방식을 채택할지 안할지 여부는 전적으로 영업방식의 일환이라고 볼 수 있을 것이기 때문이다. 이 제도는 또 기존의 개인정보보호정책 및 개인정보보호의 이념에 반한다. 개인정보를 가장 잘 보호하는 방법은 개인정보의 수집과 활용을 가능한 억제하는 것이다. 그런데 이 제도는 개인정보의 수집과 활용을 촉진하는 결과를 낳는다.

결론적으로 선거게시판 실명제든 일반게시판 실명제든 간에 인터넷 실명제는 헌법에서 표현의 자유를 보장하고 있는 이념 및 목적들을 망각한 것이라 할 수 있다. 공직선거법상의 선거게시판 실명제는 폐지되어야 하고, 현재 정통부가 추진하고 있는 일반게시판 실명제도 도입되어서는 안 된다.

2. "사이버폭력의 원인은 익명성이 아니라 개인정보의 과도한 노출"

김경달(Daum 본부장)

사이버 폭력은 우리 사회 모두가 함께 풀어가야 할 문제이자 인터넷 기업의 발전을 위해서 반드시 해결해야 할 인터넷 기업들의 숙원이다. 아주 중요한 사안인 만큼 사이버 폭력의 문제는 그 원인에 대한 면밀하고도 체계적인 분석이 우선되어야 하며 이를 결여한 조급한 정책 추진은 지양돼야 한다. 사이버 폭력에는 악의적 범죄행위와 우발적 행위가 있는데 그 원인과 전개양상에서 구별되며 따라서 이에 대한 해결책 역시 구별되어야 한다. 악의적 범죄행위의 경우 이미 그것을 처벌하기 위한 법제도가 마련되어 있다. 이런 행위에 대해서는 현행 법테두리 안에서 철저한 수사와 엄격한 처벌을 통해 일벌백계해야 한다. 문제는 우발적 사이버 폭력이다. 실명제 논란을 불러일으킨 것도 이 부분이다. 이들 사건은 대개 실생활 공간에서 일어나는 부조리한 사건들에 대한 고발과 토론에서 시작되지만 개인 정보가 노출되면서 명예 훼손과 협박 등의 범죄로 변질되는 경향을 보인다. 결국 이런 우발적 사이버 폭력의 근본적 원인은 익명성이 아니라 오히려 '개인정보의 과다한 노출', 즉 익명성이 온전히 보장받지 못한 구조 때문이다. 따라서 익명성이 보호받지 못하는 구조에 대한 개선 없이 개개인의 행위만 규제한다면 그것은 법적 정당성은 물론 실효성도 의문시된다.

결국 사이버 폭력의 문제를 익명성에 기댄 누리꾼 개개인의 비윤리성에서 찾고 있는 제한적 실명제는 사건의 원인에 대한 진단에서부터 오류와 한계를 갖고 있다. 따라서 사이버 폭력 방지에 한계가 있어 보이고, 오히려 완전실명제를 적용하는 사이트가 개인정보노출로 인한 사이버폭력의 중요한 통로가 될 수도 있다.

3. "실명제는 또다른 사이버폭력 초래한다"

민경배(함께하는 시민행동 정보인권위원장)

우리는 이미 과거 PC통신 시절의 경험을 통해서 실명제가 사이버폭력 근절을 위한 해결책이 될 수 없다는 사실을 잘 알고 있다. 당시 PC통신은 완벽한 실명제였고, 지금 인터넷 이용인구보다 훨씬 적은 인구만이 사용하고 있었지만, 갖가지 욕설과 명예훼손, 유언비어 등이 넘쳐나 심각한 사회적 골칫거리였다. 이는 인터넷에서도 증명되고 있다. 완전실명제로 운영되는 주요 언론사 게시판, 싸이월드 미니홈피 등에서도 사이버 폭력은 심각한 문제다.

그럼에도 실명제를 도입하게 될 경우 이는 프라이버시 침해 등 또 다른 사이버폭력을 초래할 수 있다.

정부 우려와 달리 지금 우리 인터넷 공간은 상당한 수준의 실명확인 장치들이 있고 이는 프라이버시 침해를 불러오는 요인이 되고 있다. '개똥녀 사건'이나 '서울대 도서관 폭행사건'은 인터넷 실명제 도입론을 불러온 대표적인 사이버 폭력 사건이지만, 이는 역설적으로 익명성이 아니라 실명성이 불러온 불행한 프라이버시 침해사건이기도 하다.

실명제는 또 의심할 바 없이 헌법상 보장된 표현의 자유를 침해한다. 이 뿐만이 아니다. 특히 정부의 '강제적인 실명제'는 익명성과 실명성의 장단점 논의를 떠나, 여러 가지 상황을 고려하지 않은 채 법조항을 만들어 일률적으로 실명을 강제화하려는 것이기 때문에 시대착오적 전체주의적 발상이라고 봐야 한다.

이 또한 우리가 경계하고 반대해야 할 위험스러운 대상임에 틀림없다.

— 이균성, 2005, 『아이뉴스24』에서

※ 본문을 근거로 하여 인터넷 실명제에 대한 자신의 의견을 제시해 보자.

1. 인터넷 실명제란 무엇인지 정리해 보자.

2. 인터넷 실명제가 필요하다고 생각하는 이유는 무엇인지 제시해 보자.

3. 인터넷 실명제를 반대하는 이유는 무엇인지 적절한 근거를 들어 써 보자.

서울특별시교육연구원(2005), 『읽기에서 논술까지』, 469-474

읽기 자료 3

<개발주의 VS 환경주의>

최근 새만금 간척과 고속철도 건설 사업 문제를 둘러싼 논란으로 우리 사회는 '환경과 개발'이라는 딜레마에 빠졌다. 개발 없이는 사회 발전도 있을 수 없지만, 개발로 인해 환경파괴가 심각해지고 지구자원도 낭비되고 있기 때문이다.

국토개발을 통한 이익의 극대화가 우선인가? 아니면 환경과 생태를 고려한 미래 세대의 환경권이 우선인가? 이에 대한 자신의 견해를 정리하고, 논리적 근거를 바탕으로 논술하시오

■ 새만금 사업

환경 시민단체, "정치적 고려 따른 시대착오적 판결" 비난

대법원이 새만금 승소 판결을 내리자 전라북도는 온통 축제 분위기에 휩싸인 반면 환경, 시민단체들은 시대착오적인 판결이라며 대법원 판결을 비난했다.

"새만금 만세! 만세!……"

전라북도 청사에 우렁찬 만세 삼창이 울려퍼졌다. 대법원 새만금 승소 판결이 내려지자 전북도청 직원들과 새만금 찬성단체 관계자들은 일제히 환호성을 지르며 승리를 자축했다.

강현욱 전라북도지사는 이번 대법원 판결로 새만금 사업에 정당성이 부여됐다며 방조제 공사를 차질없이 마무리해 전북 발전을 앞당기자고 말했다. 이 시각 현재 전북도청 광장에서는 찬성단체 관계자들과 도민들이 참석한 가운데 '새만금 대법원 상고심 승소 도민 축하행사'를 갖고 있다. 전북지역 각 시, 군과 새만금 완공 도민 총연대와 전북 애향운동본부 등 새만금 찬성단체들도 시내 곳곳에 승소를 환영하는 현수막을 일제히 내걸고 대법원 판결을 환영했다.

그러나 전북지역 환경, 시민단체들은 정치적 고려에 따른 시대착오적인 판결이라며 대법원 판결을 비난했다. 새만금 사업을 반대해 온 신 구상 도민회의와 생명평화 전북연대 등 단체는 이번 대법원 판결이 법리적 판단일 뿐 새만금 사업 전체에 정당성을 부여하는 것은 아니라며 연안 피해 어민들과 선박해상 시위를 진행하는 등 방조제 끝 물막이 공사 저지 투쟁을 멈추지 않겠다고 밝혔다.

- 류승일, 기자(노컷뉴스, 2006.3.16)

■ 천성산 터널

대법원은 2일 '도롱뇽 소송'으로 알려진 경부고속철도 천성산 구간 공사착공금지 가처분신청 재항고 사건을 기각했다. 환경 보호의 중요성을 감안하더라도 환경 문제가 대형 국책 사업의 발목을 잡아서는 안 된다는 것이 결정문의 취지다.

이 같은 대법원 판결에 따라 환경 파괴 문제로 첨예한 갈등을 빚어온 경부고속철도 천성산 터널 공사가 본궤도에 오르게 됐다. 천성산 13.2㎞를 포함한 경부 고속철 2단계 구간은 2010년 개통이 가능해졌다. 다행스러운 일이다.

환경단체들은 지난 2월 대법원 판결을 존중하겠다고 했다. 따라서 이번 대법원의 결정이 존중되었으면 한다. 더 이상 공사 진행에 차질이 빚어지지 않았으면 하는 게 많은 사람들의 바람일 것이다.

'천성산 사건'과 관련, 환경 단체들의 소송 제기와 환경영향 공동조사 등으로 수 차례 공사가 중단됐다. 그동안 우리 사회가 치른 경제적 비용과 시간 등 직·간접 대가가 엄청났던 것도 사실이다. 특히 지율스님의 단식 투쟁과 이에 대한 찬반 논란이 끊이지 않았다. 이에 따른 사회적 갈등이 만만찮았다.

그러나 분명한 사실은 우리가 얻은 교훈도 적지 않다는 것이다.

아무리 국책 사업이라고 해도 환경 문제를 소홀히 하면 값비싼 대가를 치른다는 인식을 널리 심어준 것은 귀중한 소득이라면 소득이다. 대법원도 이번 판결에서 '정부는 자연 환경 속에 살아가는 국민이 건강하고 쾌적한 삶을 영위 할 수 있도록 보장하고 후손에게 이를 물려줄 적극적인 책무가 있다'고 지적했다. 특히 정부가 경청하고 명심해야 할 엄중한 메시지다.

'천성산 사건'은 새만금 사업과 함께 시민단체가 국책 사업에 제동을 건 대표적 사례다. 대법원이 결과적으로 정부의 손을 들어준 셈이지만 환경 문제에 미리 대처하지 못한 사업 주체의 책임이 크다. 국가 개발사업 또한 계획 단계부터 환경 친화적 대안을 모색하는 등 환경 문제를 가장 먼저 생각해야만 한다. 그것이 시대적 규범이다.

- 신문사설(한국일보, 2006. 06.03)

■ 무차별 개발에 의한 환경훼손·자원낭비 방지

최근 새만금 간척과 고속철도 건설 사업 문제를 둘러싼 논란으로 우리 사회는 '환경과 개발'이라는 딜레마에 빠졌다. 개발 없이는 사회 발전도 있을 수 없지만, 개발로 인해 환경파괴가 심각해지고 지구자원도 낭비되고 있기 때문이다.

국제적으로는 이미 20여년 전부터 이 같은 문제를 동시에 해결해보자는 논의가 지속되고 있다. 우리는 과연 미래 세대에게 풍족한 물질적 혜택과 함께 아름다운 자연을 물려줄 수 있을 것인가? 환경과 개발, 두 마리 토끼를 잡아라 우리가 의식주 또는 생활개선에 필요한 특정 제품을 만들어 쓰는 과정에서 자연을 훼손하는 일이 빈번하다.

지구 자원을 낭비하는 일도 많으며 이에 따라 환경오염도 날이 갈수록 심각해지고 있다. 이런 식으로 계속 나가다보면 결국 미래 세대가 자신들의 발전을 위해 쓸 수 있는 자원은 남아 있지 않을 것이며 환경도 훼손된 채 더이상 복원이 어려운 지경에 빠지고 말 것이다. 최근 들어 무조건적인 개발을 위해 환경을 훼손하고 자원을 낭비해서는 안 된다는 목소리가 높아지고 있다. 국책사업으로 추진돼 왔지만 시민환경단체의 거센 반발을 사 장기간 사업이 중단되기도 한 새만금 간척사업과 경남 양산 천성산을 관통하는 고속철도 사업이 그것이다.

개발을 하자니 환경이 훼손돼 미래 세대의 존립조차 보장할 수 없게 될 위험성이 커지고, 환경 훼손을 막자니 발전 없는 미래로 인한 불편을 감수해야 하는 딜레마에 빠지는 것이다. 지속가능발전은 이 같은 문제점을 국제적으로 해결하자는 의미에서 도입된 개념이다. 지난 1987년 당시 노르웨이 사민당 당수였던 브른트란트가 UN(국제연합)의 특별위원회인 '환경과 개발을 위한 세계 위원회'에서 발표한 '우리 공동의 미래'라는 보고서에서 비롯됐다.

지속가능발전에 대한 정의는 여러 가지가 있지만 쉽게 풀어쓰자면 '현 세대가 필요한 것을 충족하면서 미래 세대도 자신들의 필요를 충족할 수 있도록 하는 일'을 뜻한다. 인간은 환경윤리 규범을 만들고 이를 실천해 나갈 수 있으며 이와 동시에 개발과 사회발전도 이뤄낼 수 있다는 것이다.

미래 세대에게 희망을 현재 진행되고 있는 많은 경제활동들이 지구 자원을 재생 불가능한 '폐기물'로 만들고 있다. 인공물이 속속 만들어져 우리의 삶이 겉으로는 윤택하게 변해가고 있는 것처럼 보이지만 실상은 그렇지 않다는 것이다. 세계 각국은 다양한 형태로 '국가지속가능발전위원회'를 조직해 활동하고 있다. 영국은 정부 부서마다 '녹색각료'를 두고 주기적으로 환경 성과 보고서를 발간하고 있다. 일본은 지역 단위에서부터 주민들이 자발적으로 환경 문제에 대한 논의와 실천에 앞장서고 있다. 수은 중독 사건이 불거졌던 일본 미나마타시는 환경 기준을 엄격하게 재정비하고 오염된 앞바다를 준설해 '에코타운(Eco Town)'으로 거듭나고 있다.

국내에서도 이같은 움직임이 본격화되고 있다. 정부는 지난 1995년부터 '환경친화기업 지정제도'를 통해 160여개 기업이 환경친화기업으로 지정받아 생산 활동을 하고 있다. 'ISO 14001' 등 환경경영 가이드라인이 수립됐고 오염물질 배출기준이 강화됐다. 환경마크제도가 도입돼 친환경상품에 부여함으로써 환경 친화적이지 못한 제품들은 공공기관에서 사용하기 힘들어졌다.

대통령 자문 지속가능발전위원회의 최근 행보도 주목되고 있다. 위원회 측은 새만금 간척사업으로 큰 사회적 혼란을 빚었지만 아직도 연안 매립 계획이 무분별하게 추진되고 있다고 지적했다. 위원회는 국가 차원의 대규모 하구 개발을 억제하고 하구 습지 훼손을 막을 수 있는 제도적 장치를 만든다는 계획이다.

— 방준식, 기자(부산일보 2006.6.21)

협동 작문 인터뷰 안내

그 동안 쓰기활동에 참여해 온 것에 대해 감사드립니다. 인터뷰는 여러분이 그 동안 활동한 협동 작문을 통해 쓰기에 대한 태도가 어떻게 바뀌었는지, 또한 자신의 쓰기 능력이 어느 정도 변하고 발달했는지 등에 대해 여러분의 생각과 느낌을 알기 위해 마련된 것입니다. 따라서 여러분의 솔직한 생각과 대답이 중요합니다. 인터뷰에서 오고간 대화의 내용은 연구 외에 다른 목적으로 사용되지 않을 것이며, 여러분을 비교 평가하기 위해서도 사용되지 않을 것입니다. 아래의 예상 질문 내용을 미리 생각하여, 인터뷰가 연구자의 목적뿐만 아니라 여러분에게도 자신의 쓰기에 대해 다시 생각할 수 있는 기회로 활용되었으면 좋겠습니다.

<사전 면담에서의 주요 질문 내용>
1. 쓰기를 좋아하는가? 왜 그런가?
2. 어떤 유형의 쓰기를 좋아하는가?
3. 글을 쓸 때 본인이 잘한다고 생각하는 점은?
4. 글을 쓸 때 부족하다고 생각하는 점은 무엇인가?
5. 평소 자신의 글쓰는 과정과 절차는 어떠한가?

<협동 작문 활동 중 주요 질문 내용>
1. 쓰기전 개요짜기를 위한 모둠토의가 초고쓰기에 도움을 주는가?
2. 초고쓰기를 하면서 가장 중점을 두는 부분은 무엇인가?
3. 모둠동료의 글을 평가하는 것이 자신의 쓰기에 어떤 도움을 주는가?
4. 고쳐쓰기를 하면서 가장 중점을 두는 사항은 무엇인가?
5. 전체 발표 평가와 교사의 첨삭평가가 자신의 쓰기에 도움을 주는가?

<사후 면담에서의 주요 질문 내용>
1. 쓰기를 좋아하는가? 왜 그런가?
2. 협동 작문의 긍정적인 면과 부정적인 면은 무엇인가?
3. 협동 작문을 통해 자신의 쓰기에 대한 태도가 달라졌는가?
4. 협동 작문을 통해 자신의 쓰기 능력이 향상되었다고 생각하는가?
5. 이 활동을 통해 가장 어려웠던 점은 무엇인가?

학생들 인터뷰 답변 내용

■ S1 : 김ㅇ기-성적 상, 3모둠

<사전 면담>

1. 평상시 쓰기가요 논설문 같은 것을 쓸 때는 너무 생각해야 할 것도 많고, 어려워 별로 좋아하는 편이 아니었어요.

2. 자신있는 것 까지는 아니라도 소설 쓰는 게 제일 좋아요.

3. 글쓰기 되게 못하고 그래가지고 글쓰는 것이 자신있다고 생각해 본 적이 없어요 초등학교 때 글쓰기 대회에 나간 본 적은 있어도 딱히 글을 잘 쓴다고는 생각해 보지 않았어요.

4. 논설문 같은 것 쓸 때, 그 1000자 내외로 쓰는데 너무 빡빡할 때가 많았어요. 그래서 그 배경지식이 없어 힘들었어요.

5. 저도 그 개요는 항상 썼어요, 저 논술 학원에서 해주는 것이 있었어요. 그 때도 개요 쓴 다음에 개요를 제대로 했는가 평가해 보았어요 저희 하는 것처럼 비슷하게 했어요.

<활동 중 면담>

1. 모둠 토의가 별로 제대로 이루어지지 않았어요 자기가 자기 것 보고 썼어요 많은 토의를 했다기보다 자기가 쓴 글을 보고 다시 한번 쓰는 것에 그쳤어요.

2. 초고 쓸 때 별로 생각을 하지 않고 썼어요 차라리 개요짜기에서 어떻게 해야 할까 등에 더 많은 중점을 두고, 이를 바탕으로 해서 거기에 살을 붙이는 형식으로 진행했어요.

3. 다른 학생의 글을 보면요 "나는 이것이 어떤 면에서 틀렸다는 것이 보이고 무엇이 틀렸다고 생각이 잘 되지 않았는데 제가 모르는 부분을 아이들이 잡아 주었어요.

4. 초고쓰면서 제가 읽어보면 문장이 어색한 부분이 많은 것 같아가지고요 문장을 다시 잡고, 글의 순서라든지 일관성을 잡고 전체적인 내용이 바뀌는 것 같아요 전체 커다란 흐름이 많이 바뀌는 것 같아요.

5. 선생님께서 짚어 주시는 것이 제일 정확하잖아요 아이들이 해 주는 것은 아무래도 부정확하잖아요 선생님께서 직접 프린트해서 글을 평가해 주는 것이 더 좋은 것 같아요.

<사후 면담>

1. 이만큼 시간을 했다고 해서 쓰기가 좋아졌다고는 생각하지 않아요 이런 활동이 더 지속적으로 해야 한다고 생각해요 수업을 따라가려고 해도 논술하는 것이 그 만큼 해서 태도가 바뀐다고 생각하지는 않아요 차라리 할 거면 더 오래하는 것이 좋아요

2. 사실 저희가 모둠별로 모았다고는 해도 딱히 '협동' 했다고는 생각하지 않아요 '협동'보다는 자기가 글 쓰는 경험을 더 많이 가졌다고 생각해요 토론이나 토의는 부족하고 학생들이 '협동'을 더 해야 한다고 생각해요

3. 싫어하는 학생도 있었는데 꽤 유익했어요 아까 말한데로 기간이 너무 짧았고 더 길었으면 좋겠어요 자신의 태도가 달라졌다고는 생각하지 않아요

4. 이것도 결국 시간이 부족했다고 생각해요 많이 나아졌다고는 생각하지 않고 20시간 밖에 되지 않아 쓰기 능력이 특별히 좋아졌다고 생각하지는 않아요

5. 글 쓴다는 것 자체가 제일 어려웠던 것 같아요 기존의 선생님께서 제시하는 방식 보다는 더 신선하였고, 자신이 바꿔 쓰고 다시 고쳐 써 주는 것이 더 좋을 것 같아요 학원에서는 개요쓰기가 통과되고 나면 그것을 바탕으로 자신이 직접 글을 쓴 다음 퇴고를 해줘요 지금은 처음 쓴 내용을 퇴고하고 다시 한번 고쳐쓰기를 하는 것이 더 좋은 것 같아요

■ S2 : 소○섭 - 성적 중, 3모둠

<사전 면담>

1. 쓰기를 평소에 좋아하지는 않는데, 자기가 좋아하고 관심있는 부분은 자주 써요 개인적인 내용 같은 거요

2. 일기 같은 것은 평상시 개인 미니 홈피 등에 자주 써요

3. 자기 주장을 근거를 제시하면서 주장할 때 내 자신이 잘한다고 생각해요

4. 표현도 미숙하고 개요도 어디 부분에서 어떻게 해야할 지 잘 모르겠어요 배경지식도 부족한 것 같아요

5. 머리 속에 있는 내용을 바로 직접 작성하는 편이예요

<활동 중 면담>

1. 친구들과 사전에 토의해보고 어떤 부분을 중점적으로 해야 되는지 계획을 세우고 해보니 글이 쉽게 써졌어요 개요짜기와 전체적인 구성이 대체로 이루어졌어요

2. 자기가 주장하는 바를 어떻게 전개시켜 나가야 하는 지. 주장하는 부분을 나누는

데 중점을 두어요

3. 친구들 것을 한 번씩 죽 돌려 읽고 마지막에 자기 것을 보았을 때 확실히 나의 부족한 부분을 알 수 있어요

4. 아무래도 친구들이 지적해 준 것과. 친구들이 평가해 준 내용을 중심으로 고쳐쓰기를 하면서 중점을 두는데요

5. 잘 쓴 친구들 것을 보면서. 아 저렇게 쓰는 구나 생각을 하면서 쓰는 기회도 가졌고, 나와 비슷한 친구들 것의 글을 평가된 내용을 보고 나 자신을 돌아볼 수 있었어요

<사후 면담>

1. 쓰는데 두려움이나 막연함이 없어졌고 쓰는 데 자유스러워 졌어요

2. 긍정적인 면은 어떤 부분을 고쳐야 되는 지적해 주니까 그것을 바탕으로 고칠 수 있어 좋았고 아이들이 평가해 준 것에 도움을 받았는데, 글로 써 준 것보다 말로 이야기를 해준 것이 더 좋았어요 글로 쓰기 전에 아이들이 이야기를 해 준 것 말이에요 부정적인 면은 서로 주장하는 바가 다르니까 그것을 반영해야 할지 말지 고민이 되었어요

3. 그 전보다 30% 정도 쓰기의 태도가 긍정적으로 바뀐 것 같아요

4. 처음 썼을 때 보다 나중에 썼을 때 쓰기의 속도가 처음보다 빨라졌으며, 쓰는 데 불편함이 줄어들었어요

5. 가장 어려운 것은 친구가 논술 한 것을 어디를 고쳐야 되는지 자세히 봐야 되니까 그것이 어려웠어요 또 기말 시험으로 인한 압박없이 이런 기회가 주어진다면 이런 활동을 더 참여할 수 있겠어요

■ S3 : 김○주 - 성적 하, 3모둠

<사전 면담>

1. 저는 쓰기를 그다지 좋아하지 않아요 왜냐하면 저는 활동적인 사람이기 때문에요 성격이 활달해서 진득하니 않아서 긴 글을 쓰는 것을 잘 못하고요 번득번득 생각이 날 때, 아이디어가 생겨날 때 짧은 것을 쓰는 것은 잘하지만 주제를 주고 쓰는 것은 잘 못해요

2. 자기 주장이나 토론과 관련된 준비하는 글쓰기를 좋아해요 논설같은 글을 좋아해요

3. 그 어. 주제에 대한 저의 생각을 이야기할 때, 근거 같은 것은 나열하잖아요 그

런 것을 굉장히 잘 한다고 생각해요.

4. 옛날에 책을 많이 읽었는데요 그것은 깊이가 부족한 책이었고, 약간 심층적인 내용의 책을 읽지 않아 글을 쓸 때 어려운 내용을 잘 못써요 즉 배경지식이 조금 부족해요.

5. 주제를 먼저 본 다음 의미지도 등을 연관시켜 생각하고, 연습장에다 짤막하게 적어 놓고, 이제 처음에 어떻게 잡고 얼마정도 분량 등을 구성을 한 다음 거기에 맞추려고 노력한 다음 써나가요 처음에 어려운 내용을 잘 쓰지 않고 차례를 정해서 시작해요.

<활동 중 면담>

1. 저는 도움이 돼죠 한 번씩 전체 아웃라인을 정해 놓고 쓰는 타입이어서 한번 겪어보고 나서 친구들과 이야기를 나눈 것이 도움이 되었어요.

2. 아무래도 서론이나 결론 같은 것을 무시하는 경향이 있어요. 저는 본론을 중점을 두고 본론에서 주제에 대한 근거를 잡고 이야기를 전개시켜 나가요.

3. 사람의 생각 들이 다 다르잖아요. 주제에 대한 내용도 사람에 따라 다른 데, 찬성과 반대의 의견을 보고 반론을 준비한 다음 글쓰기를 준비해요 친구들이 평가해 준 내용과 친구들 글을 읽어 본 것 가운데 후자가 더 도움이 돼요.

4. 대부분 아이들이 평가해준 글을 보면요 칭찬을 해 주는 서론, 본론, 결론 등이 잘 되어 있다고 이야기해 줘요. 그것보다는 제가 배경지식이 부족해서 관련 읽기자료를 중심으로 배경지식과 관련된 부분을 다시 한번 고려하면서 또, 친구들 글을 읽어본 내용을 떠 올리면서 이 부분을 중점적으로 수정해요.

5. 저의 글쓰기 부분에 미진한 부분을 보충할 수 있어 좋아요. 직접 OHP에 내용을 첨삭하면서 하는 것이 더 좋았어요.

<사후 면담>

1. 사실 쓰기를 싫어하는 것은 아니지만 제가 관심이 있는 부분에 대해서는 쓰기를 좋아해요. 사회적 논쟁과 이슈가 되는 부분이 좋아요, 그런데 읽으면서 따분한 내용은 쓰려고 하면 아주 막막하고 따분해요.

2. 모둠원이 참여하는 것만 해도 뭐랄까. 음… 못 쓰는 애도 참여하면 잘 쓰게 될 수 있어요 그런데 참여하지 않은 학생들이 있어 자기 생각을 쓰지 않는 것이 부정적이에요.

3. 처음에 저 혼자 쓸려다 보니 너무 제 안의 틀 즉, 고정관념에 사로잡혀 있었는데, 아이들과 참여하면서 쓰기에 대한 태도가 많이 긍정적으로 바뀌었어요.

4. 여기서 잘 쓴 학생들의 글을 보면서 또, 선생님이 고쳐 주실 때 보면서 아 저렇게

해야 되겠구나 등을 생각했어요. 그러면서 자꾸 쓰다보니 어느 정도 쓰는 요령이 생긴 것 같아요. 쓰기 능력이 처음보다 좋아진 것 같아요.

　5. 서론을 쓰는 점과 맨 마지막 결론을 짓는 점이 어려웠어요. 개요짜는 것이 제일 어려웠던 것 같아요. 아무래도 개요짜기가 제일 힘들기 때문이에요.

　■ S5 : 최○준 - 성적 상, 4모둠

<사전 면담>
　1. 쓰기를 좋아하는 편이에요. 왜 그런가 하면 평소에 그냥 요즘 따라 책을 좀 많이 읽기 시작하게 되었는데요. 그에 따라 많이 생각하게 되고, 그걸 제 생각에 따라 정리하다 보니까 쓰기를 좋아하게 되었어요.
　2. 어떤 문제가 주어지면 거기에 대한 제 생각을 덧 붙여서 주장하는 글이요.
　3. 음, 문제가 딱 주어지면 거기에 대해 생각하는 것을 표현하는 것을 잘해요.
　4. 부족하다고 생각하는 점은 글을 쓰는 방향에 대해서 약간 다른 방향으로 빠진다거나 한 방향으로 통일이 잘 안되는 것이요.
　5. 과정이나 절차를 생각한다기보다는 좀, 대체로 생각 위주로 쭉 쓴 다음에 마무리를 짓는 정도, 쓰기전의 여러 가지 계획이나 어떻게 쓸 것인가 등을 생각하지 않고 그냥 써요.

<활동 중 면담>
　1. 아무래도 저 혼자 생각하기에는 못 했던 측면 등을 보게 되고 해서 글 쓸 때 유리했어요. 모둠원들의 의견을 수렴해서 글을 쓰려고 했어요.
　2. 모둠 토의를 하고 나서 아이들 얘기도 많이 들어보고 한 다음에, 거기서 괜찮다고 하는 부분을 위주로 문제를 우선 제시하고, 제 생각에다가 아이들의 좀 괜찮은 의견이 있으면 그것을 덧 붙여서 글을 작성해요.
　3. 고쳐쓰기 할 때 어떤 방향으로 가야 될지 확실하게 틀을 잡을 수 있는 것 같아요. 다른 사람의 글을 읽어보고 그게 잘 썼던 못썼던 글이든 도움이 되었어요. 다른 사람이 어떻게 썼는가 도움이 되었어요.
　4. 아이들이 제 글에 대해 안 좋다 생각하는 부분을 고쳐가면서 확실하게 방향을 제대로 잡는 쪽으로 고쳐나갔어요. 확실하게 안 될 때도 있긴 한데 대체적으로 (아이들이)문제가 있는 부분은 지적하였어요.
　5. 아이들보다 선생님께서 평가하시는 것이 더 정확하고 어떤 점에서 부족한가 확

실하게 알 수 있으니까 다음에 쓸 때 도움이 많이 되었어요

<사후 면담>

1. 쓰기를 더 좋아하게 되었어요 처음에 생각했을 때 보다 더 구체적으로 잡힌 것 같고, 확실하게 글을 더 잘 쓸 수 있게 되었다는 자신감이 생겼어요

2. 긍정적인 면은 많은 토의를 하다보니 다른 사람의 의견이 같은 것도 독특하면서 많기 때문에 쓸 때 많은 도움이 되었어요 부정적인 면은 잘 따르지 않는 학생이 있었어요

3. 처음에 쓸 때는 제가 완벽하게 쓰겠다는 마음으로 시작 했는데, 나중에 부족한 부분을 좀 고치고 그런 방향으로 나갔어요

4. 얼마 많이 하지 않았지만 향상되었는지는 확실하게 모르겠는데, 그래도 어느 정도 부족한 부분이 정확하게 잡혀서 …음… 커다란 맥락은 잡을 수 있었어요

5. 글을 고쳐 쓸 때 부족한 부분에 대해서 많은 생각을 하다보니까 힘들었어요 처음에 시간을 낭비한다는 생각을 하였는데, 과정 중에 좀더 좋아지고 있다는 생각을 하게 되었어요

■ S6 : 최○선 - 성적 중, 4모둠

<사전 면담>

1. 저는 쓰기를 좋아해요 왜냐하면 쓰면서 생각을 다시하고 또, 그걸 읽으면서 다시 생각을 하고 저 자신에 대해 많은 생각을 하기 때문에 쓰기를 좋아해요 이 활동 전부터 쓰기를 좋아하는 편이었어요

2. 개인적인 내용을 쓰기를 주로 해요 개인적인 수필이나 일기 등 어떤 사건이나 개인적인 내용을 쓰는 것을 좋아해요

3. 내용의 흐름을 그냥 자연스럽게 연결하는 것을 잘한다고 생각해요 초등학교 때 감상문이나 일기 쓰기를 남들보다 잘 했어요

4. 내용을 쓰다가 일관되게 써야 하는데 다른 방향으로 흘러가는 것이요

5. 쓰기 전 개요 짜기라든가 쓰는 가운데 과정을 나누어 쓰기보다는 머리 속에서 생각나는 대로 쓰고 한꺼번에 쓰기 때문이에요

<활동 중 면담>

1. 모둠원끼리 서로 이야기를 하면서 서로의 생각을 나누고 나와 다른 사람의 의견도 들어보고 해서 초고쓰기에 도움이 되요

2. 개요짜기의 내용을 제대로 표현하고 있는가, 논리적인 흐름에서 벗어나지는 않은가 등에 중점을 두고 초고를 써요

3. 다른 학생들의 글을 보면서 배경 지식 같은 것, 주장에 대한 근거나 전체 적인 글의 내용 등을 점검하고 이를 통해 저의 글을 살펴 볼 수 있어요

4. 글을 읽으면서 내용이 조금 틀린 점과 좀 말이 안 되는 것을 찾아 고치려고 해요 다른 학생들의 글을 읽은 것을 생각하면서 제 자신도 반성하고 그것을 바탕으로 고치려고 했어요

5. 전체 발표 평가와 교사의 첨삭 평가를 통해 쓰기 전 보다 자신의 쓰기가 편해지고, 쓰는데 도움이 되며 처음보다는 두 번째 그리고 세 번째로 갈수록 어떻게 써야 하는지 알 수 있었어요

<사후 면담>

1. 전에도 말씀드렸지만 평소 쓰는 것을 즐겨해요

2. 대학교 입학에 논술이 많이 반영된다고 하는데 한 번씩 글을 써보면서 이 활동을 하면서 쓰는 능력이 많이 향상 되었고, 글쓰는 것은 좋은 것이었어요 그래서 긍정적인 미래를 위해서 좋은 경험이었어요 부정적인 면은 기말 고사 시험보는데 시간이 조금 촉박하였지만 글 쓰는 것은 좋았어요

3. 쓰기가 이전보다 많이 수월해졌고 편해졌으며, 자신감도 많이 생겼어요

4. 향상되었다고 생각해요 글에 요소요소를 다 갖추는 정도를 할 수 있었고, 필요한 내용을 구성하는 데 자신감을 가지게 되었어요

5. 글을 읽는 것을 싫어했는데, 배경 지식이 많이 부족하여 글 쓰는 데 힘들었어요 신문 등을 많이 읽고 현대 사회의 흐름 등 배경지식을 늘려야겠어요 다음에 이런 기회가 주어진다면 좀더 본격적으로 참여하고 싶어요

■ S7 : 경○창 - 성적 하, 4모둠

<사전 면담>

1. 쓰기는 그렇게 좋아하는 편은 아니에요 응. 일단 쓰기 시작하면요 시간이 너무 오래 걸리고 쓰기가 힘들어 그렇게 좋아하지 않아요

2. 소설을 좋아해요

3. 별로 없는 것 같은데요 때 잘 하는 부분은 없는 것 같아요

4. 거의 비슷한 데요 머릿속에 생각한 것과 실제 글로 쓸 때 달라요 머리 속에 생각

은 있는 데 그것을 글을 나타내는 데 힘들어요

5. 그냥 과정없이 생각나는 대로 머리 속에 있는 내용을 바로바로 써 나가는데요

<활동 중 면담>

1. 쓰기전 읽기 자료와 오늘의 활동 평가지 등이 초고쓰기에 많은 도움을 주지요 그러니까 개요를 먼저 짜봐야지 쓸 것도 바로바로 떠오르는데, 개요없이 그냥 하면 머리 속에만 맴맴 돌고 바로 써지지도 않아요 아이들과 어떻게 할 것인가 이야기를 통해 무엇을 어떻게 개요를 짜고 쓸 것인가에 도움을 받아요

2. 개요에 맞추어 어떻게 전개시켜 나갈 것인가에 중점을 두어요 개요 짤 때 많은 도움을 받았어요 혼자 하기 보다는 여럿이 하는 것이 도움을 받아요 혼자하면 자기 생각만 들어가니 아무래도 어렵죠

3. 자기가 어떻게 썼는지 잘 모르는데, 다른 사람들이 보기에 어디가 잘못 되었는지 알려주니까 도움이 돼요 친구들이 평가해 준 것보다 친구들 것을 읽어 본 것이 더 많은 도움을 받아요 나와 비교를 할 수 있어 좋아요

4. 아이들이 지적해 준 부분, 그 부분을 더하거나 없애서 어떻게 고쳐야 되는 지 중점을 두어요 반영할 것은 반영하고 새로운 부분은 넣고 해서 자신의 생각을 전개시켜 나가요.

5. 자기가 쓴 것은 아니까 다른 아이들이 쓴 것을 보고 참고할 수 있고, 선생님께서 설명해 주시니까 여기에서 많은 도움을 받아요

<사후 면담>

1. 처음 보다는 쓰기를 좋아하게 되었어요 자신감이 생겼다고 할까요

2. 긍정적인 것은 같이 돌려보니까 내가 못 본 것을 알 수 있고요 부정적인 것은 자신의 의견과 맞지 않는다고 무시한다거나 함부로 평가하는 것이 안 좋아요 그렇지만 부정적인 보다는 긍정적인 면이 더 많아요

3. 완전히 만족하지는 않지만 퍼센티지도 따지면 약 70% 정도 태도가 좋아진 것 같아요.

4. 처음에 쓸 때 조금 버겁고 그랬는데 쓰다가 아이들 것도 보고, 하다보니까 개요 같은 것도 금방금방 짜지고, 또 무엇이 잘못 되었는지도 쉽게 보여요 쓰는 것을 싫어해서 힘들었는데 나중에는 이것도 약 80%정도 좋아졌어요

5. 처음에 고쳐 쓸 때 무엇을 어떻게 고쳐야 할지 몰라 힘들었어요 나눠 준 프린트 자료는 참조해서 고칠 수 있었어요

동료 평가표

(1) 글 수준
 ① 주제(말하고자 한 중심 내용)는 분명히 드러났는가?
 ② 주제에서 벗어난 부분은 없는가?
 ③ 글 전체를 통하여 일관된 입장을 유지하고 있는가?
 ④ 글 전체에서 필요한 세부 내용들이 적절히 제시되고 있는가?

(2) 글의 짜임
 ① 글의 '처음' 부분을 흥미와 관심을 끌 수 있도록 시작하고 있는가?
 ② '처음' 부분에 논의할 과제가 제시되어 있는가?
 ③ '중간' 부분에는 주장에 대한 이유나 근거가 충분하게 제시되어 있는가?
 ④ '끝' 부분은 '중간'의 내용을 적절히 마무리하고 있는가?

(3) 문단 수준
 ① 각 문단들은 논리적으로 전개되어 있는가?
 ② 각 문단은 글의 통일성에 일치되는가?
 ③ 문단은 알맞게 나누었는가? 문단 구분을 했는가?
 ④ 문단은 '중심 문장 + 뒷받침 문장'으로 이루어졌는가?

(4) 문장 수준, 단어 수준
 ① 문장의 호응 관계는 올바른가?
 ② 문장은 간결한가?
 ③ 문장에 쓰인 단어는 적절한가?
 ④ 표기법, 원고지 사용법에 어긋난 부분은 없는가?

쓰기 점검 사항

■ 쓰기 전 활동
- 이 글의 주제에 대해 잘 알고 있는가?
- 유사한 주제의 글을 읽어본 적이 있는가?
- 이 글을 쓰는 목적을 분명하게 정하였는가?
- 주어진 과제가 무엇인지 주의 깊게 살펴보았는가?
- 어떤 개요를 조직할 것인가 구상해 보았는가?
- 주어진 읽기 자료를 어떻게 활용하여 내용을 구성할 것인가?
- 제시된 지문의 내용을 충분히 이해하였는가?
- 동료와 충분히 주제에 대해 논의하였는가?
- 문제 해결을 위해 서로 도움을 주고 받았는가?

■ 초고쓰기
- 전체적으로 글의 흐름이 원활한가?
- 독자의 입장에서 글을 읽어가며 쓰고 있나?
- 이 글은 독자의 공감을 얻을 만한 내용인가?
- 이 글을 통해 나타내고 싶은 중심 생각은?
- 글을 쓴 목적과 내용이 잘 어울리는가?
- 앞에서 생성하고 조직한 것을 토대로 표현하려고 노력했는가?
- 내용을 표현하는 과정에서 조직한 것을 바꿀 필요가 있다고 생각하였는가?

■ 쓰기 과정
- 글을 쓰기 전에 항상 글을 읽을 독자를 생각하는가?
- 글쓰기의 목적과 주제를 정할 때 항상 읽을 독자를 생각하며 정하는가?
- 글을 쓰는 과정마다 독자의 입장에서 다시 읽기를 해보는가?
- 막히는 부분이 있을 때마다 글의 목적이나 이 글을 읽을 독자에 대해 생각하는가?
- 글을 쓰는 이유와 형식에 대해 충분히 생각해 보는가?
- 글을 쓰기 위해 필요한 절차와 방법에 대해 충분히 생각하며 쓰는가?
- 처음-중간-끝의 구조가 전체적으로 적절하고 자연스러운가?
- 글을 쓰며 더 좋은 방법이 없는지 항상 생각하는가?

활동지 작성 결과물

2006년 10월 20일 (화)요일

오늘의 활동 평가지

제 1학년 3반　3모둠

번호	2	이름	김강기
소집단 명	마들몃		
모둠원 명	소면섭, 김은주, 주승민		

1. 영어 공용화를 (찬성 / (반대)) 한다.

2. 1번과 같이 생각하는 근거를 두 가지 이상 말해보자.
- 언어는 우리 민족 정신을 나타낸다
- 영어 공용화는 너무 비약적인 사고 방식이다

3. 1번에 대해 나와 의견을 같이 하는 다른 친구의 근거 중 자기가 생각하지 못한 근거를 두 가지 이상 말해 보자.
- 우리말은 세계에서 그 우수성이 인정된 언어이다.
- 영어 공용화를 하면 의사소통에 불편하다.

4. 1번에 대해 나와 생각이 다른 친구가 내세우는 근거를 두 가지 말해 보자.
- 세계화, 국제화 시대에 영어공용화는 필수조건이다.
- 외국인들이 국내에서 무역을 하는데 의사소통이 안 된다.

<개요짜기>

■ 논제 : 영어공용화에 대해 (찬성 / 반대) 한다.
- 서론 : 영어권 나라 중심의 세계화 추세로 영어 공용화 주장이 제기

- 본론 : 영어 공용화에 반대
  : 언어와 정서의 상관관계 때문
  → 주체성
  : 영어 공용화는 너무 비약적인 사고방식
  → 현재 영어공용화를 하더라도 실전적인 바랄 수 없음

- 결론 : 영어 공용화는 여러 악영향을 가져올 것이기에 반대

학생들의 원고지

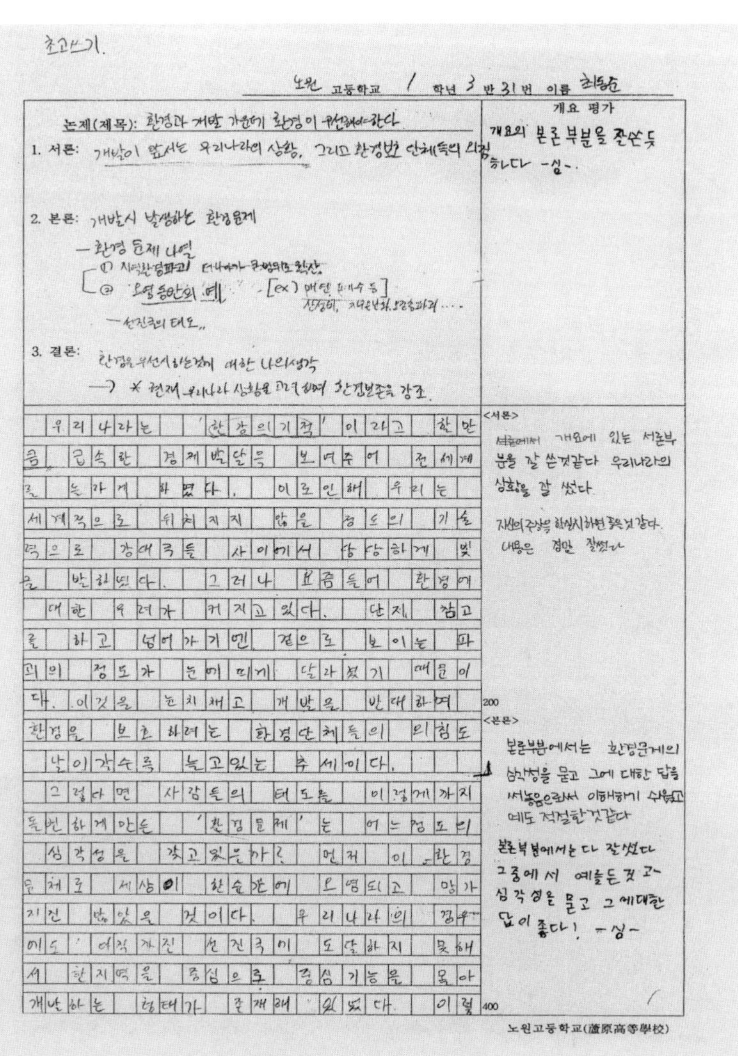

노원고등학교(蘆原高等學校)

<검토하기가 완료된 원고지>

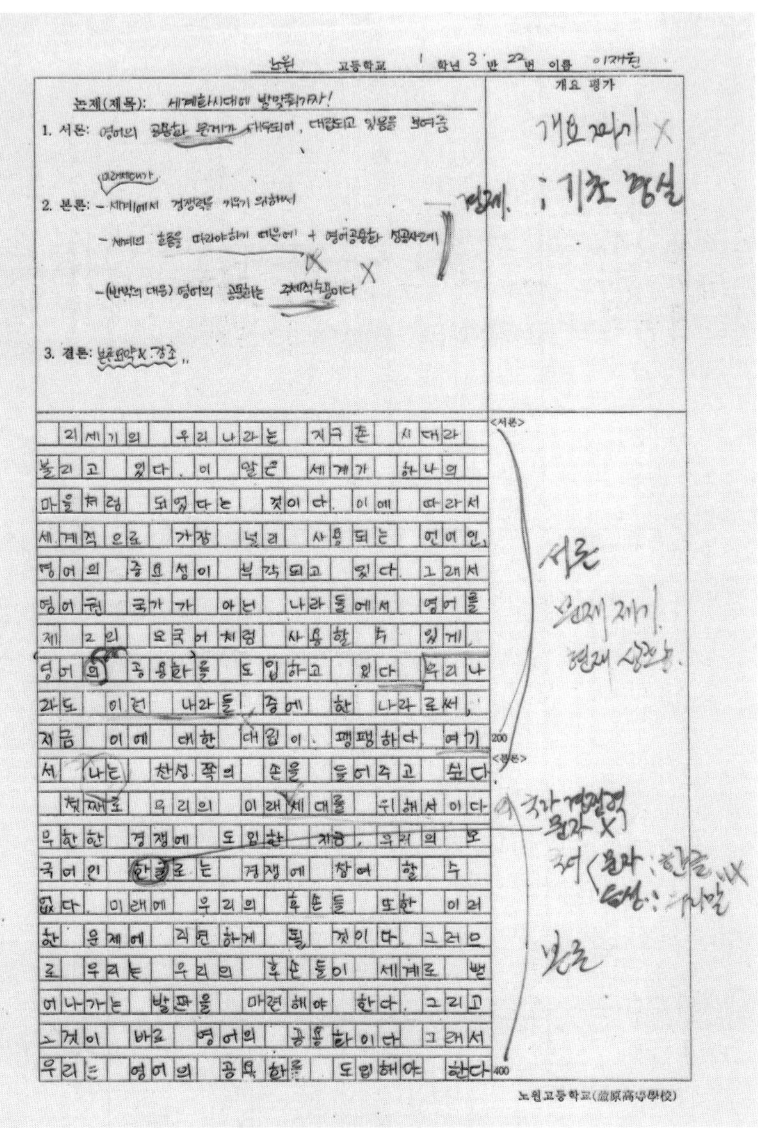

<교사 OHP 첨삭 지도된 원고지>

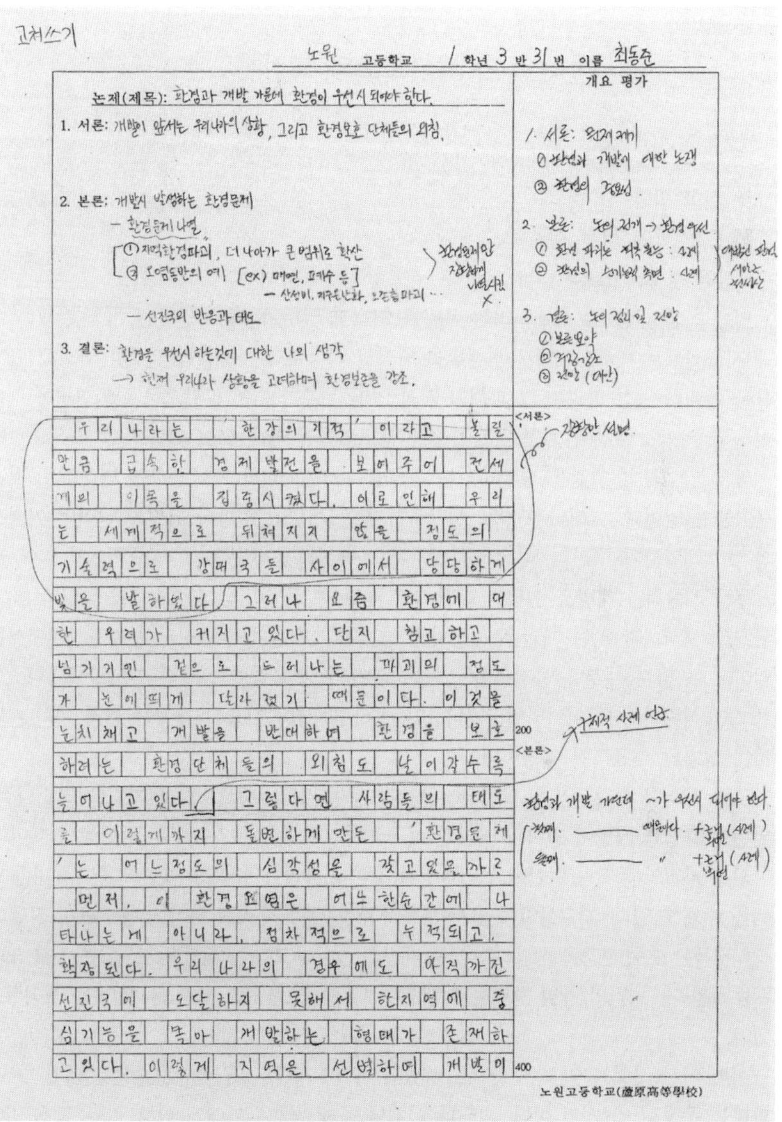

<교사 첨삭 지도가 끝난 원고지>

학생들 초고와 교정본

<환경이냐 개발이냐>

▶ 실험 집단

■ S1 : 국어 성적 '상'

<성적 상 S1 : 초고>

인류는 본능적으로 발전하려는 욕구를 지니고 있다. 실제로 인류는 처음 탄생한 이래 지속적으로 변해왔으며 농경생활을 시작한 다음부터는 조금씩 환경을 파괴해 왔다. 물론 이때의 환경 파괴는 그 피해가 거의 없어 문제가 되지 않았으나 산업혁명을 겪은 이후부터는 그 피해가 회복이 불가능한 정도로까지 확대 되고 있다.

앞서 말했듯이 인간은 발전하려는 욕구를 지니고 있어 개발자체를 멈춘다는 것은 불가능한 일이다. 그러나 환경을 생각하지 않는 개발이 얼마나 위험한 일이며 어째서 환경이 개발보다 우선시 되어야 하는지 알아야 할 것이다.

우선 지속적인 개발로 인하여 여러 가지 새로운 질병이 나타난 사실을 알아야 한다. 환경을 생각하지 않는 개발은 지구의 토양, 대기, 수질을 오염시키며 자연상태에서는 일어날 수 없는 새로운 물질들을 만들어 내기도 했고 중금속과 환경호르몬을 과도하게 노출시켰다. 이타이이타이병이나 미나마타병, 생식 기능의 장애는 환경 파괴로 인하여 생겨난 대표적인 질병이다.

또한 핵이나 화학무기 등 대량살상무기도 개발되었다. 체르노빌 원자력 발전소의 폭발은 무분별한 개발이 얼마나 커다란 비극을 몰고오는지를 보여주는 극단적인 예이다.

환경 파괴의 문제는 인간에게만 한정된 것이 아니라 인간 외의 생물에게도 커다란 피해를 주게 되었다. 지구상의 수많은 생물들은 인간의 죄로 인하여 멸종당하게 되었다.

이것들은 모두 환경을 생각하지 않은 개발이 얼마나 커다란 재앙을 가져오는 지를 보여주는 예이다. 인간의 개발 중심적은 태도는 시간이 흐를수록 많은 문제점들을 보여주고 있다.

이미 인간 사회는 엄청난 발전을 해왔고 더 큰 개발로 지금의 문제점을 해결 할 수 있다는 주장도 있을 것 이다. 그러나 언제나 문제점들은 미래에 밝혀진다는 것을 알아야 할 것이다.

환경은 조상에게 물려받은 것이 아니라 후손에게 빌려온 것이라는 말이 있다. 미래에는 경제력보다도 환경이 삶의 질을 보여주는 개체라는 것을 알아야 할 것이다.

<성적 상 S1: 교정본>

　인류는 본능적으로 발전하①고자 하는 욕구를 지니고 있다. 실제로 인류는 처음 탄생한 이래로 지속적으로 ②발전해왔다. ③그러나 이러한 인류의 특성은 농경생활을 시작한 다음부터 조금씩 환경을 파괴해④오게 하였다. 물론 이 때의 환경 파괴는 그 피해가 거의 없어 문제가 되지 ⑤않았다. 그러나 산업혁명 이후부터는 ⑥환경 파괴의 피해가 회복이 불가능한 정도까지 확대 되었다.

　⑦환경 파괴가 심각해졌다면 더 늦기 전에 개발을 멈춰야 한다는 주장이 나올 수 있다. 그러나 앞서 말했듯이 ⑧인간은 발전하는 욕구를 지니고 있어 그것은 불가능한 일이다. 다만 환경을 생각하지 않는 개발이 얼마나 위험한 일이며 어째서 환경이 개발보다 우선시되어야 하는지 알아야 할 것이다.

　지속적인 개발⑨이 가져온 첫 번째 문제로 새로운 질병⑩의 탄생을 들 수 있다. 환경을 생각하지 않는 개발은 지구의 토양, 대기, 수질을 오염시키며 자연상태에서는 나타날 수 없는 새로운 물질들을 만들어 내기도 했고 중금속과 환경호르몬을 과도하게 노출시⑪키기로 했다. 이타이이타이병이나 미나마타병, 생식 기능의 장애는 이러한 현상으로 인하여 생겨난 대표적인 질병이다.

　또한 핵이⑫라는 인류사상 가장 위엄한 물질의 개발이 이루어 졌다. 체르노빌 원자력 발전소의 폭발은 무분별한 개발이 얼마나 커다란 비극을 몰고오는지를 보여주는 극단적인 예이다.

　환경 파괴의 문제는 인간에게만 한정된 것이 아니라 인간 외의 생물에게도 피해를 주게 되었다. 수 많은 생물들이 인간의 죄로 인하여 ⑬살곳을 잃고 멸종해 가고 있다.

　⑭환경 파괴는 유엔서 언급한것 외에도 많은 피해를 준다. 인간의 개발 중심적인 태도는 엄청난 피해를 가져 왔다는 것이다.

　이미 인간 사회는 엄청난 발전을 ⑮이루었고 더 큰 개발로 지금의 문제점을 해결할 수 있다는 주장도 있을 것이다. 그러나 언제나 문제점들은 미래에 나타난다.

　환경은 물려받은 것이 아니라 후손에게서 빌려온 것이다. 환경은 경제보다 우리의 삶을 윤택하게 만들어 줄 수 있는 주체이다.

■ S2 : 국어 성적 '중'

<성적 중 S2 : 초고>

　환경은 우리가 살아가는데 없어서는 안될 삶의 필수 배경이다. 현재 환경은 개발론자들에 의해 무수히 많은 자연환경이 파괴되었다. 또 지금 현대사회는 환경을 찾아볼수 없을 정도로 삶의 질이 향상 되었다. 하지만 모든 것이 향상된 것은 아니고 자연도 파괴

되었다. 우리나라는 급속한 경제성장 때문에 그 과정 속에서 많은 자연환경이 파괴되었기 때문에 지금이라도 잃어버린 자연을 위해 개발보다는 환경을 우선시 해야한다.

자연을 등한시하고 개발을 추진하는 것 보다 자연과 개발을 조화할 때 더 우리에게 돌아오는 이득이 더 많다. 예를 들면 새만금 간척사업은 갯벌을 그대로 놓아두면 지속적인 관광산업도 될 수있고 양식업도 할 수 있다. 그런데 그 갯벌을 개발에 이용한다면 개발에 투자하는 금액도 정말 부담이 될 것이고, 그 분야에 대성하지 않는 한 지속적인 걸로 보았을때 환경을 택하는 것이 훨씬 더 많은 이익을 얻을 수 있다. 국토개발을 하면 지금 당장 일시적일때는 많은 이득을 거둘 수 있을지 모르지만 급변하는 지금 사회에서는 자연을 그대로 내버려 두는 것이 현명하다. 개발론자들이 꼭 필요한 분야의 개발을 해야한다고 주장하지만 꼭 필요한 개발이라도 될수있으면 환경을 손상시키지 않는 범위 내에서 하는 것과 좀 더 창조적으로 생각해서 자연과 개발을 상호보완적으로 조화시켜 개발을 추진했으면 한다. 어떤 이유라도 환경을 중요시 해야한다. 개발은 다른 곳에서 다시 재개발도 할 수 있고 중간에 공사를 취소할 수 있지만 환경이라는 것은 한번 훼손시키면 훼손시킨 환경을 복구시키는데 수십년, 수백년의 세월이 걸리기 때문이다. 개발도 우리사회에 현재 빠질 수 없는 요소이지만 환경이 존재해야만 개발도 할 수 있는 것이기 때문에 환경에 초점을 맞춰야 한다.

또 사람이 만들어 일정하지 않은 개발보다 일정하고 유기적으로 재생, 반복되는 환경이 용도도 많이 쓰이고 목적도 많이 가지고 있는 존재가 될 것이다.

시간이 지날수록 우리는 자연스럽게 환경을 중시하게 될 것이다. 지속적인 면에서도 개발이 아무리 좋아지고 발전해도 환경을 따라 올 수는 없을 것이다.

<성적 중 S2 : 교정본>
환경은 우리가 살아가는데 없어서는 안될 ①중요한 자연이다. 현재 ②우리나라는 급속한 발전으로 높은 국가경쟁력과 삶의 질이 향상되었지만, 급속히 발전되는 과정 속에서 많은 자연환경이 파괴되었다. 우리나라는 ③다른 나라보다 엄청난 속도로 발전함에 따라 이④런 문제가 발생하는 것이다. ⑤너무 빠른성장 이기 때문에 지금에 와서야 논하는 것이다.

개발을 ⑥급속히 하는것 보다는 자연그대로의 환경을 ⑦그대로 놓아두는 것이 더 현명한 선택이다. 예를 들면 새만금 간척사업은 갯벌을 그대로 놓아두면 지속적인 우리나라 ⑧간첩사업도 발전할 것이고 양식업⑨을 할 수도 있을것이다. 하지만 갯벌을 개발에 이용한다면 개발에 투자하는 금액도 많이 부담될 것이고, 그 분야⑩가 사람들에게 큰 관심을 받거나 성공하지 않는 한 지속적인면으로 보았을때 도 환경을 더 중요시하는게 더 많은 이익과 장래성이 있다. 국토개발을 중요시하면 지금당장은 효과가 나타날지 모른다. 하지만 ⑪시간이 지남에 따라 개발을 중요시 했던 것을 후회할것이다. 또 급변하게 변하는 현대사회에서는 자연을 그대로 내버려 두는 것이 현명하다. ⑫또 기업들은 완벽히 자연을 중시하도록 바꿀 수 없다면 서로 개발과 환경을 상호보완하면서 ⑬같이 실행을 한다면 좋은 방법이 될 수 있을 것이다. 어떤 이유라도 자연환경을 중요시 해야한다. 개발은 다른 곳에서 다시 재개발도 할수있고 중간에 공사를 취소할 수 있지만 환경이라는 것은 한번 훼손시키면 환경을 복구시키는데 수십년, 수백년의 세월이 걸리기 때문에 ⑭개발보단 환경을 중시해야 한다.

개발도 우리사회에 현재 빠질 수 없는 요소이지만 환경이 존재해야만 개발도 할 수 있는 것이기 때문에 환경에 초점을 맞춰야 한다. 또 사람이 만들어 일정하지 않은 개발보다 일정하고 자연적으로 재생, 반복되는 환경이 용도도 더 많이 쓰이고 목적도 많이 가지고 있는 존재가 될 것이다. 시간이 지날수록 우리는 자연스럽게 환경을 중시하게 될 것이다. 지속적인 면에서도 ⑮환경을 개발은 따라 오지 못할 것이다.

■ S3 : 국어 성적 '하'

<성적 하 S3 : 초고>

최근 토지개발을 위한 간척사업과 고속철도 건설사업에 대한 것이 환경을 파괴한다는 문제점이 나타남으로서 문제가 되고있다. 개발은 우리나라 발전에 꼭 필요한 것 이다. 그러나 발전에만 초점을 맞추다보면 생겨나는 문제점이 있다. 바로 자연환경 파괴이다. 옛날에 쉽게 볼 수 있었던 너구리 호랑이 토끼 등 여러 동물들이 우리집을 떠나 갔다. 그렇다면 개발에 대한 문제점을 살펴보겠다.

첫째, 바다의 황폐화이다. 바다는 최근에 천연자원의 원산지라고 할수있을만큼 많은 것들이 있다. 우리나라의 서해안에는 많은 갯벌들이 있는데 지금 현재 갯벌들이 황폐화가 되어서 그곳의 생물들이 없어지고 백사장의 모래가 없어지는 사막화현상과 같은 상황이 지속되고 있다. 이러면 태풍이나 자연재해가 생기면 그 지역주민들끼리 엄청난 피해를 볼수있다.

둘째, 천연 기념물을 멸종이다.

4년전 TV프로그램에서 우리나라의 늑대를 찾는 프로그램이 있었다. 그런데 늑대는 너무 늙어있었고 얼마 안가서 죽고 말았다. 그 늑대는 우리나라의 마지막 늑대라고 했다. 이렇게 하나 둘씩 우리나라의 곁을 떠나는 동물들, 이제 두 번 다시 볼수 없을 지도모른다. 개발만 하다보니 동물들이 살곳을 찾지 못하고 죽거나 떠나가는 것이다. 우리도 빨리

해결방안을 찾아야 할것이다.

　셋째, 천연자원의 고갈이다. 전자에서도 말했듯이 우리나라의 자원이 고갈되어가고 있다.

　우리나라안에서 건물을 짓느라고 산을 붕괴하여 그곳에 짓는다던지 터널을 만들려고 산을 뚫는것 등의 원인이 된다. 나무는 우리가 많이 쓰는 자원인데 함부로 파괴하면서 없어지기 때문에 자원이 고갈된다고 할수 있다.

　우리는 중진국이다. 선진국이 되려면 어쩔수없이 개발을 하는 수 밖에 없다. 그렇지만 환경은 후손들에게 물려주어야할 우리모두의 재산이다. 그러므로 개발을 하더라고 환경을 살릴수 있는 방향을 모색 해야한다. 환경은 이용하려고 존재하는 것이 아니라 공존하기위해 존재한다는 것을 잊지 말아야 할것이다.

　＜성적 하 S3 : 교정본＞
　최근 토지 개발을 위한 간척사업과 ①각종개발이 진행되었고 계획중인것도 있다. 그러나 사람들의 개발하기 위한 생각 까지는 좋았다. 무차별한 개발로 인해 산림과 토양과 수질이 오염되고 악화 되었다. 개발을 시작했을때부터 문제가 나타난 것이 아니라 산업혁명이 시작되면서 후유증 비슷하게 우리에게 다가온 것이다. 그렇다면 개발에 대한 문제점을 알아보겠다.

　첫째, 바다, ②즉 해양의 황폐화이다. 해양은 최근에 천연자원이 ③많이 발견되면서 바다에 개발을 추진하고 있는 중이다. 그에따른 여파는 상당했다. 갯벌이 메말라 가고 바다의 백사장도 황폐화 현상이 나타나고 있다. ④무조건 적인 개발이 자연의 방향을 바꿔버린 것이다. 개발은 지역 주민까지 위협하고 있다. ⑤자연재해가 생기면 백사장이 없어져서 파도가 범람하는 현상이 생길것이다. 무책임한 개발 과연 이대로 계속 되어야 할까?

　둘째, 천연기념물인 동식물의 멸종이다. ⑥우리나라는 예전에 사계절이 뚜렷하며 여러 가지 동식물의 개체수가 많기로 유명하다. 그러나 세계적으로 개발이 발달됨으로써 사계절은 흐릿하게 되어서 1계절에만 볼수있는 동식물들이 멸종하게 되었다. TV프로그램에서 우리 고유의 동물을 찾는 것에서 늑대에 대한것인데 그 늑대마져 세상을 떠나가는 장면을 보았다. ⑦정말 슬펐고 이러다가 인간마저 떠나는것 아닌가 라는 생각을 해볼점도 심각했다.

　셋째, 천연자원의 고갈이다. 전자에서도 말했듯이 우리나라의 자원이 고갈되어 가고 있다. 우리나라안에서 건물들을 짓느라고 산을 붕괴하고 그곳에 짓는다던지 터널을 만들려고 산을 뚫는 것들이 원인이 된다. 나무는 우리가 많이 쓰는 자원인데 함부로 파괴 하면서 없어지기 때문에 자원이 고갈된다 할수있다.

우리는 중진국 이다. 선진국이 되려면 어쩔수 없이 개발을 해야한다. 그렇지만 환경은 후손들에게 물려주어야 할 우리모두의 재산이다. ⑧우리는 이점을 명심하고 지켜야한다.

▶ 통제 집단
■ S8 : 국어 성적 '상'
<성적 상 S8 : 초고>

인간은 인간이 존재할 때부터 자연을 변화시키며 살아왔다. 이는 곧 개발을 의미하며 인간은 자연을 개발하며 발전해 온 것이다. 산업혁명 이후로는 환경파괴가 심해졌다. 그 이후로 자연보존이라는 명제가 대두되어서 개발이라는 논리와 충돌하고 있다. 하지만 환경 보존이라는 미명 하에 개발을 억제하는 것이 옳은 것일까?

개발 활동은 이미 인간 경제의 일부가 된지 오래다. 인간은 더 개발하지 않으면 경제가 완전히 무너지는 상황이 온 것이다. 이 상황에서 환경보존의 이론으로 개발을 무조건 억제하려고하는 것은 성급한 일이다. 환경보호론자들의 주장에서의 개발은 자연을 파괴하는 좋지 않은 행위로만 규정되어 있다. 하지만 요즘 각광받고 있는 대체 에너지 개발과 환경 공학들은 자연 파괴를 전제하지 않은 개발의 좋은 예이다.

선진국으로 부상하는 나라들은 오히려 개발이 많으면서도 환경 정책 역시 소홀히 하지 않는다. 환경 위주의 개발로 조화를 이루는 것이다. 개발을 멈추지 않아도 조화를 이룰 수 있다는 것을 실천하고 있는 것이다. 즉, 개발과 환경은 반비례라는 공식은 이제 사라지고 있는 것이다.

또한 지금 우리나라는 자연과 개발의 조화를 생각하고 이를 여유롭게 시행할 수 있는 선진국 수준의 경제력을 보유하지 못하고 있다. 우리 나라는 아직 개발이 우선되어야 한다. 지금부터 환경을 생각한다면 더 이상의 경제발전은 미약할 것이다. 개발에 대한 규제는 우리나라에서는 개발의 투자가 줄고 기업활동이 위축함에 따라 실업이 증가하여 장기적으로 경제 침체에 빠지는 역효과가 환경보호의 순기능보다 클 수밖에 없을 것이다.

개발과 환경은 조화를 이룰 수도 있고 지금의 기술개발이 진척도를 따져볼때 기술의 발전에 따라 미래의 환경오염이 효과적으로 대처할 수도 있을 것이다. 그렇기 때문에 적어도 우리나라의 개발은 현재진행형이 되어야 한다고 생각한다.

<성적 상 S8 : 교정본>

　인간은 인간이 존재할 때부터 자연을 변화시키며 ①생존하고 적응해 왔다. 처음부터 인간은 자연을 개발하며 발전한 것이다. ②하지만 산업혁명 이후로는 ③환경문제가 나타나기 시작했다. 그 이후로 ④환경보호의 논리와 개발이라는 논리와 충돌하고 있다. 하지만 ⑤환경 보호 외에 다른 조건은 생각하지 않고 개발만 억제하는 것이 옳은 것일까?

　개발 활동은 이미 인간 경제의 일부가 된지 오래다. 인간은 더 ⑥개발하지 않고서는 설 수 없게된 것이다. 이 상황에서 환경보존의 이론으로 개발을 무조건 억제하려고하는 것은 성급한 일이다. 환경 보호론자들은 ⑦개발이 자연을 파괴한다고 주장한다. 요즘 각광받고 있는 대체 에너지 개발과 환경 공학들은 자연 파괴를 전제하지 않은 개발의 좋은 예이다.

　선진국으로 부상하는 나라들은 오히려 개발을 계속 하면서도 환경 정책도 중요하게 여긴다. 환경 위주의 개발로 조화를 이루는 것이다. 개발을 멈추지 않아도 조화를 이룰 수 있다는 것을 실천하고 있는 것이다. ⑧태양열전지 기술만 봐도 알 수 있다. 개발과 환경은 반비례라는 공식은 이제 사라지고 있는 것이다.

　또한 지금 우리나라는 자연과 개발의 조화를 생각하고 이를 여유롭게 시행할 수 있는 선진국 수준의 경제력을 보유하지 못하고 있다. 우리 나라는 아직 개발이 우선되어야 한다. 지금부터 환경을 생각한다면 더 이상의 경제발전은 미약할 것이다. 개발에 대한 규제는 우리나라에서는 개발의 투자가 줄고 기업활동이 위축함에 따라 실업이 증가하여 장기적으로 경제 침체에 빠지는 역효과가 환경보호의 순기능보다 클 수밖에 없을 것이다.

　개발과 환경은 조화를 이룰 수도 있고 지금의 기술개발이 진척도를 따져볼때 기술의 발전에 따라 미래의 환경오염이 효과적으로 대처할 수도 있을 것이다. 그렇기 때문에 적어도 우리나라의 개발은 현재진행형이 되어야 한다.

■ S9 : 국어 성적 '중'

<성적 중 S9 : 초고>

　'새만금간척사업', '천성산도롱뇽주제' 이는 모두 환경개발론자와 환경보전론자의 갈등이 녹아있는 사건들이다. 환경파괴를 무릅쓰고 국가의 이익을 극대화시킬것인가, 환경을 보호하여 자연과 공생하는 삶을 영위할 것인가, 가 이들이 갈등을 빚게되는 주 원인의견들이다. 국가가 추진하는 사업들은 결코 작은 이익을 위해 환경까지 희생시

키며 추진하는 것이 아닐 것이다. 따라서 나는 환경개발론자들의 의견에 동의한다.

그이유는 우선 이것저것 다 따지다보면 개발이 뒤쳐질것이고 그럼 우리는 선진국의 대열에 낄수없을 것이다. 지금 우리의 경제적 성장은 시급하다. 선진국과의 GDP 차이, 복지 수준 차이를 극복하려면 뭔가 획기적인 개발이 필요하다. 따라서 난 개발주의자 측 의견에 동의한다.

또 희생을감수해야 발전도 있을 것이고 항상 큰 이익뒤에는 적은 희생이 따르기 마련이다. 항상 위로도약하기 위해서는 작은것에 얽매이면 안된다. 겁 없이 실천해보아야 큰 발전도 있는 것이다.

그것이 비록 자연이더라도 인류가 여지껏 살아온 지혜로써 얼마든지 극복 가능성이 존재한다.

마지막으로 충분히 개발하여 풍요로워졌을 때 훨씬 더 많은 자본, 향상된 기술로써 자연을 치유할 수 있다. 무분별한 개발은 물론 환경을 심각히 훼손할 것이다. 그러나 박정희 정권때처럼 목표치를 정하고 열심히 노력하여 다시한번 세계를 놀래킬만한 발전을 이룬다면 우리의 자본, 기술력은 다시한번 근대화될 수있다. 자본과 기술력을 한번 소유하면 날아가고 소비되는 소비재가 아니다. 따라서 이를 잘활용한다면 얼마든지 오염되고 심각해진 환경문제를 신속히 정화시키고 회복시키는 것이 가능할 것이라 믿는다. 국가가 작은 이익을 작고 환경까지 배제하고개발을 추진하려는 것은 아닐 것이 아닌가. 개발로 인해 얻어지는 이익은 실로 엄청난 것일 것이고 우리나라는 이로인해 엄청난 도약을 꿈꿀수 있을 것이다.

여기 가지가 개발을 주장하는 나의 의견들이다. 자연에선 항상 약육강식의 법칙이 작용해 왔다. 지금 자연의 강자는 우리인간이다. 우리가 무슨 다른 상품을 업신여기고 하찮게 여기는 것이 아니므로 개발은 추진되어도 괜찮다고 본다. 우리가 이세계의 강자이고 만물의 영장이기 때문이다.

<성적 중 S9 : 교정본>

'새만금간척사업', '천성산도롱뇽사건' 이는 모두 환경개발론자와 환경보전론자의 갈등이 녹아있는 사건들이다. 환경파괴를 무릅쓰고 국가의 이익을 극대화시킬것인가, 환경을 보호하여 자연과 공생하는 삶을 영위할 것인가, 이들이 갈등을 빚게되는 주원인의견들이다. 국가가 추진하는 사업들은 결코 작은 이익을 위해 환경까지 희생시키며 추진하는 것이 아닐 것이다. 따라서 나는 환경개발론자들의 의견에 동의한다.

그 이유는 우선 이것저것 다 따지다보면 개발이 뒤쳐질 것이고 그럼 ①우리는 선진국의 대열에 낄 기회를 영영 잃어버릴 수도 있다. 지금 우리의 경제적 성장은 시급하다. 선진국과의 GDP 차이, 복지 수준 차이를 극복하려면 뭔가 획기적인 개발이 필요하다. 따라서 난 개발주의자측 의견에 동의한다.

또 희생을 감수해야 발전도 있을 것이고 항상 큰 이익 뒤에는 적은 희생이 따르기 마련이다. 항상 위로 도약하기 위해서는 작은것에 얽매이면 안된다. 겁 없이 실천해보아야 큰 발전도 있는 것이다.

그것이 비록 자연이더라도 인류가 여지껏 살아온 지혜로써 얼마든지 극복②할 수 있는 가능성이 존재한다.

마지막으로 충분히 개발하여 풍요로워졌을 때 훨씬 더 많은 자본, 향상된 기술로써 자연을 치유할 수 있다. 무분별한 개발은 물론 환경을 심각히 훼손할 것이다. 그러나 박정희 정권때처럼 목표치를 정하고 열심히 노력하여 다시한번 세계를 ③놀라게 할 수 있을 만큼의 발전을 이룬다면 우리의 자본, 기술력은 다시한번 근대화될 수있다. 자본과 기술력을 한번 소유하면 날아가고 소비되는 소비재가 아니다. 따라서 이를 잘 활용한다면 얼마든지 오염되고 심각해진 환경문제를 신속히 정화시키고 회복시키는 것이 가능할 것이라 믿는다. 국가가 작은 이익을 작고 환경까지 배제하고개발을 추진하려는 것은 아닐 것이 아닌가. 개발로 인해 얻어지는 이익은 실로 엄청난 것일 것이고 우리나라는 이로인해 엄청난 도약을 꿈꿀수 있을 것이다.

여기 가지가 개발을 주장하는 나의 의견들이다. 자연에선 항상 약육강식의 법칙이 작용해 왔다. 지금 자연의 강자는 우리인간이다. ④그렇다고 우리가 나머지 지구상의 생물들을 밥으로 알고, 무조건 죽이려 드는 것도 이니고, 단지, 우리의 더욱 진보된 삶과 이익을 창출하기 위해 개발을 하는 것이므로 그들의 구역을 조금은 침범해도 괜찮다고 생각한다. 언젠가 우리가 발전하는 날이면 그들에게 다시 이그이 돌아갈 것이다. 따라서 개발은 이뤄져야 한다.

■ S10 : 국어 성적 '하'

<성적 하 S10 : 초고>

우리나라는 현재 환경보호 보다는 개발을 우선으로 하고 있다. 그렇다면 왜 이렇게 개발에 목을 매는 것일까? 그 이유인즉 산업개발토지, 주택토지, 농토를 확보하겠다는 등의 명목으로 환경을 개발 중이다. 하지만 그 **명목**에 비해 현실성이 너무나도 떨어진다. 우리나라 산업단지들은 미분양되어 적자가 나고 있고, 또한 현재 우리나라는 농업의 생산량에 과부하로 인해 오히려 농토를 일반토지로 바꾸고 있는 실정이다.

이에 이제는 맞지 않는 **명목**에 의한 개발은 중단되어야 하고 환경을 보존해야 한다. 하지만 벌써 새만금을 비롯한 여러 환경이 파괴되어 생태계가 썩어들어가고 있는 중이다.

그 예로 새만금을 들 수 있다. 새만금은 여의도에 수십배가 되는 바다의 물길을 막음으로써 토지로 만든다는 계획아래 시작한 것이다. 하지만 개발도중 환경단체에 의해 중단되었다가 이듬해에 다시 개발되고 있다. 하지만 이 개발로 인한 자연 피해를 환경단체에서 조사한 결과 갯벌의 파괴와 우리나라에 맞지 않는 어류가 탄생하는 등 막대한 환경손실을 낳았다.

자연은 사람들처럼 아프다고 말할 수도 없고 또 약도바를 수 없는 생물체이다. 오직 자신 혼자서 정화하고 치료해 나가야만 한다. 이처럼 개발 후 다시 환경을 회복하려면 수백년이 걸리고 또 다시 많은 돈이 드는 것이다. 오히려 미래를 내다보나 지금은 경시할 수 있는 것이다.

누군가가 말하기를 우리나라는 개발에 의한 국가라고 말하였다. 또한 이말이 틀린 말도 아니다. 하지만 지금까지 그 개발에 열의를 다하다가 어떻게 되었는가? 오존층이 파괴되어 열대야가 오래 지속되고 또한 예상하지 못한 폭우들을 만나기도 한다. 우리는 지금까지의 경험을 겪고도 더욱더 개발에 열을 올리는 것은 **아직도 우리의 의식이 부족한 것이 아닐까?**

우리나라는 자원도 부족하고 돈도 많은 부국이 아니다. 그럼에도 이렇게 성장한 것은 개발이 큰 몫을 하였다해도 과언이 아니다. 하지만 이제는 현재의 개발된 것을 좀더 효율적으로 사용해야 한다.

<성적 하 S10 : 교정본>

우리나라는 현재 환경보호 보다는 개발을 우선으로 하고 있다. 그렇다면 왜 이렇게 개발에 ①열의를 다하는 것일까? 그 이유인즉 산업개발토지, 주택토지, 농토를 확보② 해야한다는 이유로 환경을 개발 중이다. 하지만 그 ③이유에 비해 ④현실성에서도 많이 떨어진다. 우리나라 산업단지들이 미분양되어 적자가 나고 있고, 또한 현재 우리나라는 농업의 생산량에 과부하로 인해 오히려 농토를 일반토지로 바꾸고 있는 실정이다.

이에 이제는 맞지 않는 명목에 의한 개발은 중단되어야 하고 환경을 보존해야 한다. 하지만 벌써 새만금을 비롯한 여러 환경이 파괴되어 생태계가 썩어들어가고 있는 중이다.

그 예로 새만금을 들 수 있다. 새만금은 여의도에 수십배가 되는 바다의 물길을 막음으로써 토지로 만든다는 계획아래 시작한 것이다. 하지만 개발도중 환경단체에 의해 중단되었다가 이듬해에 다시 개발되고 있다. 하지만 이 개발로 인한 자연 피해를 환경단체에서 조사한 결과 갯벌의 파괴와 우리나라에 맞지 않는 어류가 탄생하는 등 막대한 환경손실을 ⑤낳고 있다.

자연은 사람들처럼 아프다고 말할 수도 없고 또 약도바를 수 없는 생물체이다. 오직 자신 혼자서 정화하고 치료해 나가야만 한다. 이처럼 개발 후 다시 환경을 회복하려면 수백년이 걸리고 또 다시 많은 돈이 드는 것이다. 오히려 미래를 내다보나 지금은 경시할 수 있는 것이다.

누군가가 말하기를 우리나라는 개발에 의한 국가라고 말하였다. 또한 이말이 틀린 말도 아니다. 하지만 지금까지 그 개발에 열의를 다하다가 어떻게 되었는가? 오존층이 파괴되어 열대야가 오래 지속되고 또한 예상하지 못한 폭우들을 만나기도 한다. 우리는 지금까지의 ⑥이러한 경험을 겪고도 더욱더 개발에 열을 올리는 것은 아닐까?

우리나라는 자원도 부족하고 돈도 많은 부국이 아니다. 그럼에도 이렇게 성장한 것은 개발이 큰 몫을 하였다해도 과언이 아니다. 하지만 이제는 현재의 개발된 것을 좀 더 효율적으로 사용해야 한다.

<인터넷 실명제>

▶ 실험 집단

■ S1 : 국어 성적 '상'

<성적 상 S1 : 초고>

정보화시대로 들어오면서 인터넷 사용자의 수는 놀라운 속도로 급증하고 있다. 그로인하여 수많은 포털사이트가 생기고 사람들의 만남의 기회도 늘어났으나 이와 함께 사이버 폭력이라는 새로운 문제가 생겨났다.

이러한 상황은 인터넷에서는 자신의 신분이 드러나지 않기 때문에 발생한다고 생각하는 사람들이 있는데 이들은 인터넷 실명제를 한다면 사이버 범죄가 줄어들 것이라고 말한다.

그러나 이미 인터넷은 완벽한 익명성이 보장되는 곳이 아니다. 대부분의 포털사이트는 실명만 가입이 가능하며 실명이 아니라 하더라도 IP추적이 얼마든지 가능한 상황이다.

또한 실명제 찬성자들이 주장하는 '실명제'를 사용하는 사이트에서도 사이버 범죄는 존재하고 있다.

현재 상황만 보더라도 인터넷에 익명성이 보장되기 때문에 사이버 폭력이 존재하지 않는다는 사실을 알 수 있다. 그런데도 굳이 강제적으로 실명제를 강요 할 필요는 없다.

오히려 실명제를 사용할 경우 개인정보의 과도한 노출로 인한 사생활 침해 논란이 예상된다.

또한 사이버 폭력은 악의적인 범죄가 있고 우발적인 범죄가 있는데 이미 악의적인 범죄에 관해서는 법적인 해결책이 마련되어 있다. 과연 인터넷 실명제가 우발적인 범죄까지 막을 수 있을까.

사이버 폭력은 결코 인터넷에서 익명성이 보장되기 때문에 일어나는 것이 아니다. 사용하고자 하는 욕구만 있고 그에따른 제대로된 책임의식을 갖고 있지 않다는 것이 문제이다.

올바르게 이 문제를 해결하기위해서는 인터넷 실명제를 도입 할 것이 아니라 인터넷 윤리교육을 강조해야 할 것이다.

<성적 상 S1 : 교정본>

①정보화시대로 들어들면서 컴퓨터 사용은 점점 일반화되었다. 그러면서 인터넷 사용자의 수가 증가하고 수많은 포털사이트가 생겨났다. ②이러한 현상은 정보검색이 손쉬워졌다는 점이나 새로운 경험과 만남의 장을 확대시켰다는 점 등 사회 발전에 커

다란 공헌을 한 것도 사실이지만 사이버 범죄라는 새로운 문제를 생성해 냈다.

③사이버범죄는 익명성이 보장된다는 인터넷의 특성이 개인의 책임감을 줄이기 때문에 발생한다고 주장하는 사람들이 있는데 이들은 인터넷 실명제를 한다면 사이버 범죄가 줄어들 것이라고 말한다.

④하지만 익명성 자체가 사이버 폭력을 만드는 것은 아니다. ⑤한가지 예로 완전한 실명제를 사용하는 포털사이트 '싸이월드'에서도 상대방을 비난하거나 사회 전체에서 정신적인 테러를 하는 등 비도덕적인 일들이 만연히 일어나고 있다. 또한 실명으로 살아가는 현실세계에서도 각종 범죄가 일어나는 것을 본다면 익명성이 범죄를 일으킨다는 생각은 너무 비약적인 것이다.

⑥게다가 현재 인터넷은 완전한 익명성의 공간이 아니다. 이미 부분적으로는 실명제도 운영되고 있다. 대부분의 대형 포털 사이트의 경우는 실명이 아니면 가입 자체가 불가능한 상태이며 설령 실명으로 가입하지 않은 경우라도 IP추적이 충분히 가능한 상태이다.

⑦그리고 사이버 ⑧범죄는 악의적인 범죄와 우발적인 범죄가 있다는 사실도 알아야 한다. 악의적인 범죄는 이미 법적으로 해결책을 제시하고 있을 정도로 정부차원의 대책이 이루어 지고 있다. 그러나 우발적인 범죄는 인터넷 실명제가 ⑨사용된다하더라도 사라지지는 않을 것이다.

⑩이러한 상황에서 실명제를 사용한다는 것은 오히려 개인정보의 과도한 노출로 인한 사생활 침해 논란이 예상된다.

⑪사이버 범죄는 결코 인터넷에서 익명성이 보장되기 때문에 일어나는 문제가 아니다. 사용하고자하는 욕구만 있고 그에 따른 책임의식을 갖고 있지 않다는 것이 근본적인 문제이다. 올바르게 이 문제를 해결하기 위해서는 인터넷 실명제를 할 것이 아니라 인터넷 윤리교육을 강화해야 할 것이다.

■ S2 : 국어 성적 '중'

<성적 중 S2 : 초고>

우리 나라는 인터넷이 매우 발달한 나라다. 이런 인터넷이 매우 발달되기 까지는 익명성 이라는 것이 있어서 자유롭게 자기표현을 하고 비판을 하기 때문에 인터넷이 발달 된 것이다. 특히 인터넷 실명제를 반대하는 이유중 하나는 표현의 자유를 침해하는 것이다.

실명제가 도입이 된다 하더라도 사이버폭력은 일시적이 아니라 계속 발생하게 되었다. 인터넷에서 자주하는 게임도 익명성으로 되어있는데 실명제로 게임을 한다고 생각하면 서로 친근감도 생기지 않을 것이고 말도 잘 걸기 힘들 것이다. 익명제 에서도 IP추적을 통해 그 사람의 정보를 알수있다. 실명제를 한다고 해서 달라질 것은 많지 않다. 우리가 살아가면서 많은 사람들을 대면하고 보게 된다. 길을 가게 될 때도 많은 사람들과 마주치지만 모든 사람들의 이름을 알수는 없는 법이다.

익명성도 마찬가지다. 모든 사람들이 이름표를 달고 사회생활을 하는 것과 같다. 그렇게 이름표를 달고 사회생활을 하면 이름높고 사회적지위가 있는사람들은 좋겠지만 대부분의 사람들은 불편한 점이 많을 것이다. 이 부분이 바로 실명제의 역효과 이다. 익명성을 통해서 사용하는 인터넷을 실명제로 바꾸고 사용하면 국가나 정부, 기관 등은 좋겠지만 사회에 속한 개개인들은 전혀 쓸모없는 정보가 되어 무용지물이 될 것이다. 살면서 원한이 있는 사람이나 싫어하는 사람을 실명제에서 만난다면 사이버폭력이 더 증가할 수 있다는 증거이다. 인터넷이 아닌 실제상황에서도 잘 표현하지 못하는 것이 지금 상황이다. 게다가 자연보호나 기관에서도 결정적 역할을 담당하는 것이 인터넷 인데 그런 인터넷이 익명성이 아닌 실명제로 사용되는 것은 어색할수밖에 없고 파급효과도 기대하기 어려울 것이다.

<성적 중 S2 : 교정본>
우리 나라는 인터넷이 ①익명성으로 사용된다. ②익명성이라는 제도 때문에 우리나라가 그 동안 발전해 왔고 비판적인 자세를 ③가지게 되었다. 요즘은 이 익명성 때문에 발생하는 사이버 폭력문제와 인터넷상에서 지속적으로 좋지않은 행동을 하는 사람들이 심각한 사회문제가 되고 있다. 대부분의 사람들은 인터넷실명제를 도입하면 이런 문제들이 없어질 것이라고 생각하고 있다. 하지만 이런 문제들은 굳이 실명제를 도입하지 않고 IP추적 같은 방법으로 ④컴퓨터를 찾아낼 수 있다.

⑤나는 인터넷실명제에 반대한다. ⑥실명제를 도입한다고 해서 사이버폭력문제가 완전히 사라지는것도 아닐뿐더러 오히려 실명제가 개개인의 사생활정보를 침해하여 생각지않던 사이버폭력의 통로가 될 수도 있다는 것이다. ⑦사회라는 개념으로 말해 보고 싶다. ⑧사회란 울타리 안에는 범죄자도 있는 법이고 착한 사람도 있는 법이다. 그래서 그 몇몇의 작은 먼지 때문에 버릴 수 없는 물건처럼 지금 우리 실명제 찬반논란도 마찬가지다. ⑨그런 많지 않은 소수의 사회악 때문에 사회 전체의 구조를 바꾸는 것은 잘못된 일이기 때문이다. ⑩그러면도 존재해야 사회가 유기적으로 돌아갈 수 있고 다원화된 삶이라 할 수 있다. 만약 익명성을 유지하지 않은채 인터넷이 활성화 된다면 헌법상 보장된 표현의 자유를 침해하고 개인의 자유 또한 침해하는 것이 되어버린다. ⑪사회는 우리가 서로 얼굴도 모른채 같이 생활하고 일해야 하는 울타리이다. 우리는 아는 사람 한테만 인사하고 아는 친구하고만 놀고 공부하고 일하는 삶을 살고

있다. ⑫그러나 인터넷 상에는 이런점을 따지지 않고 서로 친구가 될 수 있고 공부도 같이할 수 있으며 관심있는 분야가 같은 사람끼리 친해질 수도 있는 하나의 공간이다. 그런 자유의 공간 속에서 실명제를 사용한다고 생각해보면 서로의 이름을 부르는 것도 잘 못할 것이고 자유로운 정보교환도 그 사람의 정보를 보면서 하는 역기능이 생길 것이다. ⑬또 여론 형성도 인터넷이 큰 영향을 주는데 실명제를 사용하면 여론형성도 줄어들 것이고 비판적인 자세를 추구하는 우리 사회는 겁이나서 말도 못하는 인터넷이 될 것이다.

■ S3 : 국어 성적 '하'

<성적 하 S3 : 초고>

인터넷은 사이버 공간이란 이름으로 거론될 만큼 커다란 공간이 되어 버렸다. 그러나 인터넷은 인터넷에서 범죄 즉, 사이버 범죄라는 문제점을 낳았다. 이 문제는 대부분의 사람들이 익명성의 문제를 주원인으로 꼽는다. 그래서 그 원인을 방지하기위해 실명제라는 대책이 마련 되었다. 그렇다면 인터넷 실명제는 안전한 것일까?

요즘 인터넷 실명제를 둘러 싸고 팽팽한 긴장감이 돌고있다. 그이유는 실명제의 또 다른 범죄의 가능성이 있다는 이유에서이다. 사람들은 익명성에대한 것은 반대하고 실명제를 찬성하지만 실명제의 대한 프라이버시 침해에 대해서도 우려하의 태도를 나타내고 있다. 실명제를 도입하게되면 생기는 문제점에 대해 알아보자.

첫째 개인정보에 과도한 노출이라는 문제점을 낳을 수 있다.

만약 개인의 신상정보를 기록하면 그것을 이용하는 사람들이 있을 수있다. 그렇게 되면 자신의 신상정보가 인터넷의 물결을 만나 전국적으로 아니 세계적으로 까지 번질 수 있다. 이러한 사례를 보여주는 사건이 '개똥녀 사건'이다. 개똥녀의 신상정보가 전국적으로 퍼지면서 정신적인 무차별 공격을 당하였다. 둘째, 사이버 폭력은 익명성이 아니다. 과도한 개인정보의 노출이다. 익명성도 알고 보면 타인의 정보노출 일 수 있는데 개인의정보노출과 타인 정보 노출과 다르지 않다는 생각을 한다.

사이버 폭력은 우리 사회 모두가 풀어야할 문제이자 우리 기업의 발전을 위해 풀어야할 우리모두의 숙원이다. 사이버폭력을 막기위해선 어느 한 집단의 노력보다는 우리모두가 노력을 해야지만 풀수 있는 문제라고 생각한다. 그것을 이용하는 사람도 물론 그만 해야하지만 사회에서 뿌리를 뽑으려면 우리 모두가 노력해야 할 것이다.

<성적 하 S3 : 교정본>

①요즈음 인터넷이란는 매체가 생겨서 사람들이 많이 이용하고 있다. ②인터넷의 발달에 따라 세계를 지구촌이라 부를만큼 세계 각지의 사람들이 모여서 하는데 사람들이 많이 모이면 범죄가 일어나기 쉽다. 이 문제 때문에 인터넷 실명제가 도입되게 된다. 인터넷의 익명성을 막기위해 사용된 실명제 ③이것이 과연 올바른 대책인지 알아보자.

인터넷 실명제를 둘러 싸고 팽팽한 긴장감이 돌고있다. 그이유는 실명제의 또다른 범죄의 가능성이 있다는 이유에서이다. 사람들은 익명성에대한 것은 만대하고 실명제를 찬성하지만 실명제의 대한 프라이버시 침해에 대해서도 우려하의 태도를 나타내고 있다. ④실명제를 도입하게되면 생기는 문제점은 무엇이 있을까?

첫째 개인정보에 과도한 노출이라는 문제점을 낳을 수 있다.

만약 개인의 신상정보를 기록하면 그것을 이용하는 사람들이 있을 수있다. 그렇게 되면 자신의 신상정보가 인터넷의 물결을 만나 전국적으로 아니 세계적으로 까지 번질 수 있다. 이러한 사례를 보여주는 사건이 '개똥녀 사건'이다. ⑤이 개똥녀는 지하철에 개의 오물을 닦지 않고 뻔뻔하게 행동하는 장면을 네티즌들이 포착을해 인터넷에 퍼뜨렸다. 그런데 더 큰 문제는 그녀의 신상정보가 전국적으로 퍼지면서 정신적인 ⑥ 심한 피해를 보았다.

둘째, 사이버 폭력은 익명성이 아니라 과도한 개인정보의 노출⑦이라는 것이다. 익명성도 알고 보면 타인의 정보노출 일 수 있는데 개인의정보노출과 타인 정보 노출과 다르지 ⑧않다고 생각 한다.

사이버 폭력은 우리 사회 모두가 풀어야할 문제이자 우리 기업의 발전을 위해 풀어야할 우리 모두의 숙원이다. 사이버폭력을 막기위해선 어느 한 집단의 노력보다는 우리 모두가 노력을 해야지만 풀수 있는 문제라고 생각한다. ⑨어떤 법이든 긍정적인 면이 있으면 부정적인 면이 있기 마련이고 작한 사람이 있으면 나쁜 사람도 있기 마련이다. 사이버 폭력의 문제를 막기위해서는 우리 모두의 개혁의지와 정부의 대책도 필요할 것이다.

▶ 통제 집단

■ S8 : 국어 성적 '상'

<성적 상 S8 : 초고>

　요즘 인터넷상에서의 폭력이 심각한 수준에 있음에 따라 인터넷상에서도 실명을 사용하는 인터넷 실명제를 도입하자는 주장이 제기되고 있다. 하지만 과연 인터넷 실명제의 도입이 인터넷의 기본 성격에 부합하는 행위일까?

　인터넷의 구조는 현재 사용자가 접속하는 IP를 제외한 다른 모든 정보는 익명을 기반으로 하고 있다. 이러한 상황에서 전 세계에 인터넷 실명제를 도입하지 않는다면 실명제 자체의 실효성이 거의 무가치화 될 것이다!

　또한 현재 우리나라에 있는 영향력 있는 대부분의 사이트는 회원가입을 전제로 하고 있다. 이는 그 사이트 상에서는 ID로 자신을 나타내지만, 이미 실명 사용을 전재한다고 볼 수 있다. 포털 사이트 뉴스에 개인을 비방하고 유언비어를 퍼트린 사람들은 ID를 보고 신상정보를 파악해서 체포할 수 있었다는 사실이 그것을 증명해 준다.

　그리고 인터넷 실명제가 시행된다면 사실상 완벽한 표현의 자유를 추구할 수 있는 인터넷을 국가 차원으로 통제할 수 있게 된다. 이는 곧 국가의 의지대로 여론을 통제할 수 있게 되는 것이며 곧 언론 탄압이다. 혹자는 인터넷 말고도 다른 여론의 분출구와 다른 언론도 있지 않겠느냐고 반문하지만, 현재 인터넷이 가진 막강한 위력을 볼 때, 그러한 의견은 부적절하다 할 수 있다.

　인터넷 실명제로 인한 역효과도 무시할 수 없다. 현재 인터넷이 익명에 가깝다 해도, 한 사람의ID만 알고 그것을 계속 추적하여 한 사람을 사회 매장시키는 경우가 허다하다. 인터넷 실명제가 시행된다면 이런 일은 계속 늘어날지언정 줄지 않을 것이다. 현재의 사이버 테러에만 과민하게 반응해서 오히려 그로 인한 역효과를 생각하지 못하는 것이다.

　인터넷 세계가 많이 타락했고 이를 규제해야 한다는 주장에는 동의한다. 네티즌들이 자발적으로 네티켓을 지켜야 한다는 것에도 이의가 없다. 하지만 인터넷의 기본 성질을 제대로 연구하지 않고 성급하게 도입하려는 인터넷 실명제는 행정 편의주의이자 부작용만 불러오는 소탐대실의 결과가 될 것이다.

<성적 상 S8 : 교정본>

　요즘 인터넷 상에서의 폭력이 심각한 수준에 있음에 따라 인터넷 상에서도 실명을 사용하는 인터넷 실명제를 도입하자는 주장이 제기되고 있다. 하지만 과연 인터넷 실명제라는 제도가 인터넷의 기본 ①성격과 표현의 자유에 부합할 수 있는가?

인터넷의 구조는 사용자가 접속하는 컴퓨터의 IP주소를 제외한 모든 정보를 익명으로 하고 있다. 이러한 상황에서 ②억지로라도 실명을 쓰자는 주장은 인터넷의 기본 성격에 거슬러 올라가는 행위가 될 것이다!

또한 우리나라의 ③대형 포털 사이트들은 회원가입을 전제로 한다. ④ID로 나타나도 이미 실명을 전제로 하고 있는 것이다. ⑤포털 사이트 뉴스 게시판에 악성 댓글을 올린 사람을 체포한 것이 대표적인 예시다. 대형 포털 중심의 한국 인터넷은 이정도의 반투명적 익명제로도 충분할 것이다.

만약 인터넷 실명제가 시행된다면 ⑥국가가 인터넷에 개입하여 표현의 자유를 억압할 수 있을 것이다. ⑦이렇게 된다면 인터넷에서조차 진실이 폭로될 기회는 없을 것이다. 다른 여론과 언론보다 ⑧인터넷의 영향력이 막강한 지금 시대에 이러한 일은 건전한 여론 형성에 치명적일 것이다.

인터넷 실명제로 인한 역효과도 무시할 수 없다. 현재 인터넷이 익명에 가깝다 해도, 한 사람의ID만 알고 그것을 계속 추적하여 한 사람을 사회 매장시키는 경우가 허다하다. 인터넷 실명제가 시행된다면 이런 일은 계속 늘어날지언정 줄지 않을 것이다. 현재의 사이버 테러에만 과민하게 반응해서 오히려 그로 인한 역효과를 생각하지 못하는 것이다.

인터넷 세계가 많이 타락했고 이를 규제해야 한다는 주장에는 동의한다. 네티즌들이 자발적으로 네티켓을 지켜야 한다는 것에도 이의가 없다. 하지만 인터넷의 기본 성질을 제대로 연구하지 않고 성급하게 도입하려는 인터넷 실명제는 행정 편의주의이자 부작용만 불러오는 소탐대실의 결과가 될 것이다.

■ S9 : 국어 성적 '중'
<성적 중 S9 : 초고>
21세기는 정보화 시대로서 빠른 정보통신기술이 생명인 시대이다. 우리가 일상생활에서 쉽게 접할 수 있는 인터넷사이트는 자신이 원하는 이름의 아이디를 갖고 사용가능하며 이러한 익명성을 이용해 각종 범죄가 있어나고 있다. 그로인해 사이버수사대등의 인터넷문제만.을 관리하는 조직이 생겨 해커등의 범죄자들의 위법행위를 단속하고 있다.

최근 이러한 사태를 방지하기위해 인터넷실명제를 정부가 도입하려고 한다. 이에 대해 찬반양론의 뜨거운 논쟁이 일고있는데 나는 실명제도입에 반대한다.

그 이유는 우선 정보의 자유로운 교류가 방해될것이기 때문이다. 익명을 사용하는 지금 사람들은 아주 부담없이 또다른 이름으로 인터넷 상에서 서로 정보를 주고 받는다. 자신의 신분이 감춰지기 때문이다. 그러나 실명제가 도입된다면 잘못된 정보를 제공했을 때 자신이 받게될 불이익 등을 두려워해, 또 자신이 어느 장소에 접속했는지가 실명으로남게되어 자유로운 활동에 제약이 생길 수 있다.

그리고 자신의 개성표현을 맘껏할수없게된다. 이 사회는 다양성이 중요시되는 사회이고 개개인의 개성또한 사회의 중요한 구성요소가 된다. 인터넷 실명제가 도입되면 자신의 또다른 이름, 즉 익명으로 표출되어지던 개성은 더 이상 찾아 볼수없게 될것이고, 이가 더욱커진다면 사회가 딱딱하고 단조로운 공간으로 변할지도 모른다.

마지막으로 내성적인 사람들을 사회로부터 영영고립시켜버릴수도 있다. 남앞에서 쑥스러워 하며 남들앞에 선뜻나서지못하는 사람들은 인터넷상에서 아이디 또는 닉네임이란 가면을 쓰고 다른 사람들과 적극적으로 정보교류를 하며 사회에서 일어나는 사건사고들을 전하고 자신의 의사를 표출한다. 대게 내성적인 사람들중 생각이 깊고, 우리사회에 큰 도움을 줄 수 있는 사람이 많은데 실명제로인해 이러한 사람들의 사회 참여가 더뎌진다면 우리나라의 발달또한 더뎌질 것이다.

내가 인터넷실명제를 반대하는 이유는 위와같다. 정부는 단순한 사이버범죄를 막기위해 실명제를 도입하려하지만 이는 벼룩하나 잡기위해 집을 태우는 꼴이 될 수있으므로 넓게 내다보고 현명한 선택을 해야할 것이다.

<성적 중 S9 : 교정본>

①현재 사회는 농경사회, 산업사회를 거쳐 실제생활공간 만큼 사이버생활공간 즉, 인터넷을 통한 가상공간이 중시되는 정보 시대이다. ②정보사회의 특징은 익명성, 다양성등이 있고, 이로인해 발생하는 사이버언어폭력이나 개인, 또는 집단의 명예훼손등의 문제는 이를 따로 감시하는 사이버수사대가 발견, 조사하여 실제생활에서의 법대로 처벌하고 있다.

최근 정부가 사이버 문제를 미연에 방지하기위해 인터넷실명제를 도입하려 하고 한다. 나는 실명제도입에 반대한다.

그 이유는 ③우선 실질적으로 필요없는 제도이기 때문이다. ④인터넷이라고 해서 익명성을 악용하여 인터넷 상에서 타인에게 함부로 피해를 주면 큰 코 다치기 쉬운게 요즘세상이다. 그러나 실명제가 도입된다면 잘못된 정보를 제공했을때 자신이 받게될 불이익 등을 두려워해, 또 자신이 어느 장소에 접속했는지가 실명으로남게되어 자유로운 활동에 제약이 생길 수 있다.

⑤그리고 개성이 중시되는 이 시대에 대세를 거스는 행위가 될 것이다. 이 사회는 다양성이 중요시되는 사회이고 개개인의 개성또한 사회의 중요한 구성요소가 된다.

인터넷 실명제가 도입되면 자신의 또다른 이름, 즉 익명으로 표출되어지던 개성은 더 이상 찾아 볼수없게 될것이고, ⑥이는 더 나아가 사회적으로 더 큰 문제를 초래할 것이다.

　마지막으로 내성적인 사람들을 사회로부터 영영 고립시켜버릴 수도 있다. 남 앞에서 쑥스러워 하며 남들앞에 선뜻 나서지못하는 사람들은 인터넷상에서 아이디 또는 닉네임이란 가면을 쓰고 다른 사람들과 적극적으로 정보교류를 하며 사회에서 일어나는 사건사고들을 전하고 자신의 의사를 표출한다. 대게 내성적인 사람들중 생각이 깊고, 우리사회에 큰 도움을 줄 수 있는 사람이 많은데 실명제로 인해 이러한 사람들의 사회참여가 더뎌진다면 우리나라의 발달또한 더뎌질 것이다.

　내가 인터넷실명제를 반대하는 이유는 위와같다. 정부는 단순한 사이버범죄를 막기 위해 실명제를 도입하려하지만 이는 벼룩하나 잡기위해 집을 태우는 꼴이 될 수 있으므로 넓게 내다보고 현명한 선택을 해야할 것이다.

■ S10 : 국어 성적 '하'
<성적 하 S10 : 초고>
　몇일전 일반시민이 사이버 테러를 당하여 정신병원에 입원하는 일이 발생하였다. 그는 일명 개똥녀라는 별명을 가진 시민이었다. 이와 같은 일에 대비하기 위하여 인터넷 실명제라는 것을 이용해야한다. 인터넷 실명제란 정통부에서 낸 법으로 인터넷을 이동할 때 자신의 실명을 밝힘으로써 탈억제효과와 자기책임성을 현재보다 월등히 높일 수 있다고 한다. 전문가들 또한 많은 범죄를 예방할 수 있을 거라 좋은 측면을 내보였다.

　만약 이 실명제를 도입한다면 익명성에 의한 피해 사례가 어떻게 재구성이 될까? TV방송 출연을 하였다가 여러 네티즌에게 사이버 폭력을 당하였다. 그에 뉴스, 기사, 싸이월드에는 입에 담을 수 조차 없는 비속어 등 그가 일상생활이 불가능 할 정도에 글들이였다. 그 댓글에는 입에 담을 수 조차 없는 비속어 등 그가 일상생활이 불가능 할 정도에 글들이 난무하였다. 그로인해 그는 정신병 치료를 받는 중이다. 만약 이일이 실명제 실용화 된 후에 일어났더라면 어떠하였을까? 그렇다면 아마도 큰 폐해는 막을 수 있었을 것이다. 실명이 거론 되기 때문에 그에 뉴스, 싸이에는 원하던 글을 쓸 것이고, 심한 폭력성 댓글은 법적으로 진행하여 게시판을 삭제, 형사소송, 피해보상 등을 받을 수 있을 것이다. 이처럼 익명성에 그늘에서 피해갈 수 있었던 것들을 더 이상 피해가지 못 하게 된다. 이처럼 인터넷 실명제에 찬성하는 사람들은 책임의식을 크게 높일 수 있을 것이라 생각한다.

　이처럼 인터넷 실명제를 이용 할 경우에는 좀 더 범죄를 예방할 수 있을 것이다. 그렇다고 반대하는 이들의 의견을 무시하고 진행되는 법이 아닌 점차 개선되어가는 방향의 법이 될 것이다.

실명제가 꼭 인터넷에 정수기 역할을 하길 바란다.

<성적 하 S10 : 교정본>

몇일전 ①일명개똥녀라고 칭해지는 평범한 시민이 순간에 실수로 인해 인터넷폭력을 당하는 일이 있었다. 악성댓글과 욕설로 인해 그녀는 현재 정신치료를 받는 중이다.

이처럼 인터넷이 날로 진보해 가면서 그 범죄 또한 점차 다양해지고 늘어나는 추세이다. 이런 추세가 계속되는 이유는 익명성이라는 그늘에 숨어있다고 생각하기 때문이다. 그래서 점차 책임의식도 낮아지고 대담해지는 것이다.

②이제 그 그늘에 햇빛을 드리우기 위해서는 인터넷 실명제란 정통부에서 낸 법으로 인터넷을 이동할 때 자신의 실명을 밝히는 것이다. 이 효과로 탈억제효과와 자기책임성을 월등히 높일 수 있다고 한다.

만약 이 실명제를 도입한다면 익명성에 의한 피해 사례가 어떻게 재구성이 될까? 12번 성형수술을 통해 얼굴을 개선한 한 남성이 TV방송 출연을 하였다가 여러 네티즌에게 사이버 폭력을 당하였다. 그에 뉴스, 기사, 싸이월드에는 입에 담을 수 조차 없는 비속어 등 그가 일상생활이 불가능 할 정도에 글들이였다. 만약 이 일이 실명제 실용화 된 후에 일어났더라면 어떠하였을까? 그렇다면 ③실명이 거론 되기 때문에 그 폭력성 댓글은 조금더 완화되고 자신에 의견을 말하는 정도였을 것이다. ④또한 폭력성 글에는 법적으로까지 갈 수 있을 것이다. 이처럼 익명성에 그늘에서 피해갈 수 있었던 것들을 더 이상 피해가지 못 하게 된다. 이처럼 인터넷 실명제에 찬성하는 사람들은 책임의식을 크게 높일 수 있을 것이라 생각한다.

이처럼 인터넷 실명제를 이용 할 경우에는 좀 더 범죄를 예방할 수 있을 것이다. 그렇다고 반대하는 이들의 의견을 무시하고 진행되는 법이 아닌 점차 개선되어가는 방향의 법이 될 것이다.

실명제가 꼭 인터넷에 정수기 역할을 하길 바란다.